부동산
중개의
기 술

이것만 알면 중개업 성공한다!

부동산 중개의 기술

김종언 지음

한상옥 엮음, 고상철 감수

매일경제신문사

"힘들어도 참고 했던 일들이 쌓이면
실력이 되고
습관처럼 했던 일들이 쌓이면
고수가 되고
놀이처럼 하는 일에 젖어 들면
최고가 될 수 있습니다."

_____ 님께

드립니다.

20   년   월   일

_____ 드림

엮은이의
글

공인중개사는
부동산 전문가가 되어야 한다

이 책은 한 공인중개사의 열정과 헌신을 담은 소중한 기록입니다. 고(故) 김종언 공인중개사님은 평생을 공인중개사로서의 자부심을 가지고, 부동산 전문가가 되기 위해 끊임없이 노력하신 분입니다. 그분은 늘 공인중개사들에게 부동산 전문가로 성장할 것을 강조하며, 자신 또한 이를 몸소 실천해오셨습니다. 그의 삶과 일에 대한 열정은 주변 모든 이들에게 깊은 감명을 주었습니다.

그러나 갑작스러운 비보를 접하게 되었습니다. 저자께서 우리 곁을 떠나신 후, 고상철 대표님으로부터 그분의 유지를 이어받아 이 원고를 책으로 엮어보라는 권유를 받았을 때, 저는 큰 부담감을 느꼈습니다. 중개사님이 남긴 글의 무게와 그분의 중개업과 후배 공인중개사에 대한 깊은 애정을 생각할 때, 그 기대에 부응할 수 있을지 두려웠습니다. 하지만 중개사님의 후배 공인중개사들에 대한 뜨거운 사랑과 열정을 누구보다 잘 알고 있었기에, 그 마음을 담아내고자 최선을 다해 편집을 마쳤습니다.

김종언 공인중개사님은 공인중개사로서의 사명을 누구보다도 깊이 이해하고, 실천하신 분이었습니다. 그는 단순히 부동산을 거래하는 중개사가 아닌, 진정한 부동산 전문가로서의 길을 후배들에게 제시하고자 했습니다. 그의 삶과 경력은 우리에게 많은 교훈을 남겼으며, 그의 말 한마디 한마디는 많은 이들의 가슴에 깊은 울림을 주었습니다.

이 책은 중개사님의 그러한 열정과 헌신을 고스란히 담고 있습니다. 그의 글을 읽으며, 우리는 공인중개사로서의 역할과 책임에 대해 다시 한번 깊이 생각하게 됩니다. 중개사님은 언제나 후배들에게 부동산 전문가가 되기 위한 공부와 노력을 게을리하지 말라고 당부하셨습니다. 그는 자신이 걸어온 길을 통해, 부동산 시장에서의 올바른 길을 제시하고자 했습니다.

이 책을 엮으며, 중개사님의 목소리가 후배 공인중개사들의 마음에 닿기를 바랍니다. 그가 강조했던 전문성, 윤리, 그리고 열정이 여러분의 가슴속에 깊이 새겨졌으면 합니다. 중개사님의 꿈과 비전이 이 책을 읽는 모든 이들에게 큰 힘과 영감을 주기를 간절히 바랍니다.

마지막으로, 김종언 공인중개사님의 뜻을 이어받아 이 책을 세상에 내놓을 수 있게 된 것을 큰 영광으로 생각합니다. 이 책이 많은 공인중개사들에게 길잡이가 되어, 그들의 여정에 밝은 빛을 비추기를 희망합니다. 중개사님의 열정과 헌신이 여러분에게 전해지길 바라며, 이 책을 바칩니다.

공인중개사
한상옥

부동산 중개업은 물건도 현장에 있고, 고객도 현장에 있다

공인중개사 합격을 진심으로 축하합니다. 지금까지는 공인중개사 자격증을 취득하기 위한 이론을 연마했다면, 이제는 현장으로 달려가야 합니다. 물건도 현장에 있고, 고객도 현장에 있기 때문입니다.

필자는 35여 년 동안 전국의 공인중개사사무소 2,000여 곳을 방문한 현장 경험 기록을 토대로 부동산 중개 기술을 더 현실적이고 계량화해 이 책에 담았습니다.

"내가 책임지겠습니다"라는 말은 절대 금물이다

35여 년간 현장에서 중개와 12년간 실무교육을 하다 보니 많은 질문을 받았습니다. 개업공인중개사는 계약 한 건에 급급해서 고객의 마음을 잡기 위해 어떤 부분에서 "내가 책임지겠습니다"라고 말하는 경우가 많습니다. 그런데 고객은 자기의 이익에 반하거나 손해가 된다면, 이를 중개한 공인중개사에게 그 책임을 묻는 것이 현실입니다.

그래서 공인중개사는 중개대상물에 대해 권리 분석을 철저히 하고, 임장활동을 통해 물건의 상태를 정확하게 분석하며, 계약서 작성 시 서로 합의해 특약 작성을 잘해야 합니다. 그 물건에 대해 계약 시와 중도금 잔금 후에라도 예상되는 문제를 반드시 미리 확인해야 합니다.

전문성을 갖춘 프로 공인중개사로 거듭나야 성공할 수가 있다

오늘날 부동산 중개업은 단순 중개계약에서 고급 중개 컨설팅 분야까지 전문성을 두루 갖춰야 경쟁에서 이길 수가 있습니다. 즉, 중개의 기술을 필요로 합니다. 중개의 기술이란, 창업 사무소 입지분석부터 ① 창업의 기술, ② 물건 확보의 기술, ③ 권리 분석의 기술, ④ 임장활동의 기술, ⑤ 마케팅(물건 광고)의 기술, ⑥ 상담의 기술, ⑦ 계약의 기술,

⑧ 중재의 기술, ⑨ 해결의 기술, ⑩ 고객 관리의 기술 등 고도의 기술이 필요합니다.

실전/실무에서 〈부동산 계약서 쓰기〉의 가치를 확인하라!

35여 년간 부동산 중개 현장에서 활동하면서 온갖 희로애락(喜怒哀樂)을 경험했습니다. 그 경험을 바탕으로 필자는 좌우명을 '부동산 중개업은 즐거운 여행이다'로 정하고, 열심히 영업하며 프로 공인중개사가 되기 위해 공부하고 기록으로 남겼습니다.

그동안 물건지의 상태에 따라 16개의 사무소를 창업(신규 창업 10곳, 인수 4곳, 합동 1곳, 공동 1곳)해 영업했습니다. 그래서 이 책에는 창업의 기술, 부동산 중개 기술과 관련된 내용을 망라했습니다. 초보공인중개사나 현재 영업 중인 공인중개사가 꼭 읽어봐야 할 내용을 담았습니다.

부동산을 사랑하고, 고객이 나의 사무소를 사랑하게 하라!

공인중개사는 부동산을 사랑하고, 내 사무소를 사랑하며, 고객이 내 사무소를 사랑하게 만드는 것이 성공의 지름길입니다.

부동산 중개업 사무소의 내재 가치는 계약에 있습니다. 즉, 계약서를 많이 작성해야 수익을 창출할 수 있으며, 내 생활도 한층 윤택해질 것입니다.

부동산 중개업도 영업이기 때문에 돈이 들어오지 않으면 짜증스럽고 나태해지기 쉽지만, 돈이 들어오면 기분이 좋아집니다. 따라서 항상 자신감을 가지고 고객과 유대관계를 맺어야 하며, 나를 도와줄 수 있는 귀인으로 만들어야 합니다.

이 책에는 필자의 노력에 의한 성공사례와 실패사례도 나열되어 있으니, 이 책을 읽는 공인중개사님들이 간접 경험으로 참고하시길 바랍니다.

필자는 "꿈꾸는 자에게 행운의 여신이 미소를 보내며, 기회는 준비된 자의 몫이다!"라는 구절을 좋아합니다.

누군가는 지금도 계약서를 쓰고 있으며, 열심히 뛰는 자는 누군가가 눈여겨보고 있습니다. 이 지면을 통해 인사를 나눈 공인중개사 선후배님들께 늘 행운이 함께하길 기원합니다.

공인중개사
김종언

차례

PART 11 성공담과 실패담

부동산
중개업이란?

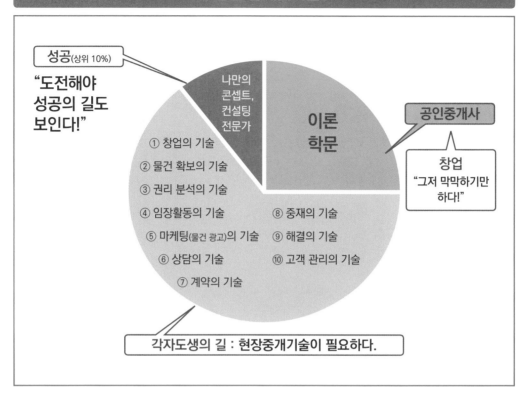

부동산 중개업이란 위와 같이 현장중개실무의 기술(Skill)을 요한다. 앞서 프롤로그에서 언급했듯 ① 창업의 기술, ② 물건 확보의 기술, ③ 권리 분석의 기술, ④ 임장활동의 기술, ⑤ 마케팅(물건 광고)의 기술, ⑥ 상담의 기술, ⑦ 계약의 기술, ⑧ 중재의 기술, ⑨ 해결의 기술, ⑩ 고객 관리의 기술, 그리고 나만의 콘셉트(concept)를 통해 부동산 컨설팅의 기술을 연마해 공인중개사 전문가로 나아가야 한다.

공인중개사는 부지런해야 한다. 필자는 35년 동안 부동산 중개업과 현장실무 강의를 천직으로 삼고 오늘에 이르렀다. 부동산 중개업은 우리 삶의 종합예술이라고 말하기도 한다. 남녀노소(男女老少), 가진 자와 덜 가진 자, 배운 자와 덜 배운 자 등 다양한 직업군을 가진 고객과 상담을 통해 내 집 마련을 비롯한 부동산 투자를 알선 중개하게 된다.

개업공인중개사는 항상 공부하고 연구해 고객에게 기쁨과 감동을 주는 자세로 부동산 전문가를 목표로 세우고 도전해야만 성공의 길로 나아갈 수가 있으며, 생활도 풍족해질 것이다.

공인중개사는 일생 동안 슬픔의 눈물 세 번, 기쁨의 눈물 세 번,
그리고 환희의 눈물을 세 번 흘린다.

첫째 : 슬픔의 눈물

① 공인중개사 1차 시험에 합격하고, 이듬해 2차 시험에서 불합격했다. 이 경우 남성은 포장마차에서 소주를 마시며 울음을 삼키고, 여성은 집 화장실에 수돗물을 콸콸 틀어 놓고 엉엉 울었다고 한다.
② 천신만고 끝에 공인중개사에 합격하고 인생 2모작으로 창업했으나 중개 사고가 났을 때 남몰래 울음을 삼킨다.
③ 본인의 능력 부족으로 결국 사무소를 폐업할 때 정든 사무소를 뒤돌아보며, 울음을 삼킨다.

둘째 : 기쁨의 눈물

① 천신만고 끝에 공인중개사 합격을 확인한 뒤 가족, 공부한 동료와 남몰래 기쁨의 눈물을 흘린다.
② 인생 2~3모작으로 창업하고 개업식 때 환한 기쁨의 눈물을 삼킨다.
③ 창업 후 첫 계약을 하고 부듯함에 기쁨의 눈물을 글썽인다.

셋째 : 환희(歡喜)의 눈물

① 창업 후 열심히 일해서 드디어 자가(自家) 사무소를 마련하고, 가족과 함께 환희의 눈물을 흘린다.
② 부지런히 발로 뛰어서 수익이 나오는 건물(상가, 꼬마빌딩 등)을 내 이름으로 소유권 등기를 마치고 환희의 눈물을 흘린다.
③ 10여 년의 중개업 현장의 경험을 토대로, 나의 저서(著書)를 발간해 가족, 친지, 동료, 지인들과 출판 기념회를 하며 건배하면서 환희의 눈물을 흘린다.

공인중개사는 슬픔의 눈물을 걷어내고, 기쁨의 눈물과 환희의 눈물이 넘치도록 열심히 일해야 한다. 현장 중개실무 시 실전, 실습, 수습 트레이닝으로 강해져야 한다.

우리 개업공인중개사는 다음과 같이 막강한 권리를 갖고 있으며, 동시에 막중한 책임과 의무를 지고 있다. 또한, 공인중개사 윤리 헌장도 준수해야 한다.

개업공인중개사의 권리와 책임과 의무	
권리	공인중개사 자격증을 소지한 자는 결격사유가 없고, 사무소의 건축물에 하자가 없다면 등록관청에 개설등록을 하고, 부동산 중개업을 하며 정당한 보수를 받는다.
책임	개업공인중개사사무소 영업으로 고객의 물건을 알선, 중개하며 중개 사고에 대해 공인중개사의 잘못이 있다면 그 손해를 배상해야 한다. 고용인의 관리 잘못이나 그들의 중개사고에 대해 책임이 있다.
의무	개업공인중개사는 관할 세무서에 과세사업자 신고를 하고, 사업소득인 중개보수에 부가세와 종합소득세를 납부할 의무가 있다.
윤리헌장	제2조 : 공인중개사는 사기, 허위정보 등 부동산 거래에 있어서 반윤리적 행위는 하지 않는다. 제10조 : 공인중개사는 무허가 중개 행위자의 중개 행위에 협력, 관여하지 않는다.

전문

무릇 인간만이 부동산의 유효한 이용과 소유권의 합리적인 지배를 할 수 있다. 한국공인중개사협회 회원은 부동산에 대하여 가장 효율적인 이용 촉진의 조장자이며, 국민에게는 그 소유권의 합리적인 분배의 가교자이고, 그 거래 질서 확립의 옹호자이다.

또한 후손에게는 그 양호한 환경과 예술적인 창조품을 물려줄 자원의 수호자이다.

이러한 기능은 일반적인 직업활동 이외에 헌신적인 국토애와 사회적 책무를 회원에게 부하하고 있다.

회원은 전문 직업인으로서의 명예 손상에 대하여 동료 회원과 스스로 공동 책임감을 가지고 함께 대처하여야 하며, 중개행위의 규범을 준수하고 개선하여 나가는 데 공정, 성실하여야 한다.

이러한 규범을 회원이 준수하지 아니한다면 중개의뢰인으로부터 받은 어떠한 대가도 적법하다 할 수 없을 것이므로, 회원은 법과 윤리의 이상을 실현하기 위하여 자율적으로 본 헌장을 제정하고 이를 성실히 실천한다.

(출처 : 한국공인중개사협회)

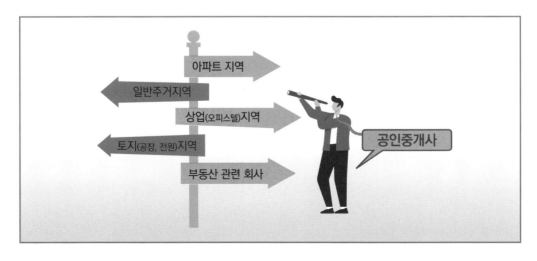

부동산 중개업의 현실은 물건도 현장에 있고, 고객도 현장에 있다. 현장을 제대로 누비는 자가 성공한다. 사무소 입지 선정에서부터 공인중개사 본인의 창업자금과 취향에 따라 발품을 팔아가면서 자기만의 최적의 입지를 선택해야 한다.

부동산 중개사무소 창업도 엄연한 사업이다. 초보공인중개사 역시 인생 2모작 또는 3모작으로 새로운 도전을 통해 성공하고 싶은 마음은 모두 같다.

당장 눈앞에 성과가 나와야 할 것처럼 조급한 마음가짐은 창업에 도움이 되지 않는다. 창업은 냉혹한 현실에 발을 담그는 일로, 그 무엇보다도 철저한 준비를 거쳐 시작해야 실패의 쓰라린 경험을 면할 수 있다.

공인중개사 자격증을 취득하고 창업을 위해 현장을 다녀보면, 지난날에는 잘 보이지 않던 골목에도 어김없이 부동산 중개사무소가 존재하고 있으며, 도저히 이런 자리에서 영업이 될까 하는 외딴곳에서도 부동산 중개사무소 간판이 눈에 띈다.

열심히 공부해서 자격증을 취득했지만, 막상 중개사무소는 어디에 차려야 할지 고민이다. 권리금은 왜 이렇게 비싼지, 지역 모임에서 왕따는 또 무엇인지, 누구도 잘 알려주지 않는다.

그만큼 치열한 경쟁 속에서 모두가 각자도생(各自圖生)의 길을 걷고 있다. 열심히 발로 뛰는 공인중개사는 살아남지만, 그렇지 못한 사람들은 중개 사고를 겪고 나서 톡톡히

꿈은 꿈꾸는 자가 이룬다!

나의 사무소는 어디에…

1. 창업 자금
2. 본인 취향
3. 현장 실무 경험
4. 개업, 합동, 법인
5. 출근 거리

수업료를 지불하며 좌절하기도 한다.

부동산 중개업은 현장 경험과 상식이 이론보다 중요하다. 지역 회원 및 동료와의 네트워크 구축과 멘토의 도움이 필요하다. 변화하는 중개 문화에 대응하기 위해서는 꾸준한 공부와 연구가 필요하며, 자기 관리도 중요하다.

한번 맺은 고객과의 인간적인 관계는 최선을 다해 유지하고, 새로운 손님을 찾기 위해 노력해야 한다. 고객 중에는 공인중개사보다 더 많은 부동산 지식을 가진 사람도 있고, 때로는 진상 고객도 있기 마련이다. 이들을 잘 다룰 수 있는 인간관계 심리학이 필요하다. 적어도 내 주위의 동료 공인중개사와 고객을 적으로 만들지 말아야 한다.

부동산 중개업은 현장에서 뛰는 영업이다!

공인중개사 자격증	이론/학문, 중개업 법령	지식+상식
창업(영업)	물건도 현장에 있고 고객도 현장에 있다.	"우리 함께 갑시다."
성공의 길	인적 네트워크, 전문가와 멘토 꾸준한 자기계발 철저한 자기 관리	누군가는 나를 눈여겨보고 있다.

"꿈꾸는 자에게 행운의 여신은 미소를 보내며, 기회는 준비된 자의 몫이다!"

부동산 중개업은 물건뿐만 아니라 고객도 현장에 있는, 발로 뛰는 영업이다. 그래서 부지런해야 하고 인내심을 발휘해야 성공의 길로 갈 수 있으며, 끊임없이 공부해야 한다. 한 번의 고객을 평생 고객으로 관리해야 인정받을 수 있다.

최근에는 인터넷의 발달로 의뢰인이 더 많은 최신 정보를 얻고 있으므로, 분야별 특정한 물건에 대한 정보를 먼저 파악해야 상담과 계약이 원활하게 이루어질 수 있다.

🏠①
공인중개사사무소
유형별 검토하기

초보공인중개사가 창업 시에는 자신의 취향과 자금 여력을 고려해 적합한 자리를 선택하는 것이 중요하다.

입지가 좋아 보증금과 월차임, 권리금이 높은 고가의 자리를 선택하면, 해당 지역에는 이미 터줏대감이 자리 잡고 있을 가능성이 커서 실패할 확률이 크다.

초보공인중개사의 창업은 그저 막막하기만 하다!
1. 구석구석 부동산 중개사무소라!
2. 권리금은 왜 그리도 비싼가!
3. 부동산 중개물건은 종류가 왜 그리 많은가?
4. 회원제, 지역 모임은 왜 그리 강한가? 왕따는 뭔가?
5. 누구도 알려주는 사람이 없더라!

실제로 창업하기 위해 현장에 나가보면, 구석구석에 공인중개사사무소와 부동산 컨설팅 사무소가 눈에 들어온다.

대다수의 초보공인중개사는 현장중개 경험이 없다 보니 전화만 울려도 무섭다고 한다. 창업 전에 해당 지역의 부동산 현황을 파악하지 못해 어떻게 답변해야 할지 준비가 덜 되어 있기 때문이다.

필자로부터 개설 등록을 위한 실무 교육을 3시간 동안 받은 여성 공인중개사가 창업했는데, 한번 방문해주었으면 한다는 요청이 들어왔다. 사실 3시간 동안 60여 명을 대상으로 성공 창업을 주제로 한 실무 강의를 했기 때문에 누가 누군지도 몰랐지만, 토요일에 시간을 내어 알려준 주소로 찾아가보았다. 아파트 입구 횡단보도 단지내 상가에 3개의 부동산 중개사무소가 나란히 있었고, 중간 사무소가 그녀의 사무소였다. 그런데 손으로 '아, 저기군' 하고 가리키면서 횡단보도를 건너 사무소로 갔더니 불은 켜져 있었지만, 문이 잠겨 있었다.

"어라! 내가 시키는 대로 하지 않았네. 어디를 가면 표식을 하고 가야 하는데…"라고 혼잣말하며, 뒤돌아 계단을 내려오니 뒤에서 "교수님!" 하고 부르는 소리가 들렸다. "들어가 보니 분명 뒷문도 없는데 왜 문이 잠겨 있나요?"라고 물으니, 책상에 앉아 있는데 누군가 자기 사무소를 손으로 가리키며 횡단보도를 건너오더란다. 속으로 '제발 저쪽으로 가세요' 했는데, 계속 걸어오길래 얼른 일어나 출입문 하단을 잠갔다고 했다.

그런데 뒤돌아 가는 필자의 모습을 보고 그제야 문을 열었다고 했다. 초보공인중개사는 손님이 와도 걱정이고, 손님이 안 와도 걱정이란다.

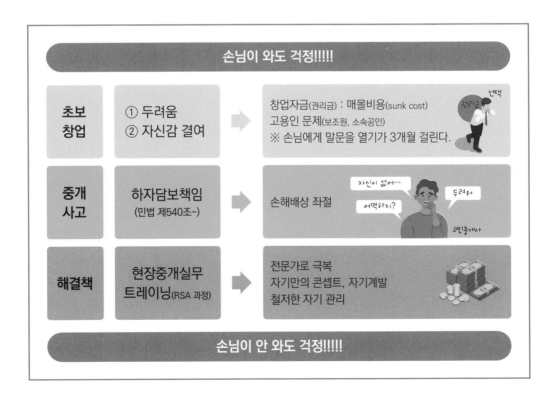

준비가 덜 되어 있기도 하지만 계약을 못 하면 수익이 없어 필요경비가 소요되니 이 또한 걱정이다. 그래서 현장중개실무 전문가 교육을 권유했고, 공부하면서 영업에 도움이 되어 지금은 그 지역에서 최고의 수익을 올리고 있다.

또 다른 남자 공인중개사의 사연은 이렇다.

정년퇴직을 하고 일정한 연금을 받다가 10여 년 전 취득한 공인중개사 자격증으로 무조건 창업부터 했다. 일정한 권리금을 지불하고 사무소를 인수한 후 보조원 한 명을 채용했으나 계약이 원활하게 이루어지지 않아 1년 동안 2,000여만 원 손해를 보았다. 그러다가 필자가 진행하는 현장중개실무 교육 프로그램을 보고, 동문으로 와서 5개월간 교육받고 다시 창업해 성공의 길로 가고 있다.

그 공인중개사는 "창업 전에 현장중개실무 교육 과정을 알았다면 2,000만 원이라는 수업료를 내지 않았을 겁니다"라고 했다. 그러나 현재는 교육을 통해 많은 수익을 올리고 있어 만족스러워한다.

이렇듯 부동산 중개업 현장은 치열한 경쟁이 벌어지고 있기에 누가 알려주지 않는다. 왜냐하면 본인의 노하우를 알려주면 바로 경쟁자가 되기 때문이다.

누구나 자기 직업에 만족 못하는 경우가 있다. 하지만 열 번 찍어 안 넘어가는 나무가 없듯이 열고자 노력하는 자에게는 언젠가 열리기 마련이다. 치열한 경쟁 사회에서 분명한 각오 없이 창업에 뛰어들면 쉽게 포기하며 뒤늦은 후회를 하게 된다.
부동산 중개업은 더구나 타인의 재산을 옮겨주고 받는 일을 하기에 조금이라도 방심은 금물이며, 자기 직업에 분명한 긍지를 갖고 일해야 보람도 얻을 수 있다.

2
창업계획
세우기

 옛말에 '시작이 절반이다'라는 말이 있지만, 필자의 개인적인 생각으로는 '계획이 절반'이라고 말하고 싶다. 특히 부동산 중개업 창업은 계획이 매우 중요하다. 무조건 창업부터 하고 보자는 마음가짐이라면, 타인의 재산을 알선 중개하는 계약서 작성 역시 대충 처리할 가능성이 크다. 그 결과 거래 당사자들에게 재산상 큰 피해를 줄 수도 있다.

 그리고 공인중개사는 하자담보책임을 지게 되어 곤란을 겪고 좌절하기 쉽다. 부동산 중개업은 치열한 경쟁이 예상되기 때문에 창업 전부터 입지 선정, 계약서 작성 및 마무리까지 철저한 계획과 준비, 공부가 필요하며, 이러한 노력과 준비가 성공적인 창업과 지속적인 경쟁력 확보에 도움이 될 것이다.

첫째, 본인의 창업자금 여력에 따라 입지를 선택해야 한다.

 권리금이 많고 좋은 자리를 선택할 때는 이미 경쟁이 치열한 지역이라는 점을 고려해야 한다. 해당 지역에는 이미 터줏대감이 자리 잡고 있으므로 경쟁력에서 뒤지기 쉽다. 보증금과 차임, 권리금이 높은 자리를 선택한다면, 뜻이 맞는 다른 공인중개사와 합동사무소 창업을 고려해보는 것도 좋은 방안일 수 있다.

 합동사무소나 공동사무소를 운영할 경우, 상대를 배려하는 마음과 협력이 필요하다. 따라서 합동사무소 운영계약서나 공동사무소 운영계약서를 반드시 작성하고, 서로의 공동 이익을 추구해야 한다.

둘째, 본인의 취향에 맞은 물건의 유형별 입지를 고려해야 한다.

중개업을 시작할 때는 아파트, 단독주택 등 일반주거지역부터 상가(점포)지역, 오피스텔지역, 토지, 공장, 창고밀집지역, 그리고 전원주택지역 등 다양한 물건과 지역을 고려해야 한다. 자신의 역량과 선호하는 분야, 취향에 맞는 지역을 선택해 그 분야에서 경쟁력을 발휘하는 것이 중요하다. 이를 통해 높은 성과를 이루기 위한 기반을 마련할 수 있다.

필자의 경험에 따르면, 여성의 경우 아파트지역, 지식산업센터, 오피스(텔)지역이 유망하고, 젊은이라면 상가와 오피스(텔)지역이 매력적일 수 있다. 중년 이후에는 도농복합지역의 토지, 공장, 창고, 그리고 전원주택(지) 등이 좋은 선택지가 될 수 있다. 각 지역의 특성과 수요를 고려해 자신의 경험과 선호도에 기반해 선택하는 것이 중요하다.

물론, 일정한 경험을 쌓고 다른 물건 지역에 창업도 괜찮다.

초보 창업 시 고려 사항

구분	고려사항	참고
보증금	위치/규모 (면적)에 따라 검토	초보는 꼭 좋은 자리가 선택기준 아님 터줏대감 존재
권리금 (매몰비용)	기존 사무소 인수 시 권리금 신축 건물 바닥권리금	인수하고자 하는 자가 협상 (권리금 모델 참조)
집기시설 및 인테리어비용	규모 면적에 따라 검토	지역 물건 인테리어 종류에 따라 근접한 색상
광고비용	기본 광고비(6개월) 산정	알림장, 각 지역 사이트 선택 본인 블로그, 카페 운영 유튜브+드론+풍수지리 접목
초기 6개월 정도 필요경비	초기 임대료 등 필요경비	초기 수익이 저조한 경우 대비
고용인 승계	기존 고용인 승계가 유리 소속공인중개사 채용 검토	업무의 연속성 필요경비 충당

셋째, 현장실무 경험을 얻고 창업하는 것이 바람직하다.

어떤 유형의 물건 지역이든 소속공인중개사로 취업이 가능하다면, 그 사무소에서의 경험을 통해 자신만의 노하우를 쌓아가는 것이 중요하다. 대표가 제대로 알려주지 않더라도 본인이 주도적으로 활동하고, 동료들과 소통하며 경험을 쌓아나가는 것이 도움이 된다. 또한, 해당 지역에 다른 사무소가 개업하면 작은 선물을 전하며, 그들의 창업 조건과 경험을 들어보는 것이 매우 유용할 수 있다. 필자는 개업 사무소 10곳 이상을 방문하길 권한다.

만약 현장 경험이 없는 상태에서 기존 사무소를 인수할 경우, 해당 사무소 소속의 중개보조원이나 소속공인중개사와 함께 영업할 수 있도록 요청하는 것이 바람직하다. 그래야 새로운 환경에 빠르게 적응하고 필요한 노하우를 습득하는 데 도움이 될 것이다.

넷째, 창업 사무소의 형태는 본인의 성격에 따라 선택해야 한다.

본인이 지배력을 가진 성격의 소유자라면 개인 사무소 창업이 바람직하며, 배려심과 친화력을 가진 자라면 합동·공동사무소 창업도 바람직하다. 필자가 소개한 합동사무소는 2인이 8년째 같이 영업하면서 고수익을 올리는 공인중개사가 있는가 하면, 몇 개월 만에 각자의 길로 가는 예도 있었다. 합동·공동사무소를 창업한다면 적어도 1년 정도는 같이 운영하기로 하는 운영계약서를 쓰고, 서로 배려심을 가지고 영업하는 것이 바람직하다.

다섯째, 본인 주거지와 사무소의 출근 거리가 중요하다.

필자도 경기도 광주시 오포읍에 거주하면서 동탄 신도시에 사무소를 운영한 적이 있었다. 그런데 출퇴근 시간이 하루에 3~4시간이 소요되어 영업에 지장을 주고, 시간에 쫓겨 힘들었던 경험이 있다. 효율적이고 편안한 업무를 위해서는 출퇴근 시간을 최소화하는 것이 중요하며, 30분 이내의 출퇴근 시간이 바람직하다. 이렇게 하면 더 많은 시간을 영업에 집중할 수 있고, 업무 효율과 만족도를 높일 수 있을 것이다.

특히, 부동산 중개업은 특정 지역을 집중해 영업하기 때문에 창업을 선택한 지역이 자신의 주거지와 먼 지역이라면, 아예 그 지역으로 이사하거나 숙소를 정하고 영업하는 것이 바람직하다.

3
권리금에 대한
표준 모델은 없을까?

    부동산 시장에서 권리금이 높게 형성되는 상황은 창업자에게 부담이 될 수 있다. 특히, 최근 부동산 가격 상승과 함께 중개보수도 상승하는 경향이 있어 권리금이 높아지는 이유가 된다. 또한, 공인중개사의 수가 늘어나면서 경쟁이 치열해져 권리금도 높게 유지되고 있는 것으로 보인다.

    현재의 경기 상황이나 부동산 시장 흐름을 고려해 창업을 결정하는 것은 중요하다. 부동산 경기 하락 시기에는 권리금이 하락하고, 폐업하는 사무소가 늘어날 수 있다. 이 때 창업해 호황기를 대비하는 것도 한 가지 전략일 수 있다. 그러나 현실적으로 권리금은 창업자금 여력과의 균형을 맞춰 선택해야 하며, 협상 노력도 중요한 역할을 한다. 자신의 노력과 역량을 최대한 발휘해 적절한 권리금을 협상하는 것이 필요하다.

월 순수익 주장 내용	일반적으로 1년 기준	연(12개월) 수익	협상기준 : 인수자 몫
300만 원 정도	300×12월	3,600만 원 제시	−@또는 +@ 합의
500만 원 정도	500×12월	6,000만 원 제시	−@또는 +@ 합의
1,000만 원 정도	1,000×12월	12,000만 원 제시	−@또는 +@ 합의

위 권리금에 대한 내용은 성수기와 비수기에 따라 다르며, 권리자의 사정에 의해 제시 가격도 다를 수가 있고, 신규 입주하는 물건지에는 바닥 권리금도 존재한다. 어디까지나 양 당사자의 입장에 따라 다르다는 뜻이다. 필자의 경험에 의하면 기존 영업을 하고 있는 공인중개사사무소는 5~8월이 비수기로 권리금 가격 조정이 좀 쉬우며, 공인중개사 합격자가 배출되는 11~3월에는 가격 조정이 어렵다는 것이 현실이다. 물론 신도시, 혁신도시, 기업도시, 개발지역 등 분양권 또는 신규 입주 지역은 계절과는 관계없이 바닥 권리금 등이 이루어지기도 한다. 이런 지역에는 소위 말하는 입주 초기에는 많은 보증금 임차료와 권리금이 형성되었다가 입주가 완료되고 나면 한 차례 조정기를 거친다. 즉 이런 지역은 선수들이 수익을 잡고 떠나는 경우가 많다. 초보공인중개사는 가능하다면 피하는 것이 바람직하며, 경험이 있는 공인중개사들이 주로 진입을 한다.

- 권리금을 주고 사무소를 인수하고, '공인중개사사무소 양도 양수 계약서'를 쓴다면 특약을 잘해야 한다(영업 장부, 집기 시설 목록 사진 촬영).
- 양도·양수 계약서를 작성하지 않는다면, 권리금에 대한 '이행확인서'라도 작성 보관해야 한다.

권리금 양도·양수 계약서를 작성하라

부동산 사무소 권리금 양도·양수 계약서

본 부동산 권리에 대하여 양도인과 양수인은 다음과 같이 합의하고 부동산 권리 양도·양수계약을 체결한다.

1. 부동산의 표시

소 재 지	시 구 동 번지 상가 호		
상 호	랜드 공인중개사사무소	**면 적**	39㎡
업 종	부동산 사무소	**허가(신고)번호**	가.1234.05

2. 계약내용

제 1 조 [목적] 위 부동산에 대하여 권리양도인과 양수인은 합의에 의하여 다음과 같이 권리양수·양도 계약을 체결한다.

총권리금	金 오천만원정(₩50,000,000원정)			
계 약 금	金 오백만원정은 계약 시에 지불하고 영수함.		영수자	김길동 (인)
중 도 금	金 원정은 년 월 일에 지불하며			
중 도 금	金 원정은 년 월 일에 지불한다.			
잔 금	金 사천오백만원정은 년 월 일에 지불한다.			
양도범위 (시설물 등)	사무소 집기 일체(영업장부, 간판, 전화기 등 일체) 사진촬영 목록표 작성			

제 2 조 [임차물의 양도] 양도인은 위 부동산을 권리 행사를 할 수 있는 상태로 하여 임대차계약 개시 전일까지 양수인에게 인도하며, 양도인은 임차권의 행사를 방해하는 제반사항을 제거하고, 잔금수령과 동시에 양수인이 즉시 영업할 수 있도록 모든 시설 및 영업권을 포함 인도하여 주어야 한다. 다만, 약정을 달리한 경우에는 그러하지 아니한다.

---

1. 본 부동산 사무소 권리금 계약은 양 당사자가 물건 현 상태와 영업상태를 육안으로 확인하고 계약 서명 날인한다.
2. 본 계약은 시설 집기 일체와 전화기 명의 이전 및 영업장부 및 고객 관리 장부일체(목록표, 사진 촬영)를 매수인에게 인계하며, 계약 후 잔금일까지 매수인이 사무소에 출근해 사무소 운영을 습득하도록 매도인은

협력한다.
3. 매도인은 매수인과 소유권자와의 위 임대차계약에서 현 차임에서 일십만 원 증액으로 계약에 책임지며, 불가능 시에는 계약금 반환하고 조건 없이 해약하기로 한다.
4. 잔금일 등록증을 말소하며, 기존 계약 정리 시까지 현 과세자 등록을 유지하도록 매수인은 협조한다.
5. 매도자는 본 사무소로부터 반경 (   )km 이내에서 사무소 개설을 하지 않기로 하며, 개설 시에는 위 권리금의 50%를 매수인에게 위약금으로 반환하기로 한다.
6. 본 사무소 행정처분 등이 있을 시 정리하여 주기로 하며, 관리비 등은 잔금일 기준 정산한다.

20 년   월   일

기존에 운영 중인 사무소를 권리금을 주고 인수한다면 권리금 양도·양수 계약서를 작성하는 것이 바람직하다. 합의 내용을 정확하게 특약 사항으로 명시하고, 집기 및 시설물도 핸드폰으로 촬영해 첨부하는 것이 좋다.

또한, 가능하면 계약 후 약 1개월 정도는 그 사무소에 출근해 영업 형태를 배울 수 있는 조건으로 계약한다면, 잔금 후에 바로 영업할 수 있어 업무의 영속성을 유지할 수 있고, 계약도 순조로워진다. 또한, 그 사무소의 소속공인중개사나 중개 보조원 한 명 정도와 함께 영업할 수 있다면 업무 파악도 쉬워지고, 필요경비 충당에도 도움이 된다.

5 입지 선정 체크리스트로 확인하자

　공인중개사는 여러 사항을 고심한 끝에 드디어 창업하게 된다. 이제부터 물건 현장에 따른 창업 사무소 입지 선정의 여러 형태를 연구해보기로 한다.

　부동산 중개업 영업은 특정 지역의 범위를 선정해 입지를 선택하게 되는데, 기존 사무소를 인수할 수도 있고, 신규 입지를 선택할 수도 있다. 창업하고자 하는 지역에 대해 다음의 입지 선정 체크리스트를 준비해 꼼꼼하게 체크하는 것이 바람직하다. 입지 선정은 정밀 분석을 몇 차례 한 후 최종 선택해야 후회하지 않는다. 선택하고자 하는 입지에 평일 오전, 오후, 저녁, 주말 아침, 저녁에 현장을 방문해 정주 인구 및 유동 인구와 그 지역의 주거 상권을 파악해야 한다.

　동료나 지인이 창업할 때 개업식에 축하해주며, 적어도 10곳을 방문하라고 필자는 권한다. 방문해보면 그 사무소의 선택에 관한 내용과 영업 형태도 배울 수 있다. 부동산 중개업은 그 지역의 유형별 물건을 100% 파악해야 한다.

　자동차 판매원이 어느 지역을 담당하면, 그 지역 주민의 자동차 종류별(외제차, 국산차 등) 보유 현황/연식/색깔 등을 데이터로 가지고 월별 판매 목표를 정하고 영업하는 것처럼, 개업공인중개사는 그 지역에서 물건을 유형별로 파악하고, 도로별로 좌우의 물건 현황을 도표로 만들어 브리핑하는 방식은 매우 효과적일 수 있다.

　이러한 입지 분석 체크리스트를 통해 필자는 다년간 16개의 사무소를 창업했다.

사무소 입지 체크리스트

순서	검토 내용	적합도(충족도)			참고사항
1	창업자금(권리금)포함	100% 10점	70% 7점	50% 5점	창업 융자
2	본인 영업 취향성	활발 7점	보통 5점	소심 3점	평소 성격
3	영업 경력	1년 이상 7점	6개월 5점	없음 3점	현장 경험 여부
4	전문지식 및 IT 활용도 전문교육이수 SNS 활용	전문교육 10점	실무교육 5점	없음 3점	전문교육이수
5	인적 네트워크 활용도	많음 10점	보통 5점	적음 3점	지역인과 유대관계
6	반경 300m 이내 경쟁사무소 유무	5곳 정도 7점	10곳 정도 5점	10곳 이상 3점	젊은 층 근무 여성층 근무
7	입주예정 및 확장(예정)지역	확장지역 7점	포화상태 5점	쇠퇴지역 3점	지역분석
8	주거인구 분석	젊은 층 7점	중년층 5점	노년층 3점	거주지 이동
9	지역 편익시설 (초, 중, 고, 문화시설)	풍부 7점	보통 5점	미흡 3점	시장, 운동시설
10	출퇴근 교통 편리	편리 7점	보통 5점	불편 3점	출퇴근 유동인구
11	상권분석 (간판광고 효과 등)	항아리 상권 7점	일반 상권 5점	미흡 3점	정주인구 분석, 광고
12	선택 사무소 상태 정밀 분석	1층 7점	2층 5점	건물 내 3점	워킹손님 고정고객
13	본인의 능력 적합도	높음 7점	보통 5점	미흡 3점	도전형, 생계형 여유형
합계		점	권리금이 동반된다면 협상은 본인 수단		

입지분석 체크리스트

① 1차 80점 이하 〉〉〉
　다른 사무소 검토
② 1차 80점 이상 〉〉〉
　2차 정밀 분석 = (평일/주말 출퇴근 시 확인)
③ 3차 권리 분석 = 공부열람(건축물관리대장 등)
④ 위법 건축물 확인
⑤ 임대인 성향 파악
⑥ 고용인 승계 가능성
⑦ 권리금 조정 협상
⑧ 지역 회원제 확인(왕따 문제)
⑨ 합동사무소 검토

6
사무소
창업 형태별 창업

대구시 남구 삼정로

일반주거지역에서 권리금이 없는 근린생활시설에 신규로 창업한 사무소다.
사무소 간판도 몇 가지 시안을 초안으로 그중 밝은 색상으로 선택했다.
최근에 와서는 이와 같이 음식점 등 폐업하는 상가(점포)에 초보 창업자가 창업하는 형태가 많다.

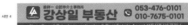

간판명과 색상은 시안 몇 가지를 잡아서 선택을!

1. 2인 공인중개사가 합동사무소 형태로 창업. '국민부동산', '세정부동산' 각각 등록, 과세신고
2. 사무소 내 등록확보 물건은 공동관리/공동중개
3. 외부 부동산 중개사무소와의 계약은 각자 수익, 사무소 필요경비 각 1/2 부담
4. 내부 물건과 외부 사무소와 계약은 공동의 분배함
5. 합동사무소 운영계약서 작성 이행(1년간)
6. 권리금이 형성된다면 공동배분

※ 주의 : 각자를 배려하는 배려심이 요구됨

목표 없이 뛰는 자와 목표를 세우고 뛰는 자는 눈빛부터 달라 보인다고 한다.
꿈을 이룬 자의 이야기를 들어보면 노력의 대가는 그저 주어지지 않는다.
분명한 목표를 세우고 도전하는 자는 이제 훌륭한 업적을 남길 때다.
위 사무소는 뚜렷한 목표를 세우고, 2인의 공인중개사가 각자 '국민부동산'과 '세정부동산'으로 합동사무소를 운영하며, 좋은 결과를 얻었다.

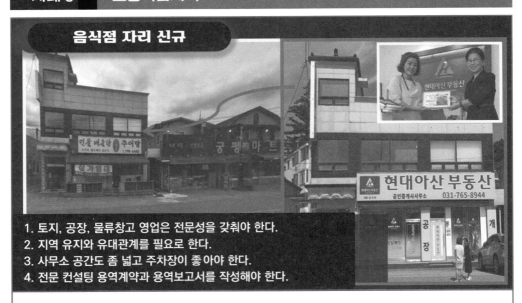

음식점 자리 신규

1. 토지, 공장, 물류창고 영업은 전문성을 갖춰야 한다.
2. 지역 유지와 유대관계를 필요로 한다.
3. 사무소 공간도 좀 넓고 주차장이 좋아야 한다.
4. 전문 컨설팅 용역계약과 용역보고서를 작성해야 한다.

1. 도농복합지역의 토지/공장/창고 전문 부동산

2. 유튜브/드론 촬영 홍보

3. 전문 컨설팅 용역 보고서 작성

4. 전속중개계약 및 컨설팅

5. 유튜브 활용 광고

※ 지역 유지/이장단과 교류로 건물관리 대행.

1. 공실상가에 사무소 창업
2. 재개발지역/토지 물류창고 공장 전문 부동산
3. 도로변 지주 간판 설치
4. 주차장이 넓고 홍보 효과 극대화

※ 지주 간판은 토지주 승낙과 허가 관청에 연 2회 등록 사용료 납부

사람들은 자나 깨나 성공을 꿈꾼다. 능력이 모자라면 한 분야를 파고들어야 성공할 수가 있다.

지식이 부족하면 배우기 위해 노력해야 하고, 시종일관 흔들림 없이 분발해야 한다.

성공한 자는 오로지 자기 전문 분야에 미쳐 있다고 말한다. 터줏대감 역시나 뭐가 달라도 달라 보이고, 그 지역의 정보를 꿰뚫고 있음은 우연히 주어진 것이 아니다. 그만큼 노력했다는 증거가 아닐까?

기존 사무소에 추가로 합동사무소 운영

기존 사무소 합동

1. 현 영업하고 있는 사무소에 추가로 각각 등록하고, 각각 과세신고 영업
2. 임대인의 동의 필요
3. 필요경비 각 1/2 부담
4. 서로 배려심이 요구됨
5. 사무소 공동운영계약서 작성하고 영업
6. 후임 개업공인중개사는 선임 개업공인중개사에게 권리금 요구하지 않기로 함

※ 선후배 또는 동료와 합의 입점

위 우측 사무소는 필자가 과거 8년 전에 소개 알선했다. 먼저 오픈한 4년 차 영업 사무소에 후배 공인중개사를 합동사무소 형태로 소개해주었으며, 현재 8년을 같이 영업하는 성공 사무소다.

처음에는 경력자를 우대해 이익을 6:4 비율로 배분했으나, 2년이 경과한 후부터는 서로 합심해 5:5 공동 배분으로 영업하고 있다.

이러한 합동사무소의 이점은 직원을 채용할 필요가 없으며, 때로는 필요한 전문 교육도 교대로 시간을 활용하면서 공부할 수 있다. 언제나 배려심으로 가족과 같은 분위기로 영업하고 있다. 때로는 단위 금액이 큰 물건을 공동중개해 해외여행도 같이 다닌다. 이러한 합동사무소 형태의 영업이 오히려 개인 창업보다 더 유리할 수도 있다.

그러나 각 개인의 성향이 일방적이고, 수직적인 성격의 소유자와 같이 영업하기란 쉽지 않다. 합동사무소를 운영할 시에는 합동사무소 운영계약서를 작성하고, 서로가 믿음과 신뢰로 영업해야 서로의 얼굴을 붉히는 일이 발생하지 않는다.

1. 신축 상가에 신규 창업
2. 4인의 공인중개사가 대표 1인으로 개설 등록하고 운영
3. 3인은 소속공인중개사로 활동
4. 공동영업으로 수익을 창출하며, 이익 배분은 투자 비율대로 수익 배분
5. 공동사무소 운영계약서(1년)를 작성하고 운영

※ 주의 : 서로의 배려심이 요구됨

신도시 지역의 부동산 타운

아파트지역의 사무소는 권리금이 많이 동반된다. 또한 그 지역의 친목 단체의 활동이 왕성해 외부 공인중개사가 진입 시에는 그 친목 단체의 회원업소를 인수하거나 일정한 기여금을 내고 진입해야 소위 말하는 왕따 신세를 면하게 된다. 왕따 신세가 되면 회원 사무소와 공동중개가 사실상 단절되어 어려움을 겪게 되기도 한다. 이러한 사항을 검토해 창업하고자 하는 공인중개사가 잘 파악해야 한다. 아파트지역의 영업이라면 그 지역 단체의 친목모임에 꼭 참여하는 것이 바람직하다.

대형 PDP 설치	간판 변경

사무소 인수 후 변경사례

공사기간	약 7일	비용(단위 : 만 원)
1. 폐기물 처리비	2회	32(직접 처리)
2. 인테리어 비용	견적	1,000
3. 간판(시트 포함)	견적	410
4. 집기(컴퓨터 등)	견적	700
5. 홍보지, 개업비용	실사용	100
총계		2,242만 원

공사 중 7일 소요

속칭 '빠루'라는 것을 사다가 다 부시고, 뜯어서 차에 실어 갖다 버렸다. 폐기물 업체에 의뢰하면 70만 원 정도의 비용이 든다. 돈을 아낀다고 혼자 했는데, 돈은 얻고 허리는 잃을 뻔했다.

공사 중인 현장

1970~1980년대 : DM, 알림장(지라시) 워킹 영업
1990~2000년대 : 전산(컴퓨터), 카페, 페이스북
2010~ : 블로그(사이트), 유튜브 홍보 영업
2020~ : 고급중개(컨설팅, 드론, 풍수지리 접목)

1. 소도시/농어촌지역 창업 사무소

2. 유튜브와 드론 촬영 홍보

3. 부지런해야 성공할 수 있다.

4. 고객이 찾아올 수 있도록 노력해야 한다.

5. 지역 원주민과 인간적인 유대관계를 맺고, 그 지역의 주민으로 활동해야 한다.

일반주거지역의 위 사무소를 인수해서 상호를 변경해 오픈한 사무소다. 일반주거지역의 물건은 다양하고 권리관계 또한 복잡할 뿐만 아니라, 위법 건축물이 많다. 따라서 철저한 권리 분석과 임장활동으로 정확하게 계약서 작성과 확인설명서를 작성해야 한다. 또한 오래된 건축물이 많아 건물 자체의 하자를 많이 동반하고 있으니 매매계약 시에는 양 당사자와 위법 건축물 및 하자 부분에 책임소재를 명확하게 표기해야 한다. 이런 지역에서 영업은 그 지역 내 물건을 전부 파악해 물건대장을 만들고, 지역 유지 및 이장들과 지역의 유관 단체 모임에도 자주 참여해 사무소를 홍보해야 한다. 그 지역에서 오랫동안 영업으로 터줏대감 소리를 듣는다면 분명 성공한 공인중개사다.

같이 현장중개실무 공부를 한 동문들의 개업 축하를 받았다.

아직도 이 점포는 아리송!!! 추측하건대 부동산 중개사무소가 입점할 것 같기도…. 어디까지나 필자의 생각. 2022. 2. 3. 5:52

어느 도농복합지역 1층 상가 점포 중에 약 12평이 몇 개월째 비어 있었다. 분명 부동산 중개사무소 자리로 적당한 입지를 갖추고 있었다. 약 7개월이 지나고 나니 아니나 다를까 부동산 중개사무소가 입점했다.

임대문의 2021. 12. 100이었는데, 결국 부동산 중개사무소가 입점했네요.

필자가 지난해 말쯤 길을 가다가 임대 문의 점포를 보고, 저 자리는 부동산 중개사무소가 들어올 것 같았는데, 아니나 다를까 부동산 중개사무소가 입점했네요.

부동산 중개사무소에 공인중개사의 사진을 붙였다는 사실 하나만으로도 찾아오는 고객의 마음에 경계심을 풀 수 있을 것이고, 고객은 쉽게 문을 열고 방문할 것이다. 고객이 여러 공인중개사무소에서 받아온 명함 중에 공인중개사 사진이 나와 있는 명함에 먼저 손이 가는 것은 당연하다. 필자는 과거에 아내와 같이 중개 사무소를 운영했는데, 부부 공인중개사라고 하니 훨씬 고객과 대화가 쉬웠다. 부부가 사무소를 운영할 경우 남편은 상가, 토지, 공장, 창고 등을 담당하고, 부인은 주거용 아파트, 주택, 오피스텔 물건 작업 위주로 영업해야 서로의 다툼 소지를 줄일 수 있다.

1. 토지지역, 공장지역, 물류창고지역 사무소는 주차 공간이 넓어야 한다.
2. 대형 PDP나 스크린 화면을 갖추자.
3. 유튜브 홍보와 드론 촬영 편집으로 현장감을 살린 고급 브리핑이 좋다.
4. 부동산 중개 컨설팅 용역계약서와 용역보고서를 활용하자.
5. 자기만의 로고나 상징물을 표기하는 것도 좋다.

여기가 상가몽땅 도서관

2022년 2월 20일

2022년 2월 20일

2022년 2월 20일

상가 몽땅 홍보관

1. 전문성을 갖춘 공인중개사
2. 좀 여유로운 공인중개사
3. 근무시간 자유
4. 공동집기 사용 가능
5. 자기 개성이 강한 공인중개사
6. 상가(빌딩) 사무실 중개
7. 빌딩 내 높은 층에서도 가능

1. 창업자금 및 차임 저렴
2. 광고비용 많이 소요
3. 개설 등록과 과세신고
4. 주로 혼자 근무
5. 고객 관리 철저(소개)
6. 컨설팅 용역 계약 용역 보고서 작성

기존 사무소 인수

평택의 미군 영외 거주자와 미 군속(민간인 기술자 등)을 전문으로 하는 렌털 전문 부동산 중개사무소도 있다.

필자는 미군, 민간인, 군인 가족의 렌털하우스 단지 내 부동산 중개사무소를 신규 창업해 외국인 렌털 임대차 업무와 특수물건 컨설팅 영업을 했다.

2023. 5. 1. 월
미스터홈즈 포천센터

2023. 5. 1. 월

구거 토지를 공매 낙찰받아 자가 사무소 건축	지주 간판, 플래카드 설치와 구거 활용

필자는 실무 교육 강의를 할 때마다 공인중개사가 자가(自家) 사무소를 갖춰야 할 것을 강조한다. 수도권의 한 도시에서 한국공인중개사 모 지회(약 900개 사무소)에 교육자문위원으로 강의를 하면서 자가 사무소를 소유하고 있는지를 설문 조사했더니 약 7% 정도만 자가 사무소를 보유하고 있었다.

이 사례 중 하나로 경기도 포천시에서 영업하던 어느 공인중개사가 구거가 포함된 맹지를 공매로 낙찰받아 진입도로를 확보하고, 공인중개사 본인이 직접 건축해 창립한 사무소가 있다. 공인중개사는 이러한 토지를 보유하고 있다면, 위와 같이 자가 사무소 소유를 검토해야 한다. 경·공매 낙찰뿐만 아니라 오래된 건물을 매수해 리모델링을 하거나 철거하고 신축해 자신만의 공간을 마련하는 방법도 있을 것이다.

자가 토지 위의 사무소이기 때문에 물건 확보나 홍보를 위한 지주 간판 및 현수막 설치도 자유롭다. 도농복합지역이나 토지, 공장, 창고, 전원주택을 전문으로 하는 지역이라면, 주차장이 확보된 자가 사무소를 마련하는 것이 중개 영업에 더욱 바람직하다.

필자의 경험에 따르면, 자가 소유한 사무소를 운영하고 시간이 지나면서 물건이 확보되고 거래가 이루어지면, 자연히 고객이 공인중개사를 신뢰하게 되고, 경우에 따라 전속으로 부동산 물건 관리도 의뢰받게 된다. 마을 이장들이나 지역 유지와 친밀한 관계는 공인중개사가 지역에서 더욱 신뢰받고, 터줏대감이 될 수 있는 중요한 요소다. 이러한 관계를 구축하고 유지하는 것은 지역 내에서 성공적인 부동산 중개사로 인정받는 데 큰 도움이 될 수 있다.

대한민국 삼천리 방방곡곡에 3,000개 토종 부동산 중개업 미스터홈즈 센터

"미스터홈즈는 늘 고객을 먼저 생각합니다."

미스터홈즈 컴퍼니
대표 고상철

부동산 프랜차이즈(가맹점) 사무소는 우리나라 부동산 중개업법이 제정된 1985년부터 사단법인 단체로 나날이 발전해 오늘에 이르렀다. 그동안 우리나라에 외국계 부동산 프랜차이즈도 많이 들어왔으나 전부 뿌리 내리지 못했고, 우리나라 토종 부동산 프랜차이즈(가맹점)도 많이 탄생했으나 결과는 그리 밝지 않았다. 과거 외국계 센츄리21, ERA, 뉴스타부동산 등과 LBA, 부동산 114, 부동산뱅크 등이 있었으나 크게 자리 잡지 못했다.

그 이유는 가맹점을 모집해놓고 그 후 지원해주는 후속 프로그램 솔루션 개발의 어려운 점을 극복하지 못했기 때문이다. 그 결과 호응도가 떨어졌다. 그중 유일하게 미스터홈즈 파트너스가 믿음과 신뢰로 토종 프랜차이즈(가맹점) 전국망을 계획하고, 종합적인 지원 프로그램 솔루션을 개발하고 있다.

미스터홈즈에서는 물건 등록, 관리, 광고, 물건 분석, 가격 분석, 고객 관리, CRM, 임장활동, 부동산 중개, 개발 컨설팅 등 종합 교육 솔루션을 개발하고 있다. 초보 창업 공인중개사라면 전문 교육을 받고, 토종 프랜차이즈 가맹점으로 창업하는 것도 초기 실패를 줄일 수 있다. 이는 분야별 전문 교수나 선배 동문들의 조언을 받을 수 있고, 물건을 서로 공유해 공동중개로 수익을 창출할 수도 있기 때문이다. 사실, 코로나 사태 이후 온라인으로 공인중개사 자격을 취득하기 위해 공부하다 보니 현장에서 뛰는 공인중개사와의 유대관계가 전무하기 때문이다.

또한, 현재 영업 중인 공인중개사들도 보다 한 단계 높은 전속중개와 부동산 컨설팅을 위해 뛰어난 수준의 종합 분석 기술이 필요한 추세다. 우리나라 부동산 중개업에는 순가 중개계약 제도가 허락되지 않기 때문에 부동산 중개업법 제16조 3항에 규정한 전속중개 제도를 활용하고, 더 나아가 부동산 중개 컨설팅 계약서와 컨설팅 보고서 작성에 대한 교육을 이수해 보다 전문적인 지식을 쌓아야 한다.

필자는 공인중개사가 전문가로 성공하기 위해서 성공한 인물을 벤치마킹하고, 그들과 유대관계를 맺으며 친목을 다지는 모임에 자주 참석하는 것이 중요하다고 생각한다. 또한, 자기보다 더 전문적인 사무소를 자주 방문하는 것은 자신을 성장시키는 데 도움이 되고, 더불어 서로 물건을 공유해 공동중개로 연결될 수 있는 기회를 얻을 수 있다.

인도 부동산 중개사무소	인도 구 시가지

중국 남경 부동산 중개사무소	홍콩 부동산 중개사무소

러시아 연해주 부동산 중개사무소	일본 부동산 중개사무소

해외여행 중에 필자는 우리나라 부동산 중개업과 유사한 형태의 일본, 중국, 싱가포르, 러시아 등의 부동산 중개사무소를 방문해보았다. 일본은 한국의 중개업보다 약 5년 정도 앞서가 있으며, 동남아 및 중국의 부동산 중개업은 우리나라보다 약 5년 정도 뒤처진 것으로 판단된다. 특히 중개보수는 우리나라보다 높은 편이라는 사실에 놀라웠다.

부동산 중개사무소의 계단이 많으면 고객이 방문하기를 꺼린다. 또한 지하 사무소는 환기가 잘 안되어 냄새 등으로 고객이 역시나 방문하기를 싫어한다. 부동산 중개업 영업은 한자리에서 오랫동안 영업을 해야 하는데, 고객에게 불편을 준다면 소개받기도 힘들어진다.

특히 젊은 세대는 줄고 노령인구가 늘어나다 보니 사무소 방문 시에 계단이 높은 사무소나 지하 사무소는 오르내리기가 쉽지 않을 뿐만 아니라 자칫 사고로 이어지기도 한다. 또한 지하층이라면 공기나 습도 등 근무 여건이 좋지 않아 직원도 출근을 꺼린다.

오피스텔의 높은 층에서 사무소를 창업했더라도 대부분 입주 장사가 끝나면 다시 1층으로 옮기는 경우가 대부분이다. 다 이런 이유 때문이다.

7 나를 나타내라!

1. 간판에도 나의 사진과 캐릭터를 표기하라

고객으로부터 믿음과 신뢰 확보
전문 공인중개사로 자부심

필자는 승용차에 필자의 사무소와 저서 사진을 차량에 붙이고 다녔다. 그만큼 필자를 알리는 데 주력하다 보니 차량에 부착된 전화를 보고 물건 접수도 하고, 찾아오는 고객도 많았다.

필자의 승용차에 부동산 중개사무소 홍보

2. 사무소 인테리어도 좀 고급스럽게 꾸미자

전문가의 사무소 내부

상담실

사무소 내부 방문객 기록장과 손 세정제

좀 여유가 있다면 사무소 인테리어도 그 지역의 분위기에 맞는 시설을 하고, 집기도 좀 고급스럽게 갖춘다면 고객에게 좋은 인상을 줄 수 있다. 필자가 전국 약 2,000여 사무소를 탐방해보니 위와 같이 사무소 분위기로 가꾸고, 아래와 같이 상담실과 고객을 접대하는 음료 시설을 갖춘 것을 보았다. 상담 전과 상담 후에도 훈훈한 분위기로 이끌며 대접했다. 그 지역 주민들이 만나는 장소와 쉴 수 있는 공간을 제공하기도 한다.

상담실

고객을 위한 차 테이블

3. 대형 PDP를 설치하자

대형 PDP와 스크린터치

대형 PDP를 설치해 브리핑 시 고객의 시선을 잡아 두어야 한다. 요즘에는 대다수의 공인중개사사무소에 55~70인치 대형 모니터를 설치하고, 영업하는 사무소가 많다.

4. 명함에도 나의 얼굴을 넣자

공인중개사는 명함에도 본인의 얼굴을 넣어 자신을 적극적으로 알려야 한다. 방문해 상담한 손님이 귀가 후 궁금한 사항이 있으면 가져온 명함을 찾게 마련이다. 인간의 심리는 묘하게도 많은 명함 중에서 공인중개사의 얼굴이 보이는 명함에 먼저 손이 가게 된다.

필자는 과거 승용차에도 필자를 알리는 랩핑을 하고 전국을 다녔다. 의외로 승용차에 표시된 연락처를 보고 많은 전화를 받았고, 그중 일부는 전속 계약으로 이어지기도 했다.

5. 고용 계약서 – 소속공인중개사, 중개 보조원

고용 계약서

본 고용 계약서는 [   ] 공인중개사사무소와 근무자의 계약으로
상호 존중과 신뢰를 바탕으로 상도의상 신의, 성실하게 근무할 것을
아래와 같이 명기하고 이행하기로 합의한다.

1. [   ] 공인중개사사무소 대표는 "갑"이라 칭하고, 근무자는 "을"이라 칭한다.
2. "을"의 근무기간은 20   년   월   일부터 20   년   월   일까지 1년 단위로 계약한다.
3. "갑"과 "을"은 6개월 경과 후 상호협의에 의해 퇴직을 권고할 수 있으며, "을"은 새로운 후임자에게 근무사항 일체를 1개월 기간으로 인계하기로 한다.
4. "을"은 퇴직 후에 사무소의 영업내용 등 일체의 비밀 준수 의무를 지며, 동일 직종에 근무나 창업 시에는 본 사무소로부터 [   ]km를 벗어나며 상호 원원하기로 한다.
5. "을"의 근무시간은 09:30~19:00으로 하고, 공휴일은 휴무하며, 급여는 [   ]만 원으로 한다. 계약 능력급   으로 [   ]%를 매월 말 정산하며, 모든 계약의 문제로 중개보수 반환 문제 발생 시는 그 비율로 반환한다. 능력급에 대해 3.3% 원천징수 후 지급한다.
6. "을"의 지인 또는 친지의 알선 중개보수에 대해서는 그 보수의 [   ]%를 "을"에게 지급한다.
7. "을"은 [   ]의 의무를 다하기 위해 보증보험 일억 원에 "을"의 비용으로 가입한다.
8. 위 사항 이외의 문제 발생 시에는 상호 협의한다.

20   년   월 일

"갑" : [   ] 공인중개사사무소 개업공인중개사   (인)

"을" :

주소 :

성명 :   (인)

첨부 : 이력서, 주민등록등본, 자격증 사본.

중개보조원의 역할과 위반사항 유권해석

Q. **질문** : 중개보조원이 중개대상물 내·외부 시설물의 상태 및 벽면, 도배의 상태에 대해서 현장에서 중개의뢰인에게 확인, 설명한 경우에 개업공인중개사가 거래계약서를 작성 후 중개보조원에게 동 계약서에 개업공인중개사 이름을 기재하고 날인해 중개의뢰인에게 거래계약서를 교부한 경우 공인중개사법 위반 및 업무정지처분 대상이 되는지?

A. **답변** : 공인중개사법 제25조 및 동법 시행령 제21조 규정에 따라 개업공인중개사가 해야 할 중개대상물의 확인설명사항에 대해 중개보조원이 현장 안내 시 이러한 확인 설명을 하고 개업공인중개사가 별도의 확인 설명을 하지 않았다면, 동법 제25조 제1항 규정에 위반되는 것으로 보아 당해 개업공인중개사에 대해서는 동법 제39조 제1항 제5호의 규정에 따라 업무 정지 처분 가능할 것으로 봄.

Q. **질문** : 중개보조원의 계약체결에 대한 개업공인중개사법 위반 여부?

A. **답변** : 공인중개사법 제25조 제4항 및 제26조 제2항의 규정에 의해 개업공인중개사가 거래계약서 및 중개대상물 확인설명서를 작성해 서명, 날인해야 하며, 중개보조원은 공인중개사가 아닌 자로서 개업공인중개사의 중개 업무를 보조하는 자로서(동법 제2조 제6호) 거래계약서 작성 등 개업공인중개사의 본질적인 중개행위를 할 수 없음. 따라서 중개보조원이 개업공인중개사의 중개 업무를 보조하는 행위가 아닌, 본질적인 중개행위를 했다면 동법 제48조 제1호 중개사무소의 개설등록을 하지 아니하고 중개업을 한 자에 해당되어 3년 이하의 징역 또는 3,000만 원 이하의 벌금에 처할 수 있고, 개업공인중개사의 묵인하에 이러한 행위를 했다면 제49조 제1항 제1호, 제7호의 자격증(등록증) 대여에 해당되어 개업공인중개사와 중개보조원 모두 각각 1년 이하의 징역 또는 1,000만 원 이하의 벌금에 처할 수 있음(국토교통부 유권해석 수정일자 : 2016년 1월 4일).

※ **주** : 개업공인중개사가 거래계약서를 작성한 후 중개보조원이 동 계약서에 개업공인중개사의 이름을 기재하고 날인했다면 동법 제19조 제1항에 개업공인중개사가 다른 사람에게 자기의 성명 또는 상호를 사용해 중개 업무를 하게 하거나 자기 공인중개사사무소 등을 양도 또는 대여하는 행위를 해서는 아니 되며, 이를 위반한 경우 동법 제38조 제1항 제6호에 따라서 등록취소, 동법 제49조 제1항 제7호에 따라 1년 이하의 징역 또는 1,000만 원 이하의 벌금에 처하도록 규정하고 있음(국토교통부 유권해석 수정일자 : 2014년 12월 30일).

6. 공동사무소 운영계약서

공동사무소 운영계약서

본 공동사무소 운영계약서는 [   ] 공인중개사사무소 공동운영자의 계약으로
상호 존중과 신뢰를 바탕으로 상도의상 신의, 성실하게 근무할 것을
아래와 같이 명기하고 이행하기로 합의한다.

1. [   ] 공인중개사사무소 대표는 공인중개사 "갑"이라 칭하고, 공동 운영자인 "을"은 이사
   라 칭하며, 직책은 [소속공인중개사]로 한다. 등록인장은 개업공인중개사가 보관하며, 계
   약서의 서명, 날인은 "갑"의 책임과 의사에 따른다.
2. "갑"과 "을"의 근무기간은 20   년   월   일부터 20   년   월   일까지 1년 단위로 계약한
   다.
3. "갑"과 "을"은 6개월 경과 후 상호 협의에 의해 퇴직을 권고할 수 있으며 "갑"과 "을"은
   새로운 후임자에게 근무사항 일체를 1개월 기간으로 인계하기로 한다.
4. "을"은 사무소 일체의 임대료, 시설비용을 충당하며, 총수익에서 필요경비를 제외하고
   [대   ] 비율로 배분하며, 퇴직 후에 사무소의 영업내용 등 일체의 비밀 준수 의무를 진
   다. 각자가 동일 직종에 근무나 창업 시에는 본 사무소로부터 반경 [   ]km를 벗어나며,
   상호 윈윈하기로 한다.
5. "갑"과 "을"의 근무시간은 09:30~19:00이고, 공휴일은 휴무하며, 모든 계약의 문제로 인
   해 중개보수 반환 문제가 발생할 시에는 같은 비율로 반환한다. "갑"의 부가세 및 종합소
   득세는 필요경비로 수익 중개보수의 10%를 계좌 적립해 부가세 및 종합소득세를 정산한
   다.
6. "갑"과 "을"은 서로의 의무를 다하기 위해 보증보험 일억 원에 가입한다.
7. 위 사항 이외의 문제 발생 시에는 상호 협의한다.

20   년   월   일

"갑": [   ] 공인중개사사무소 개업공인중개사   (인)

"을": [   ] 소속공인중개사   (인)

공인중개사법시행령

제16조(중개사무소의 공동 사용)

① 법 제13조 제6항 본문에 따라 중개사무소를 공동으로 사용하려는 개업공인중개사는 법령 제9조에 따른 중개사무소의 개설등록 또는 법 제20조에 따른 중개사무소의 이전신고를 하는 때에 그 중개사무소를 사용할 권리가 있는 다른 개업공인중개사의 승낙서를 첨부하여야 한다. 〈개정 2013. 12. 4, 2014. 7. 28〉

② 법 제39조에 따른 업무의 정지기간 중에 있는 개업공인중개사는 법 제13조 제6항 단서에 따라 다음 각 호의 어느 하나에 해당하는 방법으로 다른 개업공인중개사와 중개사무소를 공동으로 사용할 수 없다. 〈신설 2013. 12. 4, 2014. 7. 28〉

1. 법 제39조에 따른 업무의 정지기간 중에 있는 개업공인중개사가 다른 개업공인중개사에게 중개사무소의 공동사용을 위하여 제1항에 따른 승낙서를 주는 방법. 다만, 제39조에 따른 업무의 정지기간 중에 있는 개업공인중개사가 영업정지 처분을 받기 전부터 중개사무소를 공동사용 중인 다른 개업공인중개사는 제외한다.

※ 주 : 중개업 사무소를 공동 사용 시에는 임대인의 동의서를 필요로 한다.

오늘날 부동산 중개업 사무소는 치열한 경쟁 속에서 창업하게 되는데, 보증금과 월세가 만만치 않다. 기존 사무소를 인수하려고 하면 권리금도 높다. 과거에는 부동산 경기가 침체되거나 하절기에는 권리금이 다소 하향 조정이 가능했으나, 오늘날에는 그것마저 쉽지 않다. 이유는 지역마다 다르겠지만, 중개하는 물건의 가격이 높아져서 중개보수 역시 높아졌기 때문이다.

그래서 인수하려는 공인중개사는 창업 비용 부담이 가중되어 권리금이 없는 상가에 신규 창업을 하거나, 다수의 공인중개사가 합동사무소나 공동사무소를 운영하는 형태로 변하고 있다. 합동사무소는 개업공인중개사가 각각 사무소 등록과 과세 신고를 해 영업하는 형태다. 또한, 전문 지식을 갖춘 경험 많은 공인중개사는 개별 공유사무소를 통해 1인 영업을 하는 형태를 갖추기도 한다.

PART
2

부동산 중개사무소
창업의 기술

생계형 공인중개사가 알아야 할 사항

개업공인중개사는 창업 시 자금이 부족한 경우, 자본을 가진 자와 공동사무소를 운영하기도 한다. 이때 검토해야 할 사항은 다음과 같다.

[검토사항]
1. 창업자금이 없어 자본주와 부동산 중개사무소를 차릴 때 주의할 점이 무엇이 있나요?
2. 등록된 인장은 누가 관리하나요?
3. 수익금은 어떻게 배분하나요?
4. 중개하자로 인한 벌칙 또는 벌과금은 누가 책임지나요?
5. 그만두었을 때 어떠한 문제가 발생하나요?

위와 같은 질문을 하시는 공인중개사는 대부분 생계형 공인중개사다.

개업공인중개사로서 자본주와 합의해 정상적으로 출근하며 영업을 하는 것은 중요한 전제 조건이다. 만약 자격증만을 취득해 개업공인중개사로 등록하고 사업자 등록을 하되, 영업 활동을 자본주에게 맡긴다면, 이는 법적인 측면에서 엄격한 조건을 충족하지 못할 수 있다.

공인중개사 자격을 유지하려면 해당 업무를 정상적으로 수행하고 있어야 하며, 법률과 규정에 따라 영업 활동을 실질적으로 수행해야 한다. 그렇지 않으면 규정에 위반되어 자격을 취소당할 수 있다.

따라서 공인중개사로 등록했다면, 해당 자격을 유지하기 위해 정상적으로 영업 활동을 수행하는 것이 중요하며, 이를 소홀히 하면 자격 취소 등의 법적인 문제가 발생할 수 있다. 법적인 문제를 피하기 위해서는 공인중개사로서의 업무를 책임지고 정상적으로 운영하는 것이 필요하다.

① 공동중개사무소 운영 시에 주의할 점은 반드시 자본주와 개업공인중개사가 '개업공인중개사사무소 공동 운영계약서'를 작성해야 한다. 이를 통해 혹시라도 헤어질 때 운영계약서의 합의대로 정리하고 정산할 수 있다.

② 등록 인장은 반드시 개업공인중개사가 지참해야 한다. 자본주가 권리관계가 명확하지 않은 물건을 계약하려 할 때, 개업공인중개사는 주의가 필요하다. 해결이 불가능한 계약으로 보이면, 서명 및 날인하지 않아야 한다. 하자가 생기면 벌칙 및 벌과금 등 모든 책임은 개업공인중개사에게 있기 때문이다.

③ 수익금 배분은 상호 합의에 따라 정한다. 일반적으로 수익에서 필요경비(임차료, 식대, 문구 사용비 등)를 제외한 순수익을 일정 비율로 배분하거나, 일정한 급료를 정할 경우 그 금액 및 근무 조건도 '공동사무소 운영계약서'에 상세히 기록해야 한다.

④ 중개 하자로 인한 책임은 전적으로 개업공인중개사에게 있다. 계약 체결 시 책임을 예측할 수 없다면 계약을 거절해야 하며, 정확한 권리 분석을 통해 하자 담보가 없도록 노력해야 한다. 계약서 특약사항과 확인설명서를 정확히 기록해야 한다.

⑤ 중도에 중단하게 될 때 정산을 정확하게 처리하지 않으면, 이후에 중개한 중개보수의 부가가치세와 종합소득세 부분도 개업공인중개사의 책임이다. 따라서 '공동 운영계약서'에 따라 중개보수 정산 시 약 10% 정도를 별도의 공동 계좌에 입금해 보관한 후, 나중에 해당 부분을 정확히 정산해야 한다.

공동중개사무소에서는 계약 관계가 종료된 후 결국 생계형 공인중개사가 책임을 져야 한다. 본인이 개업공인중개사로서 창업하는 것이 이상적이지만, 현실적으로 어려운 경우가 많은 것이 사실이다. 기존 사무소와 공동으로 운영하더라도 '공동사무소 이용 합의서'를 작성해 나중에 얼굴을 붉히는 일을 방지해야 한다.

중개업 현실은 사람을 만나기는 쉽지만, 잘 헤어지기는 어렵다. 따라서, '공동사무소 운영계약서', '공동사무소 이용 합의서', 직원 채용 시 '고용 계약서'를 작성해 나중에 서로 웃으며 헤어지고, 헤어진 후 각자 창업할 때 서로 도우며 공동중개로 수익을 창출할 수 있다.

1. 합동사무소 운영 합의서

합동사무소 운영 합의서

본 합동사무소 운영계약서는 [   ] 공인중개사사무소 공동운영자의 계약으로
상호 존중과 신뢰를 바탕으로 상도의상 신의, 성실하게 근무할 것을
아래와 같이 합동으로 명기하고 이행하기로 합의한다.

1. [   ] 공인중개사사무소 대표는 공인중개사 "갑"이라 칭하고, 후임 사무소 운영자는 "을"
   이라 칭하며, 각자 공인중개사 등록, 각자 사업자 등록을 한다.
2. "갑"과 "을"의 근무기간은 20 년 월 일부터 20 년 월 일 까지로 1년 단위로 계약한다.
3. "을"은 사무소의 보증금 [   ]만 원을 "갑"에게 보관하며, 임대료와 필요경비는 1/2 충당
   하며, 공동물건 접수, 공동계약으로 이루어지는 수익도 필요경비를 제외하고, [:   ]로 배
   분하며 부가세 등 세금은 각각 책임진다.
4. 어느 일방이 사무소 정리 시에는 본 사무소의 영업 내용 등 일체의 비밀 준수 의무를 지
   며 각자가 동일 직종에 근무나 창업 시에는 본 사무소로부터 반경 [   ]km를 벗어나며 상
   호 윈윈하기로 한다.
5. "갑"은 "을"이 사무소 정리 시에는 보관한 보증금을 반환하며, "을"은 필요경비를 부담하
   고 집기 등을 원상복구 하기로 한다.
6. "갑"과 "을"은 서로의 의무와 책임을 다하기 위해 문제 발생 시를 대비해 보증 보험 일억
   원을 가입한다.
7. 위 사항 이외의 문제 발생 시에는 상호 협의한다.

20 년 월 일

"갑" : [   ] 공인중개사사무소 개업공인중개사   (인)

"을" : [   ] 공인중개사사무소 개업공인중개사   (인)

※ 주 : 위 내용 중 보증보험은 서로의 중개 사고를 대비하기 위한 방법이다.

2. 부동산 중개사무소 공동사용 승낙서

부동산 중개사무소 공동사용 승낙서

사무소 소재지				
임대인	성명		생년월일	
	전화번호		주소	
임차인 (현 사용인)	사무소		등록번호	
	성명		생년월일	
	전화번호		주소	
공동사용인 (신고인)	성명		생년월일	
	전화번호		주소	

공인중개사법 제13조 제6항 및 시행령 제16조(중개사무소 공동사용) 제 1항에 의거,
부동산 중개사무소 공동사용을 승낙합니다.

20　년　월　일

■ 임대인 : 　　　　　　(인) (서명 또는 날인)
■ 임차인 : 　　　　　　(인) (등록인장)
■ 신고인 : 　　　　　　(인) (등록인장)

시장(구청장) 귀하

　위와 같이 공동 또는 합동사무소 창업 시에는 임대인과 현 사용인의 승낙서를 제출해야 등록 절차를 거쳐 등록증을 발급받을 수 있다.

공동사무소 창업 시에는 임대인과 임차인 다수가 공동 임대차계약서를 작성하는 경우도 있으며, 합동사무소 창업 시에는 임대인과 기존 사무소 사용인의 승낙서를 제출해야 한다.

따라서, 이러한 사항들은 사전에 등록관청에 문의해 필요한 서류를 준비하고 등록신청을 해야 한다.

3. 하루 일과는 이렇게 시작되고 마무리한다

순서	확인사항	점검내용
1	사무소 정리 정돈 및 청소	출근시간은 정확하게 하며, 문을 열면 사무소 청결과 정리 정돈을 한다. 고객이 방문하면, 향긋한 분위기를 연출하면 한결 기분이 좋아진다.
2	옷 매무새 다듬기 및 화장, 명찰 달기	남자는 정장으로, 여자는 화사한 옷차림으로 꾸미고 단장을 하면, 고객으로부터 첫인상에서 높은 점수를 얻을 수 있다.
3	지역 정보 사이트 물건 정리	내 물건을 올리고 정리하며, 타 사무소 물건과 내 물건의 중복 확인과 새로운 물건이 올라와 있는지 검토하고 대처한다.
4	국토교통부 실거래가 확인	내 지역 영업지역 물건 거래 위주로 검색을 하고, 내가 관심이 있는 물건 등을 확인하고, 가격변동사항을 파악해서 대처해야 한다.
5	경제신문에서 오늘의 부동산 정보 확인	내 지역 개발 호재 등 기사를 확인하고 있어야 고객에게 자신 있게 상담에 응할 수 있다.
6	경매 정보 확인	내 지역 경매 물건 확인 및 관심 물건을 확인한다.
7	직원과 교감 티타임 (커뮤니케이션)	직원과 티타임을 하면서 오늘의 일과를 점검하며 서로 교감을 한다.
8	일과 시작	자기 분야의 일과를 시작한다.
9	일과 마감	내일 약속한 계약서 및 확인설명서를 작성한다. 하루의 진행된 일과를 잘 정리하고 퇴근한다.

※ 주 : 부동산 중개업은 현장으로 뛰는 영업이다.

4. 한 분야를 전문으로 터줏대감이 되어라

필자는 그동안 아파트지역, 상업지역, 토지지역, 도농복합지역 등 여러 지역에서 중개사무소를 운영하면서 다양한 경험을 쌓아왔다.

오늘날에는 부동산 정보망을 통해 제주도의 물건도 쉽게 열람할 수 있으며, 등기사항전부증명서도 즉시 열람이 가능하다. 하지만 40년 전에는 직접 찾아가거나 물건이 속한 등기소를 방문해 한나절을 기다리는 어려운 환경에서 영업해야 했다. 이런 상황 속에서 초보 중개사로서 다양한 분야를 넘나들며 노력했지만, 힘만 빠지고 계약 성사는 쉽지 않았다. 그래서 결국 국지적인 특정 지역에서 한 분야에만 전념하기로 결정했다.

내 지역에서 나만의 전문 분야를 선택해 물건의 흐름과 정보를 숙지하니 예상외로 자신감을 얻었고, 계약 성사도 순조로워서 수익도 높아졌다. 보다 큰 거래 물건을 찾아 옮겨가며 중개하면서 느낀 것은, 이제는 이전과는 다른 고객 관리가 필요하다는 점이다.

아무리 단단히 맺어진 고객도 먼 거리로 이전하면 떨어져 나가게 마련이다. 왜냐하면 그 지역의 정보는 그 지역에서 가장 정확히 알고, 거래 또한 그 지역의 중개사무소에서 이루어지기 때문이다.

어느 통계 자료에 따르면, 부동산 중개업 종사자의 약 50% 정도가 1~2년 이내에 자리를 옮기는 경향이 있다고 한다. 이는 사실이다. 필자 또한 같은 행정구역 내의 중개사무소를 방문하면, 눈에 띄게 새로운 운영자나 새로운 직원을 보게 되어 다시 얼굴을 익혀야 하는 일이 종종 있었다.

창업을 꿈꾸는 초보공인중개사라면, 입지 선정에 신중을 기해 한 지역에서 오랫동안 영업할 수 있는 여건으로 창업하는 게 어떨까? 물론, 누구나 입장과 여건이 다르겠지만, 영업 지역의 주민이 되어 지역 사회의 봉사 활동에도 참여하는 등 지역 사회에 기여하는 것도 권하고 싶다.

필자도 거주하는 아파트 내에 중개사무소를 운영했을 때 언제라도 손님에게 물건을 소개할 수 있는 이점이 있었다. 또한 아파트 단지를 가꾸는 데 작게나마 일조하면서 더 큰 혜택을 얻을 수 있었고, 세월이 지나 보니 저절로 터줏대감이 되어 있었다.

터줏대감, 얼마나 듣기 좋은 이름인가? 1~2년 안에 터줏대감이 될 수 있으면 좋겠지만, 적어도 5~10년을 지역 주민과 같이 호흡해야 비로소 들을 수 있는 이름이다. 그것도 지역 주민과 믿음, 신뢰가 쌓여야만 가능하며, 정확한 거래와 체계적인 관리를 해야 한다.

조그만 실수도 바로 소문으로 전해지고, 큰 욕심을 내다 보면 영원히 회복하기 힘든 상황에 직면할 수 있기 때문에 항상 조심해야 한다. 신규 고객을 만들기보다 기존의 고객을 지키기가 얼마나 힘든지는 영업 중인 사람만이 알 수 있다. 지역 주민에게 무슨 일이든지 "그래, 그 중개사무소로 가서 문의하면 시원한 답변을 들을 수 있네" 하고 소문이 난다면 금상첨화가 아닐까?

또한, 개업공인중개사도 특정 지역의 물건을 찾을 때 오래전 거래한 것이 기억난다면 그 중개사무소부터 찾기 마련이다. 필자 역시 얼마 전에 20년 전 매매 거래를 한 중개사무소를 찾았는데, 이미 공인중개사는 변경되어 있었지만, 후임 공인중개사와 그 자리에서 전세 계약을 체결한 적이 있다.

좋은 경험을 하면 믿음과 신뢰를 자연스럽게 불러일으켜 다시 찾아가게 되는 것이 인간의 심리다. 먼 곳까지 찾아가 계약을 성사시키고, 우리 측 고객에게 그 사무소의 사장님이 많이 노력해 좋은 가격과 조건을 만들어 주었다고 칭찬하며 돌아왔다. 그 사무소 역시 우리 지역의 물건을 찾는다면, 분명 필자의 사무소로 찾아올 것이다.

필자가 말하는 터줏대감은 그 명성만큼이나 책임감 또한 큰 사람이다. 이 사실을 항상 마음속에 간직하고, 지역 주민들과 가족처럼 지내기 위해 노력한다면, 당신은 성공한 공인중개사가 될 것이다.

- 사람들은 자나 깨나 성공을 꿈꾼다. 능력이 모자라면 한 분야를 파고들어야 한다.
- 지식이 모자라면 배우기 위해 노력하고, 시종일관 흔들림 없이 분발해야 한다.
- 성공한 사람은 오로지 자기 전문 분야에 미쳐 있다.
- 터줏대감 역시나 뭐가 달라도 달라 보이고, 그 지역의 정보를 꿰뚫고 있음은 우연히 주어지는 것이 아니다. 그만큼 노력했다는 증거가 아닐까?

5. 걸림돌이 아닌 디딤돌로 생각하라

길을 가다가 돌멩이가 나타나면 누구는 걸림돌이라고 하고, 누구는 디딤돌이라고 한다. 나만의 콘셉트를 연출할 때도 이렇게도 하고, 저렇게도 해보면서 모든 상상과 생각을 통해 아이디어를 만들어내고 실행해봐야 한다. 유명한 경영인이었던 모 회장님의 말씀이 생각난다. "니네들이 해보긴 해보았어?"

부동산 중개업을 하다 보면, 하루에도 수많은 고객이 저마다 자기 생각과 조건에 맞는 요구로 방문하며, 그에 만족해야 꽃(계약 성사)을 피울 수 있다. 모든 꽃이 한순간에 피면 좋으련만, 발로 뛰고 땀 흘려야 결실이 맺어진다. 각각의 물건마다 제각기 다름과 차이를 인정하고 작업에 임해야 하며, 그런 과정을 거쳐 마지막으로 계약을 이루는 자가 승자다.

계약을 이루어야 열매(중개보수)를 거둘 수 있다. 계약 성사를 시켜 놓고도 상황에 따라 엉뚱한 걸림돌이 나타날 수 있다. 그 걸림돌을 디딤돌로 바꾸면서 하나하나 해결할 때 비로소 웃음을 지을 수 있다. 필자는 강의 시에 이렇게 강조한다.

"부동산을 사랑하고, 내 사무소를 사랑하세요! 개업공인중개사는 자부심과 긍정의 마인드로 영업해야 꿈을 이룰 수 있습니다."

> 남들이 코끼리처럼 움직일 때 치타처럼 달려야 성공할 수 있으며, 노력 여하에 따라 결실을 맺기 마련이다. 그렇게 되기 위해서는 끊임없이 연구하며 자기 계발을 해야 하고, 내 전문 분야가 준비되어 있어야 한다.

남들이 코끼리처럼 움직일 때 치타처럼 달려야 성공할 수 있으며, 노력 여하에 따라 결실을 맺기 마련이다. 그렇게 되기 위해서는 끊임없이 연구하며 자기 계발을 해야 하고, 내 전문 분야가 준비되어 있어야 한다.

쌩쌩 중개현장 2

필자는
이렇게 시작했답니다

필자는 제대 후 당시 유행했던 등가구 공장에서 직원 10여 명을 데리고 공장장을 했다. 그러다가 가죽 소파의 대중화로 필자의 등가구 판매가 사양 산업으로 밀려 잠시 쉬게 되었다. 그즈음에 아이들이 커가면서 17평 아파트에서 25평 아파트로 옮겨볼까 싶어 1989년 2월 초 필자가 거주하는 아파트 단지 길 건너에 있는 '황금 복덕방'을 방문해 아파트를 내놓고 2건의 물건을 보았다.

그런데 중개인 사장과 방이 좀 작다고 상담을 하는 중에 자기가 가정사로 고향을 좀 다녀와야 하니 주말에 사무소를 좀 지켜달라고 했다. 중개인 사장은 찾아오는 손님의 삐삐번호와 전화번호만 적어 놓으면 된다고 했다.

바로 집 건너편이었고 딱히 하는 일도 없어서 사무소 열쇠를 받아 다음 날 사무소 문을 열었다. 토요일이라 점심시간에 자장면을 한 그릇을 시켜 먹고 나니 중년의 부부가 찾아왔다. 자기 아들이 곧 결혼하니 신혼집을 매수하겠다며 집을 보여 달라고 했다. 그래서 필자의 17평 아파트를 팔아야 이사를 갈 수 있기에 우리 집부터 보여주었더니 좀 작다고 했다.

그래서 전날 중개인과 같이 보았던 21평 아파트 9층 집주인의 양해를 구하고 보여주었더니 아뿔싸, 계약을 하겠단다. 당시에는 핸드폰도 없었고 삐삐를 차고 다닐 때라서 중개인에게 삐삐를 쳐도 묵묵부답이었다. 중년 부부는 계약금 100만 원을 매도인에게 주고 계약하겠다고 했다. 매수인과 매도인에게 월요일에 중개인과 계약하는 것이 좋겠다고 하니, 매도인이 자기 명함에 '100만 원 영수함'이라고 적어주었다. 월요일 12시에 계약서를 작성하기로 하고, 자기들끼리 돈도 주고받고, 집주인이 손도장을 찍어주었다.

그래서 계약금(100만 원)만 지급하고, 매도자의 명함에 '100만 원 영수함'이라고 적은 뒤 월요일에 대표와 정식 계약을 하기로 하고 돌아갔다. 필자는 아무것도 모르고 쳐다만 보고 있었다.

　다음 날 일요일은 추운 날씨라 사무소에서 흑백 TV를 보고 있는데, 이번에는 전세를 찾는 손님이 방문했기에 필자의 집을 보여주었다. 왜냐하면 필자의 아파트를 전세 놓고 넓은 아파트로 전세를 가면 될 것 같은 생각으로 집을 보여주러 갔더니 집사람은 전세보다는 그냥 팔고 넓은 집을 사자고 했다.

　마침 우리 아파트 같은 동에 이웃으로 살면서 노원역에서 중개업을 하는 여성분이 있었는데, 쓰레기를 버리기 위해 나오시기에 이 손님이 전세를 찾는다고 하니 자기 사무소로 같이 갔다. 모시고 갔더니 이것저것 브리핑하고 난 후 집을 보고 와서 바로 계약을 체결했다.

　어라! 주인도 없는 차에 2건의 계약이라니 뭔가 홀린 기분이었다. 늦은 저녁에 중개인 사장으로부터 전화가 왔다.

중개인 : "손님이 많이 왔나요? 사무소 문 잘 잠그고 가세요."
필　자 : "사장님! 제가 계약을 2건 했습니다."
중개인 : "뭐라고요? 아니, 사무소만 지키라고 했는데. 내일 아침 일찍 올라갈 테니
　　　　　내일 일찍 봅시다!"

　아마 중개인 사장님도 걱정이 되었던 모양이다. 다음 날 당사자를 불러 원만하게 정식계약을 체결하고, 중개인 사장은 기분이 좋아 보였다. 중개인 사장은 필자에게 "부동산 중개업을 같이해보면 어떻겠습니까? 실장으로…"라고 이야기했다. "실장이 뭐 하는 겁니까?" 하고 물으니 그 중개인 사장은 웃기만 했다. 귀가해서 아내에게 부동산 일을 해보겠다니 손사래를 친다. 그때 생각으로는 꼭 부동산 일을 한다라기보다는 1개월 정도 나가 보면 부동산의 흐름을 알 수가 있지 않을까 했다.

　아내는 당신이 무엇 때문에 서른일곱 살의 나이에 고리타분한 복덕방에서 사기를 칠 것이냐고 언성을 높였다. 아무튼 한 달만 일하겠다는 다짐으로 다음 날 사무소를 나갔다. 나가 보니 겨우 한다는 일이 전단지(일명 간지)를 100매씩 복사해 상계동 아파트 1~14단지까지 중개사무소에 뿌리는 일이 전부였다.

　하긴 당시 필자는 인감증명이 뭔지, 어디에 어떤 용도로 쓰이는지도, 어디에서 발행하는지도 몰랐으니 그럴 수밖에 없었다. 시키는 대로 열심히 동에 번쩍 서에 번쩍 하다 보니 그때 당시 부동산이 상승기류를 타고 계약이 많이 이루어졌고, 부동산 중개업

이 뭔지 배우게 되었다. 중개인 사장에게서 한 달 후에 꽤 많은 월급을 받았는데, 당시 직장 월급보다 많았고 기분이 좋아 집사람에게 전해주니 그만 다니라는 성화는 어디로 가고, 계속 부동산 일을 하란다.

열심히 6개월을 뛰고 보니 필자를 눈여겨본 노원역에 위치한 '계룡 공인중개사사무소' 대표(국회의원 하셨던 분으로 지금은 돌아가셨음)가 사무소 전체를 맡아 운영해보지 않겠냐고 제의했다. 실장으로 일하면서 직원 두 명과 2년 동안 삐삐를 허리에 차고 정말 열심히 뛰며 일했고, 공인중개사 자격증도 취득했다. 그 후 쌍문동에 필자만의 중개사무소를 신규 창업을 했고, 분양권 시장을 따라 분당, 수지, 죽전, 동탄 지역 등으로 15개의 사무소를 신규 창업 운영했다.

해마다 많은 공인중개사의 배출로 인해 부동산 중개업 사무소가 포화상태이며, 도회지의 아파트지역이나 오피스텔 일반주거지역의 근린생활시설에는 1층의 절반 이상의 점포에 공인중개사사무소로 넘쳐나고 있는 실정이다.

또한 화이트칼라 직장인 명퇴자나 고학력의 젊은 세대와 여성들이 속속 부동산 중개업에 뛰어들어 그야말로 경쟁이 치열하다. 그래서 지역에 따라 한 달에 몇 곳씩 부동산 중개업소가 문을 여닫기를 반복하는 악순환이 되풀이되고 있다. 한자리에서 오래도록 중개업 영업을 하는 사람이 드문 상태다.

과거 1970~1980년대 중개업 종사자는 새로운 부동산 거래 질서에 따라 한발 뒤로 물러선 상태이며, 오늘날에는 인터넷 문화에 익숙한 공인중개사와 중개업 종사자들이 영업에 유리한 고지를 차지하고 있다. 이럴 때일수록 자기만의 노하우와 자기만의 중개 기술 개발로 최선을 다해야 살아남을 수 있다는 사실은 현재 영업을 하는 사람이라면 누구나 잘 알고 있을 것이다.

필자는 부동산 중개업을 '즐거운 여행'이라고 표현한다. 어떠한 어려움이 있더라도 손님과 동료 공인중개사를 적으로 만들지 않고, 그때그때 풀어가며 때로는 자기만의 취향으로 힐링 여행도 하고, 기쁨과 감동으로 영업 및 강의를 하고, 원고를 모아 책을 발간하기도 한다.

공인중개사 여러분에게도 다음과 같이 말하고 싶다.

"꿈꾸는 자에게 행운의 여신이 미소를 보내오며, 기회는 준비된 자의 몫입니다."

쌩쌩 중개현장 3

공인중개사의 용어는
이렇게 정리합니다

1. 중개인 → 개업공인중개사

과거 중개인이라는 말은 법령의 '개업공인중개사'로 변경 정리한다. 중개인이란 공인중개사 자격증 없이 과거 1985년부터 기존 영업을 하는 자를 말한다. 현재 전국에 약 2,000여 개 중개인 사무소가 있다고 하며, 사망하거나 폐업으로 점차 줄어들고 있으며, 향후 10여 년 후에는 없어질 것으로 예상된다.

2. 중개수수료 → 중개보수

중개수수료라는 말은 '중개보수'로 정의한다. 중개수수료 용어를 쓰지 말아야 공인중개사의 위상도 높아질 것이다.

3. 등기부등본 → 등기사항전부증명서

등기부등본은 '등기사항전부증명서'로 바뀌었다. 실제 열람을 해보면 등기사항전부증명서로 나온다. 일제의 잔재를 없애는 시도일 것이다.

4. 중개대상물의 표시·광고

공인중개사법 제18조의2(중개대상물의 표시·광고)에 개업공인중개사는 중개사무소에 접수된 물건에 대해 각종 매체나 인터넷에 표시·광고를 할 수가 있다. 단, 보조원은 표시·광고를 할 수 없으며, 소속공인중개사는 개업공인중개사의 표기와 함께 표시·광고를 할 수 있다.

5. 계약서 및 확인설명서 작성 주체

개업공인중개사와 소속공인중개사만 계약서와 확인설명서를 작성할 수 있다. 영업 중 소속공인중개사는 계약서와 확인설명서를 작성하되 반드시 개업공인중개사 표기도 동반해야 한다. 보조원은 물건 안내, 손님 안내, 서류 발급 등 업무를 할 수 있으며, 계약서와 확인설명서 작성은 할 수 없다.

6. 소속공인중개사, 보조원의 교육 및 신고

소속공인중개사나 보조원은 중개업법이 정한 소정의 교육을 받고, 개업공인중개사가 등록관청에 신고해야 한다.

쌩쌩 중개현장 4

공인중개사와 자본 투자자가
함께 운영하는 사무소

공인중개사 자격증 소지자와 자본 투자자가 동업하던 중 자격증 소지자가 폐업하면 업무방해에 해당이 될까?(대법원 2007. 1. 12 선고 2006도6599 판결)

부동산 사무실을 소유한 자본주에게 공인중개사가 고용되어 급여를 받는 경우와 자본주와 동업해 매월 수익을 배분하는 형식으로 중개사무소를 운영하는 경우가 있다. 자본주와 자격증 소지자가 결합해 공인중개사사무소를 운영하던 중 자격증 소지자가 일방적으로 폐업했을 경우, 업무방해가 되는가?

결론부터 말하자면, 이는 업무방해에 해당되지 않는다. 대법원 판례에 따르면 무자격자의 부동산 중개업은 범법행위이기 때문에, 이 업무를 방해했더라도 업무방해죄에 해당하지 않는다는 것이다. 업무방해죄가 성립하려면, 그 업무가 업무방해죄를 통해 보호할 만한 가치가 있는 것이어야 한다.

[사실관계]

A는 공인중개사가 아닌 무자격자이며, B는 공인중개사 자격증 소지자다. A는 B에게 공인중개사 자격증 대여를 요청했고, B가 이를 거절하자 A가 자본을, B는 자격증을 제공해 함께 공인중개사사무소를 운영하기로 했다. B가 중개사무소에 직접 출근해 부동산 계약에 관한 최종 서류를 검토하는 방식으로 동업할 것을 약정한 후, B의 명의로 공인중개사사무소 개설 등록을 마쳤다. 그런데 A가 약정과 달리 B에게 부동산 서류를 최종 확인하지 말고, B의 등록된 도장을 본인에게 맡길 것을 요구했다. 이에 분쟁이 발생해 B는 동업하기로 한 중개사무소를 등록관청에 폐업 신고했다. 그러자 A가 이를 문제

삼아 B는 업무방해죄에 대한 재판을 받게 되었다. 대법원은 B가 임의로 폐업신고를 한 행위가 A의 업무를 방해했다고 본 원심을 파기하고 재판단하라며 돌려보냈다.

> **[대법원 판결]**
> "A씨의 부동산 중개업은 법에 의하여 금지된 행위로, 업무방해죄의 보호 대상이 되는 업무라고 볼 수 없다" 라고 판결하면서 형법상 업무방해죄의 보호 대상이 되는 '업무'는 직업 또는 계속적으로 종사하는 사무나 사업으로서 형법상 보호할 가치가 있는 것이어야 한다고 명시했다.

어떤 일 자체가 위법이라면 업무방해죄의 보호 대상이 될 수 없다. 범법행위를 형법 상 보호할 필요가 없기 때문이다. 이 사건에서 중개사무소는 해당 자격증이 있는 B의 명의로 되어 있었다. 그러나 실제로는 B가 아닌 A가 주도적으로 운영하고 있었고, 둘은 동업 관계로 중개사무소를 공동 운영했다. B가 그만둔다고 하더라도 무자격자인 A가 중개사무소를 운영하는 것은 법으로 금지된 행위다.

> **[중개사무소 개설 등록]**
> '공인중개사법' 제9조 제2항과 시행령 제13조에서는 공인중개사 혹은 임원이 공인중개사나 중개인인 법인만이 중개사무소의 개설 등록을 할 수 있도록 규정했다. 또한, 법 제38조 제1항 제1호에서 중개사무소의 개설등록을 하지 아니하고 중개업을 한 자는 3년 이하의 징역 또는 2,000만 원 이하의 벌금에 처하도록 규정하고 있다. 법 제38조 제2항 제3호에서는 중개업등록증 또는 공인중개사자격증을 다른 사람에게 양도, 대여하거나 다른 사람으로부터 양수, 대여받은 자는 1년 이하의 징역 또는 1,000만 원 이하의 벌금에 처하도록 규정하고 있으므로, 공인중개사 등이 아닌 자의 중개업 행위는 법에 의해 금지된 행위로서 형사처벌의 대상인 범죄 행위에 해당한다.

즉, 공인중개사 자격증을 지닌 B가 동업 관계를 종료한 후 개업공인중개사사무소의 폐업신고를 했더라도 A의 업무방해죄에 해당하지 않는다는 것이 대법원의 판단기준이다.

공인중개사의
과세 신고

구분	내용	참고
납세지	중개사무소 사업장 관할 세무서	① 중개사무소 등록증 ② 임대차계약서 사본 ③ 합동사무소 : 임대인 동의서
사업자 등록증 발급	부동산 중개사무소 등록증 발급 후 20일 이내 관할 세무서 신고등록(당일 발급됨) 위반 시 : 신고기간 전 수익 1%(일반과세자)/ 간이과세자 : 0.5% 가산세 부과	합동사무소 각자 사무소 등록/ 각자 사업자 등록
사업자 폐업 시	중개사무소 폐업 : 남은 중개물건 잔금 정리 중개보수 영수증 발행 후 사업자 등록증 반환과 동시 폐업	전 임차인 동의해 잔금 후 폐업신고

※ 중개법인의 분사무소 설치 시에도 분사무소 등록 관할 세무서에 사업자 신고

구분	신고방식	신고기간	참고
간이과세	세무서 공지발송	1년 1/25 확정신고	1. 최초 신고 창업 시 선택 2. 중개보수 부과세 세금 영수증 발급 가능 3. 국세청 홈택스로 현금영수증 발행 4. 연 8,000만 원 중개보수 초과 시 다음 회기 일반과세 　 자로 전환 5. 공인중개사 본인이 신고 가능(신고서 고지 옴)
일반과세	기장 장부 필요경비 공제	6개월 7/25 1/25 확정신고	1. 연 8,000만 원 이상 중개보수 2. 중개보수 부과세 영수증 발급 3. 중개보수 부가세 10% 부과 가능 4. 각종 필요경비 영수증 첨부 경비처리 5. 가능하면 세무사에 맡기는 것이 유리함

법인과세	기장 장부 필요경비 공제	3개월 4/25 7/25 10/25 01/25 확정신고	1. 중개보수 용역보수 수익 많을 시 선택 2. 교육·컨설팅·분양대행 등 컨설팅 용역비 수익 징수 〈문제 발생 시 대비 용역계약서 및 보고서 작성 제공〉 3. 각종 필요경비 영수증 첨부 경비처리 4. 중개보수 컨설팅 용역비 부가세 10% 부과 가능 5. 연 20억 원 이상 수익 시 혜택
		영업 현장에서는 본인의 영업 형태에 따라 선택 신고함	

1. 간이 과세 사업자

부동산 중개업 사무소 간이과세 산출	
간이과세자	예) 창업 시부터 해당 연도 12. 31까지 공급대가의 합(중개보수)이 8,000만 원이라면 간이과세자로 신고 8,000만 원 초과 다음 해부터 일반과세자로 자동 전환
세율	4,800만 원까지는 신고 : 세금 '0'원 4,800만 원 초과되면 전체금액의 4%
미신고시간 수익	중개업소 등 소비자대상 업종을 영위하는 사업자는 사업개시일로부터 3개월 이내에 현금영수증 가입(미가입 시 수입금액의 0.5% 상당 가산세)
현금영수증 발급	거래 상대방의 발급 요구가 없어도 거래 건당(부가가치세 포함) 10만 원 이상의 재화 또는 용역을 공급하고, 그 대금을 현금으로 받으면 현금영수증을 발급해야 한다. 다만, 세금계산서를 교부한 경우에는 발급하지 아니할 수 있다.
당사자 모름	거래상대방의 인적 사항을 모르는 경우에는 국세청 지정번호(010-0000-1234)로 발급
미발급 시 과태료 이익	10만 원 이상 : 미발급 금액 × 20% 과태료 부과 - 10만 원 미만 : 발급거부금액 × 5% 가산세 부과 + 2회 이상 위반 시 20% 과태료
현금영수증 발급 의무 위반 신고 포상금	현금영수증 의무발행 업종 사업자가 건당(부가가치세 포함) 10만 원 이상 현금 거래에 대해 현금영수증을 미발급한 사실을 거래일부터 5년 이내에 신고한 신고자에게 관할 세무서의 사실 확인을 거쳐 발급하지 않은 금액의 20%를 포상금으로 지급
포상금	현금영수증 의무발행업종 사업자에 대한 미발급 신고는 당사자가 아닌 제삼자도 신고 가능

간이과세자 적용 대상자

1. 계속 사업자	직전 1역년의 공급대가의 합계액이 8,000만 원에 미달하는 개인 사업자
2. 신규 사업자	간이과세적용신고서를 관할세무서에 제출해야 최초의 과세기간에 간이과세를 적용함. 다만 사업자등록신청서에 연간 공급대가 예상액과 그 밖의 참고사항을 기재해 제출한 경우에는 간이과세적용 신고서를 제출한 것으로 봄.
3. 미등록 사업자	사업을 개시한 날이 속하는 1역년의 공급대가가 합계액이 8,000만 원에 미달하는 경우 최초의 과세기간에 간이과세를 적용함.
4. 휴업자	직전 1역년 중 휴업자의 경우 직전 1역년의 공급대가가 합계액을 12개월로 환산(1월 미만의 단수는 1월로 함)한 금액이 8,000만 원에 미달하는 경우 이때 휴업기간은 없는 것으로 보며, 직전 1역년 중 공급대가가 없으면 신규사업자로 봄.
5. 법인	법인의 경우 간이과세 기준금액에 미달할지라도 간이과세 불가

부가세 신고/납부기간

① 간이과세 사업자(연 1회 확정신고)

과세기간	신고납부기간	신고대상자
1. 1~12. 31	다음 해 1. 1~1. 25	개인 간이사업자

② 일반 사업자(연 2회) / 법인 사업자(매 분기별)

과세기간	과세대상기간		신고납부기간	신고대상자
제1기 1. 1~6. 30	예정신고	1. 1~3. 31	4. 1~4. 25	법인 사업자
	확정신고	1. 1~6. 30	7. 1~7. 25	법인·개인 일반 사업자
제2기 7. 1~12. 31	예정신고	7. 1~9. 30	10. 1~10. 25	법인 사업자
	확정신고	7. 1~12. 31	다음 해 1. 1~1. 25	법인·개인 일반 사업자

현금 영수증 발급

소비자소득공제용 사업자지출증빙용으로 사용				발급요청	신규	영수증발급	영수증출력

거래일자	2018/09/26		거래자 구분	선택 ⌄ (영수증 발급받는 자)
사업자등록번호	6072043356	거제부동산중개	신분확인	선택 ⌄ '-' 제외
승인번호		(영수증발급시 자동부여됨)	**휴대폰번호. . 주민등록번호. 사업자등록번호**	

공급가액	부가세	봉사료	거래금액	면세 및 간이과세자
1,000,000	0	0	1,000,000	☑

고객번호		고객성명	

※ "거래금액" 란에 입력하시면 "공급가액과 부가세"가 자동으로 분배됩니다.
※ "고객번호" 와 "고객성명"은 현금영수증 발급,취소,조회를 위한 가맹점 편의사항으로 필수입력사항이 아닙니다.

2. 일반과세 사업자와 법인과세 사업자

중개업 일반과세와 법인과세 신고

구분	개인 사업자(간이과세, 일반과세)	법인 사업자
등록	사업자 등록	법인등기부등본(설립), 사업자 등록
중개보수 수익	간이 : 총수익 세율적용(8,000만 원 이하) 　　　 4,800만 원까지 신고 세금 '0'원 　　　 4,800만 원 초과 시 전체 보수의 4% 일반 : 총수익에서 필요경비 제외 세율 적용	총수익에서 필요경비 제외 세율 적용 급여, 배당 가능
대표이사 급여	경비 처리 불가	경비 처리 가능
장부 작성	간이 : 장부 작성 안 해도 됨. 일반/법인 : 기장 장부	복식부기

구분	개인 사업자(간이과세, 일반과세)	법인 사업자		
부가세 신고 및 납부	간이 : 연 1회 이듬해 1월 25일 확정신고 2번 신고(전반기, 후반기)	4번 신고(분기별)		
4대 보험료	4대 보험(의무) 간이과세자 : 선택 여지 있음.	임원 및 자본금 등 등기부 공시 4대 보험(의무)		
구간세율	과세표준 구간 × (6~42%) 1200만 원 이하 6% 4,600만 원 이하 15%(누진공제 108만 원) 8,800만 원 이하 24%(누진공제 522만 원) 1.5억 원 이하 35%(누진공제 1,490만 원) 3억 원 이하 38%(누진공제 1,940만 원) 5억 원 이하 40%(누진공제 2,540만 원) 5억 원 초과 42%(누진공제 3,540만 원)	과세표준 × (10~25%) 2억 원 이하 10% 2억 원 초과~200억 원 이하 20%(2,000만 원) 200억 원 초과~3,000억 원 이하 22%(4억 2,000만 원) 3,000억 원 초과 25%(94억 2,000만 원)		

영업 현장에서 간이과세 신고는 세무서 공지대로 신고가 바람직하며, 일반/법인과세 신고는
가급적 각종 영수증과 세금계산서/영수증을 첨부해 세무사를 통해 신고하는 것이 편함.

과세 기간 및 신고 납부 기간

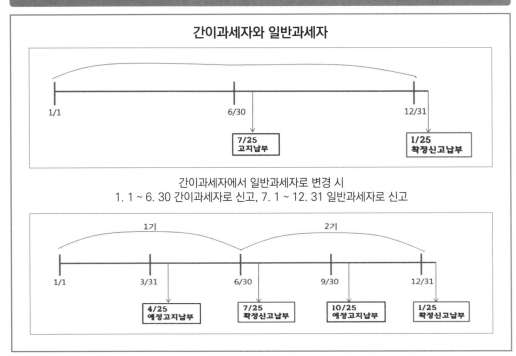

간이과세자의 소속공인중개사, 보조원 능력급 원천징수 안 하는 경우		
지급액 (미지급)	예시) 소속공인중개사, 보조원 능력급을 지급했을 경우	부과세 해당 구간 8,000만 원 미만이면 납부유예
		기준 연도 8,000만 원을 넘으면 일반과세자로 개업공인중개사가 부담 납부
	개업공인중개사 종합소득세, 국민건강보험료 높아짐.	

참고) 개업공인중개사가 간이과세자로 당해 연도 중개보수 수익이 8,000만원 미만이면 원천징수 하지 않고 지급해도 무방함.

일반과세자의 소속공인중개사, 보조원 원천징수 3.3% 하는 경우				
지급액 (지급) 예시) 1,000만 원 수익 매출 소속공인중개사 보조원 능력급 6 : 4 비율 400만 원을 지급했을 경우	구분	개업공인중개사	소속공인/보조원	
	매출	1,000만 원	4,000,000원	3.3% 징수 신고
	비용	400만 원	3,860,000원	132,000원 납부
	소득금액	600만 원	3,860,000원	132,000원 납부
	개업공인중개사의 총수익에 따라 부가세 10% 종합소득세 적용 : 국민의료보험료 증가			
	소속공인중개사/보조원 본인 소득합산에 따라 납부한 부가세를 환급받을 수도 있음. 본인 총소득에 따라 종합소득세 적용 : 국민건강보험 증가			

중개업 현장에서는 고용인, 즉 소속공인중개사/보조원의 능력급에 대해서 원천징수에 관점을 두고 있지 않은 경우가 많다. 그러나 중개보수 수익이 많아진다면 원천징수로 개업공인중개사의 부가세나 종합소득세, 국민건강보험료 증가를 고려해 운영하는 것이 바람직하다.

※ 자격증을 걸고 자본가와 공동사무소 영업을 할 시에는 자격증을 걸은 개업공인중개사의 부가세와 종합소득세(다음 해 5월) 문제를 고려해야 한다. 혹시 중도에 서로 다른 길로 갈 경우에 모든 세금을 자격증을 걸은 공인중개사가 부담해야 하기 때문이다. 그래서 공동 운영계약서를 작성하고, 세금 부분을 분명하게 합의하고, 수익이 있을 때 일정한 금액(약 20% 정도)을 별도 계좌로 관리하는 것이 바람직하다.

사무소 등록 폐업신고 시 사업자등록 처리방법

1. 사정에 의해 사무소를 인계하고 기존 사무소 등록을 말소해야 후임자가 신규로 사무소 등록을 할 수 있다.

2. 이때 기존 사무소 등록 말소와 과세등록을 말소한다면, 미진행된 계약 건에 대해 잔금 시에 현금영수증 발행이 불가능하다. 계약자는 당연히 필요경비 공제를 위해 영수증을 원한다.

3. 이럴 경우를 대비해 인수자의 양해를 구하고, 사무소 등록은 말소하고, 과세 사업자 등록은 잔여 계약 건 잔금 후에 말소를 해야 한다.

※ 세무서에서 이를 허용하고 있음.
※ 모르고 과세사업자 폐업신고를 했다면, 세무서의 동의를 구해 사업자 등록을 원상회복하고, 영수증 발행 후 다시 폐업 절차를 밟아야 하는 번거로움이 발생한다.

4. 차라리 이때는 계약자의 양해를 구하고 중개보수를 깎아주는 방법도 생각해봐야 한다.

세금 미신고로 인한 처분 내용

처분	내용
현금영수증 미발급	미납금 금액의 20% 가산세 부과
납부 불성실 가산세	납부 기한 다음 날부터 자진 납부일까지 미납세액의 1일 25/100,000% 가산
가산금 부과	체납된 국세의 3% 가산금이 부과되며, 체납국세가 100만 원 이상인 경우 매 1개월 지날 때마다 0.75% 증 가산금 5년 동안 부과
압류 및 체납세금 충당	세금을 미납하는 경우 체납자의 재산을 압류할 수 있으며, 압류된 재산을 매각해 충당할 수 있음.
인·허가 사업 제한	인·허가 면허를 받아 사업을 영위하는 자가 국세 3회 이상 체납한 경우로서 체납액이 500 만원 이상인 경우에 허가가 난 뒤 사업의 정지 또는 허가 취소를 요구할 수도 있음.
출국 금지	국세를 5,000만 원 이상 체납한 자로서 소유재산으로 채권확보를 할 수 없고, 체납처분을 회피할 우려가 있다고 인정하는 경우 출국 금지할 수 있다.
신용등급에 영향	다음의 경우 세무서장은 신용정보기관에 자료를 제공해 신용불량 정보로 등록되어 신규 대출의 중단, 신용카드 발급 제한 등 각종 금융 제재를 받을 수가 있음. – 체납액 발생일로부터 1년이 지나고, 국세 체납액이 500만 원 이상인 자. – 1년에 3회 이상 체납하고, 국세 체납액이 500만 원 이상인 자.

※ 고액 상습 체납자 명단공개 : 국세 체납액이 2억 원 이상이며, 체납 발생일로부터 1년 경과자.

PART

3

물건 확보의 기술

1 전화기는 5대 설치하자

전화기 5대	①	대표 메인 전화
	②	메인 전화 통화 시 연동 전화기
	③	컴퓨터 연결 전화
	④	FAX 연결 전화
	⑤	홍보용 DM 발송 기록 전화

전화기는 가능하다면 5대를 신청해 사용하는 것이 영업에 도움이 된다.
가령 ⑤번 전화번호는 홍보 DM 발송용으로 사용하면, 그 전화가 울릴 때 바로 '홍보 DM에서 전화가 왔군' 하고, 대표 전화와 분리를 해야 영업에 혼선을 줄일 수가 있다.

손님이 전화 상담을 요청하는 경우는 일반적으로 자신의 물건이나 토지의 가격과 지역의 부동산 가격이 궁금하기 때문이다. 따라서 상담 결과를 잘 기록하고, 손님이 방문한다면 잘 상담해 인간적인 관계를 맺고 물건도 확보하며 안전하게 계약을 이루어내야 한다.

물건 접수대장과 상담일지는 가능하다면 손님마다 한 장으로 구성해 개업공인중개사 책상 왼쪽에 두고, 매 상담 결과를 기록해 활용해야 한다.

필자는 상담카드 여백에 가령 상담자와 이야기 도중에 그 손님의 모습을 그려놓거나, 아들이 다음 달에 군대 간다고 하면 군대 가는 시기도 표기해둔다. 몇 달이 지난 후에 손님이 재방문해 상담할 때, 접수대장의 내용을 보고 "아드님 군대생활 잘 지내고 있죠?"라고 하면 손님이 놀라기도 한다. 어떻게 알았냐고 물어보면, "첫 상담 시에 아드님 이야기하셨잖아요"라고 답하면 매우 좋아한다. 그래서 훨씬 상담도 수월해진다.

필자는 세종시에 위치한 도시형 생활주택을 임대 계약으로 체결했는데, 임차인이 계약 기간 종료로 퇴거한다는 통보를 받았다. 이에 물건지에 있는 중개사무소 실장에게

물건접수대장 / 상담일지			
소재지 : 시 구 동 번지		20 년 월 일	
매도(임대)		매수(임차)	
물건명 : ( )㎡ 평		물건명 : ( )㎡ 평	
희망매도가격 : 만 원		희망매수가격 : 만 원	
입주가능일 : 월 일		입주희망일 : 월 일	
일자	진행내용	일자	진행내용
/	물건접수 직장관계로 지방이사 3개월 이내	/	학생학교 신학기, 은평구 집 매매 예정 2월 이전 융자 1억 원 요함 구 주택도 가능
[상담자 모습 및 특이점]			
○○공인중개사사무소 TEL : HP : 공인중개사 : ○ ○ ○			
※ 저희 ○○공인중개사 사무소는 고객의 자산에 대해 가장 정확하게 신속히 거래합니다.			

물건 접수장과 상담일지

■ 부동산 중개업은 정답이 없다.

그러나 방법은 있다.
그만두고 싶을 때 1년만 버텨라!
책을 읽자!
심리, 설득, 협상, 중재 등.

한없는 약자지만 절대 강자로 무장해야 한다.

방법을 찾자.

귀인 3인만 만나라!
만능재주꾼이 되어라!

중개 의뢰를 했지만, 감감무소식이었다. 세종시에 업무차 가는 길에 그 사무소를 방문해 임차인을 찾지 못 했냐고 물어보았다. 그랬더니 그제야 기록 메모를 찾아보더니 기록한 내용이 없는지 쓰레기통을 뒤지는 것이 아닌가? 하도 어이가 없어 다음에 찾아오겠다고 하고 나와버렸다. 내 소중한 물건을 의뢰했는데 기록도 없고 쓰레기통을 뒤지다니, 그다음부터는 그 사무소와 거래를 하지 않았다. 그만큼 물건 접수는 중요하다. 필자는 강의 시에 이렇게 말한다.

"부동산 중개업은 정답이 없습니다. 그러나 방법은 있습니다."

열심히 기록을 남기고, 자기만의 콘셉트로 열심히 공부하며 영업하다 보면, 언젠가는 나를 주목하는 고객이 있다는 사실을 깨닫게 된다.

그 고객 또는 나를 도와줄 수 있는 귀인 세 명만 만나면, 성공한 공인중개사가 될 수 있다.

2
개업식과
홍보물품

    개업식 홍보 사은품은 머그컵이나 30cm 자를 준비하는 것이 좋다. 생활용품으로 오래도록 사용 가능하고, 표시된 사무소의 전화번호로 연락이 온다. 일회용으로 없어지는 홍보물보다는 가성비가 높다.

    또한 필자는 개업식 때 시루떡 10말을 하라고 한다. 미리 홍보물에 그 지역 유관 기관의 연락처를 수록하고, 명함과 함께 시루떡을 포장해 지역 내에 배포한다. 떡을 돌리면서 사무소의 개업을 알리고 좋은 결과를 얻었다.

③
전화 접수

　부동산 중개업 영업에서 물건 확보는 주로 전화로 이루어진다. 전화로 받은 각종 현황을 기록한 후에는 반드시 미팅으로 이어져야 한다. 이때 방문 여부를 확인하고, 작은 선물을 준비해 방문하는 것이 좋다.

　오늘날에는 주거용 건물의 방문을 꺼리는 경우가 많다. 그렇다면 그 고객이 사무소로 찾아오도록 잘 상담해야 한다.

방문 시	상담내용
	어린이나 어른이나 모두가 좋아하는 것이 초코파이다. '정(情)'이란 커다란 글씨가 우리의 마음을 움직인다. 즉 정을 주다, 고마움을 받는다는 마음이 담겨 있다.
	물건의 상태를 살펴보면서 소유자의 조건을 메모하면서 커피 한잔도 같이하며 그 소유자의 마음(心)을 담아 나와야 한다.
	"안녕히 계십시오" 하고 나올 게 아니라 "제가 최선을 다하겠으니 저에게 전속 계약을 주십시오"라고 하자.

공인중개사법 제23조 '전속중개계약' 제도가 있다. 그러나 우리는 현장에서 실제로 말도 한번 꺼내지 않는다. 이제는 시도해봐야 한다. |

고객과 인간적인 관계를 맺어야 내 물건이 되고, 계약은 이루어진다.

전화 의뢰자의 승낙을 받아 방문할 때는 다음과 같은 작은 선물을 지참한다. 2,000원 내외의 시루떡이나 절편 등으로 방문할 때마다 선물을 하면 소위 '떡 세례'로 많은 고객을 확보할 수 있다. 여성 공인중개사는 고객이 여성이라면, 방문 시에 장미꽃 한 송이를 선물하면 정말 좋아한다.

필자는 고객 방문 시나 상담 후에 필자의 책에 사인해 선물로 드린다. 공인중개사가 몇 년간 쌓은 경험과 내공을 책으로 펴내어 선물한다면, 부동산 전문가로서 한층 더 인정받을 것이다. 계약이 성사되어 더욱 의미 있는 선물을 주면, 고객은 감동받아 더 많은 손님을 소개해주는 경우가 많다.

  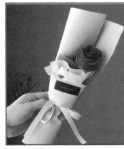 

4
사무소
방문 접수

손님이 직접 사무소를 방문할 때는 정중하게 예의를 갖추고, 명함을 정성껏 건네며 상담으로 좋은 인상을 심어주어야 한다. 상담 시 손님에게 "선생님, 명함 한 장 부탁드려도 될까요?"라고 정중하게 물어보고, 가능하다면 명함을 건네받아야 한다. 이렇게 함으로써 손님의 신분을 알고 그에 따라 보다 효과적인 상담을 진행할 수 있게 된다.

상담 후에 그 손님이 가는 곳이 가깝다면 그곳까지 모셔다 드리는 것이 나의 사무소와 본인을 한 번 더 각인시키는 데 도움이 된다. 상담 내용은 상담 일지에 보다 정확하게 기록하는 것이 중요하며, 귀가 시에는 사무소에서 비치한 안내장을 손님에게 하나 드리는 것이 좋다. 필자는 예전에 필자가 펴낸 책에 정성껏 자필 사인해 드렸더니, 이로 인해 재방문으로 많은 계약이 이루어졌다.

개업공인중개사는 사무소를 창업하고 영업하면서 다양한 상담 자료, 계약서, 확인설명서 등을 기록해 보관하고 있다. 이렇게 축적된 자료는 어느 정도 시간이 지난 후에 자기만의 책으로 발간하는 것도 좋다.

일생 동안 자신의 기록을 저서로 남긴다면, 이 또한 보람된 일이 아닐까? 만약 출판사 발간이 어렵다면, 본인의 자금으로 일정 분량의 책을 출간할 수 있다. 출판된 책은 관련 법률에 따라 국회 도서관과 국립 출판 기록물로 등재되며, 전국의 도서관에 비치되어 일반인도 열람할 수 있다.

필자는 35년의 중개업 경험을 토대로 《생애주기별 부동산 투자로 부자 되기》, 《중개의 기술》, 《부동산 중개업은 심리학이다》, 《부동산 계약서 이렇게 작성하라》, 《김종언 공인중개사의 내 집 마련 전략과 재테크 여행》, 《누구나 꿈꾸는 공인중개사와 부동산 중개업 여행》을 집필하고 발간했다. 보통 한 권의 책을 출간하기 위해서는 원고 정리에 1~2년이 걸리지만, 그동안 축적한 자료를 토대로 한다면 어려운 일은 아닐 것이다.

5 물건 확보 방법의 구체적인 사례

다음은 필자가 과거부터 현재까지 물건 확보를 위해 실행한 사례들이다.

1. 명함 작업

누구나 처음 중개사무소를 오픈하면 물건 확보에 많은 시간이 필요하다. 특히, 초보자라면 명함 작업을 먼저 시작하는데, 필자 역시 명함 작업으로 물건을 확보하기 위해 고민을 많이 했다. 당시 사무소가 위치한 지역은 도농복합지역(도시와 농촌이 혼재된 지역)이었기 때문에 주말이나 휴일마다 등산을 자주 하게 되었다.

이 지역 인근에는 분당과 용인시(수지), 광주시(오포)를 중간에 둔 불곡산이 있는데, 등산하면서 명함을 100장씩 지참해 등산객에게 나누어주고 인사를 나누었다. 중간 약수터나 체육 동호인 테니스 코트장에서도 명함을 나누어주고, 산 정상에서 휴식을 취하는 등산객에게도 명함을 나누어주었다.

이렇게 한 달, 두 달이 지나자 물건이 쌓이기 시작했고, 분당·용인 사람들이 오포 지역 물건 문의로, 오포 사람들이 용인·분당 지역 물건 문의로 계약까지 이루어져 좋은 결과를 얻었다. 또한, 분당 상가지역에서는 새벽에 명함과 간지 작업으로 많은 물건을 확보해 계약으로 이어져 좋은 고객을 만들었다.

필자는 과거 인터넷이 막 보급되기 시작한 시기에 중개업을 시작해 알림장을 돌리는 것으로 출발했다. 매일 아침 출근 전, 접수된 물건 리스트를 정리하고 문구점에서 100부를 복사해 역세권에 위치한 다른 중개사무소에 배포했다. 이러한 노력의 결과로 많은 계약이 성사되었다.

그때 당시 얻은 별명이 '동번서번'으로, 동에 번쩍, 서에 번쩍 열심히 뛰어다녔다. 그 후에는 앞 페이지와 같이 알림장을 인쇄해 그 지역에 배포하고 타 지역 소유권자에게는 우편으로 보내는 방법을 진행했다. 아파트는 타 지역에 거주하는 소유권자에게 우편으로 보내니 10통 중 5통은 전화가 왔다.

일반 주거지역에서는 약 60%, 토지지역에서는 약 70%의 전화를 받아서 미팅을 시도했고, 좋은 결과를 얻었다. 왜냐하면 다른 지역에 사는 소유권자들은 자기 물건의 전·월세 또는 매매 가격이 어떻게 변하는지 궁금해하기 때문이다.

오늘날에 와서 필자의 별명은 '정확킹'으로 바뀌었다. 항상 하자 담보 없는 계약으로 정확하게 일하다 보니 얻어진 별명이기도 하다.

2. 알림장(간지) 작업

필자는 어느 지역에서 영업하더라도 간지(알림장) 작업을 권유한다. 다량으로 인쇄해 아파트지역이나 상가지역, 또는 공장, 창고지역에 꾸준히 발품을 팔아 직접 배포하거나 아르바이트생을 이용해 배포한다. 현재도 필자는 아침 일찍 전봇대에 홍보물을 부착하고, 새벽에 운동 겸 영업 지역을 돌며 홍보물을 배포하고 있다.

부동산에 재미를 붙이게 된 계기 중 하나는 명함 돌리기와 간지 작업으로 좋은 결과를 얻었기 때문이다. 명함과 간지 돌리기는 꾸준히 해야 하며, 부동산 중개업을 시작했다면 특히 물건 확보가 중요한데, 이를 습관화하는 것이 필요하다.

필자는 열여섯 번째 창업 사무소로 평택에서 미 군속의 For Rental House 영업을 시작했다. 처음에는 전혀 알지 못하던 세계라 이른 새벽부터 간지 작업을 했다. 밤 11시까지 렌털하우스 현황 파악을 약 3개월 동안 조사해 데이터를 만들었다. 이로 인해 필자는 다른 부동산 중개사무소의 물건을 찾지 않는다. 왜냐하면 물건이 충분히 확보되어 있기 때문에 소위 말하는 양타, 단독 중개가 많은 편이다. 초보공인중개사에게는 이러한 활동을 적극 권유한다.

3. 전봇대 부착물 작업

토지, 공장, 창고, 그리고 전원주택 지역에서 영업하는 경우, 부착물 광고를 활용할 것을 권유한다. 필자 또한 전봇대 부착물 광고를 지금도 하고 있다. 다만, 경쟁자 또는 민원인의 고발로 인해 '도시 가로 정비 환경에 관한 법률'에 따라 과징금을 부과받기도 했다.

필자는 물건 확보를 위해 부착물이나 현수막 광고를 시도하는 것이 타당하다고 생각한다. 그러나 대도시의 미관지구에서는 조심해야 한다. '도로정비관리에 관한 법률'에 위배되거나 민원이 제기될 경우, 과태료 대상이 되어 과징금이 부과될 수 있다. 그렇다

3. 전봇대 부착물

고 가만히 앉아서 사무소만 지키면 물건을 확보할 수 없다. 상황에 따라 전속중개물건
이라면 과징금을 감수하더라도 계약 성사로 인한 이익이 더 클 수 있기 때문이다.

4. 플래카드 광고 작업과 지주 간판 작업

4. 플래카드 광고와 지주 간판

공인중개사가 중개사무소를 홍보하기 위해 지주 간판을 설치하거나 현수막을 게시하는 경우가 있다. 그러나 엄격히 말하면 이러한 방법들은 중개대상물의 표시·광고에 관한 법률과 옥외광고물 등의 관리와 옥외광고산업 진흥에 관한 법률에 위반될 수 있다.

지주 간판은 옥외광고물 등의 관리와 옥외광고산업 진흥에 관한 법률에 따라 지주의 사용 승낙을 받고, 허가 관청에 허가받으면 문제가 없으나, 불법적인 경우에는 철거와 과징금 처벌을 받을 수 있다.

저도 지방도와 사유지에 걸친 지역에서 옥외 간판을 설치하고 현수막을 부착했는데, 민원으로 인해 옥외 간판은 사유지로 5m 후퇴해 옮겨야 했고(비용 40만 원 소요), 현수막은 철거했다. 만약 현수막으로 인해 과징금이 부과된다면 읍소(泣訴)를 해서라도 과징금을 낮춰야 한다. 그러나 두 번째, 세 번째 적발될 경우 가중처벌로 부과금은 높아진다. 그래도 어쩔 수 없이 과징금을 부과받더라도 분양을 제때 진행하려면 이것이 필요경비를 줄이기 위한 방법이기도 하다.

5. 벽보 부착 및 유리창 부착물 작업

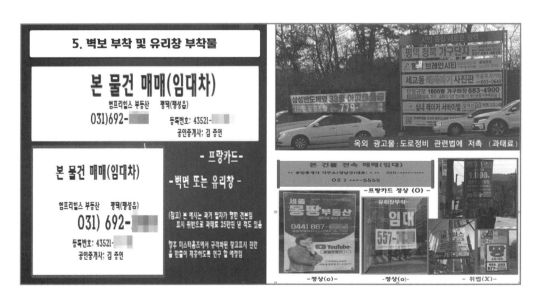

위와 같이 현수막이나 물건의 유리창 부착물 광고 시에는 중개대상물의 표시·광고에 관한 법률을 준수해 부착해야 한다. 특히 대도시 미관지구에서는 단속이 엄격하며, 서울 강남구는 강남대로변에 유리창 부착물 광고에 대한 집중 단속과 과징금 부과가

이루어진다.

따라서 중개대상물의 표시·광고에 관한 법률에 따라 현수막이나 부착물 광고에는 다음 사항을 반드시 표기해야 한다.

① 사무소의 명칭
② 대표자의 성명
③ 등록번호
④ 사무소의 소재지
⑤ 등록된 전화번호

소속공인중개사가 광고할 시에는 위 항목을 표기하고 소속공인중개사의 성명, 전화번호를 표기해야 한다. 부착물에 대한 규격은 고정되어 있지 않다. 현수막이나 부착물 광고 시, 전속 물건이 아니라면 물건을 빼앗기는 경우가 많으므로 신중을 기해야 한다.

따라서 필자는 공인중개사법 제23조의 전속중개를 시도한다. 전속중개를 받기 위해서는 그 물건 고객과의 믿음, 신뢰가 쌓여야 가능하다. 필자는 어느 수익성 다가구를 전속받기 위해 그 손님의 가을 배추 수확이나 배나무 밭 가지치기를 도와주어 전속중개를 의뢰받아 계약을 성사시킨 적도 있다.

지방의 다른 공인중개사는 한가한 시간에 감 수확을 도와주거나 어부의 꽃게잡이를 도와주며 유대관계를 쌓아 전속으로 물건을 의뢰받은 경험이 있음을 확인했다. 이 또한 부지런해야 결과가 나온다.

6. 한방 사이트 활용 작업

공인중개사는 유료 광고를 사용하는 경우가 많지만, 필자는 유료 사이트를 사용하지 않는 편이다. 협회의 한방 사이트가 과거와는 달리 많이 활성화되었고, 각종 정보도 빠르기 때문이다.

협회 회원으로 35년 차인 필자는 한방 사이트를 적극 활용하고 있다. 계약서 양식도 계속 업데이트되어 사용하기 편리하고, 사건 및 사고 발생 시에 협회에 소속된 각 분야 전문가의 자문을 받을 수 있다. 또한, 공제에 가입했다면 협회 부동산 뉴스를 정기적으로 접하고, 지역 회원 간의 친목 형성과 공동중개를 통한 수익 창출도 가능하다.

(출처 : 한방)

한방 회원은 지역 지회의 밴드를 통해 물건을 찾고 홍보도 할 수 있다. 한방이 지금은 국토교통부의 임의 단체이지만, 향후 법정 단체가 되면 개업공인중개사의 위상이 높아질 것으로 예상된다.

창업해서 개업공인중개사가 된다면, 꼭 한방 회원으로 가입할 것을 권유한다.

7. 각종 사이트 활용(페이스북 / 카카오톡 / 카페 / 지역신문) 작업

개업공인중개사는 물건 홍보를 위해 다양한 광고 수단을 활용하는 것이 중요하다. 필자는 개업공인중개사들에게 자체 웹사이트를 개발해 운영하는 것을 권장한다. 웹사이트를 운영하는 것은 노력과 시간이 필요하지만, 본인의 브랜드를 구축하고 다양한 서비스를 제공할 수 있는 장점이 있다.

과거 필자는 일간신문 파트 광고나 지역신문인 상가로, 교차로 등에도 광고를 진행한 경험이 있다. 내가 영업하고 있는 지역의 특성에 맞춰 광고 전략을 다르게 선택하고 꾸준하게 광고하는 습관이 중요하다.

여기 소개하는 웹사이트의 주인공은 15년 차 여성 개업공인중개사로 토지, 공장, 창고 전문 중개사다. 초기에는 아파트지역에서 영업했으나, 눈을 돌려 토지지역으로 전환하면서 많은 어려움을 겪었다. 하지만 모르면 행정관청을 방문해 담당자에게 물어보

7. 각종 사이트 활용

는 등 꾸준한 노력 끝에 5년 후부터 고수익자가 되었고, 지금도 영업을 하고 있다.

이제는 누구보다 토지, 공장, 창고 분야의 최고 전문가가 되었다. 필자는 초보 여성 공인중개사라도 지식산업센터나 수익성 물건 지역에서 창업해 그 경험을 토대로 토지, 공장, 창고 지역으로 눈을 돌려보라고 강의 시에 말하곤 한다.

8. 유튜브(YouTube) 작업

8. 유튜브

토지지역의 개업공인중개사라면 유튜브를 도전해보길 권한다. 전속중개물건이 아니라면 물건이 쉽게 노출되어 실망하는 예도 있다. 필자도 도전하고 있으나, 참으로 쉽지 않은 작업이다.

9. 리플릿 광고 작업

    필자는 과거 테라스 하우스(빌라) 분양과 For Rental House 분양대행을 했던 시절, 리플릿을 제작해 지하철역에서 배포하기도 했다. 이 리플릿은 필자가 직접 기획한 것으로, 약 2만 장 정도를 아르바이트생을 채용해 배포했다. 놀랍게도 홍보 효과가 좋아 단시간 내에 소기의 목적을 달성했다. 물론 현수막 광고와 동시에 진행한 경우다.

    리플릿을 기획할 때는 그 물건의 특성과 손님의 감성을 최대한 끌어낼 수 있는 문구를 사용해야 계약으로 끌어낼 수 있다. 리플릿 광고 시에는 신문에 투고해 기사화하면 더욱 좋은 결과를 얻을 수 있다.

10. 네온사인 광고와 사무소 창문 대형 모니터 설치 작업

네온사인(전광판) 창문 모니터

10. 네온사인 광고와 사무소 창문 대형 모니터 설치

사무소 인테리어와 간판 설치 시 본인의 얼굴을 나타내는 것은 효과적인 마케팅 전략 중 하나다. 필자는 과거에 사무소 유리창에 필자 사진을 걸어두었는데, 어느 중소기업 대표가 집을 매수하기 위해 우리 지역에 왔다가 여러 부동산 중개사무소를 방문한 후에도, 사진이 걸린 사무소를 보고 방문 상담을 했다. 그는 무조건 필자를 믿겠다며 며칠 후 아파트를 구매하고, 다른 직원도 소개해주어 필자의 고정 고객이 되었다. 그 후 조그만 공장과 창고도 중개할 수 있었다.

또한, 어느 신혼부부가 다른 중개사무소와 약속을 하고 집을 보러 가다가 필자의 사무소에 걸린 사진 간판을 보고 유턴해 방문했다. 필자의 물건 두 곳을 보고 바로 계약한 경우도 있었다. 사진 덕분에 좋은 성과를 얻은 셈이다. 그리고 네온사인 간판도 설치하고, 사무소 창문에 대형 모니터를 설치해 오가는 손님들에게 더 많은 정보를 제공했다. 이러한 다양한 시도를 통해 필자는 좋은 결과를 얻을 수 있었다.

개업공인중개사의 표시·광고 5가지 항목			
① 명칭	○○공인중개사사무소	② 등록번호	가 ○○○○○○○
③ 소재지	○○시 ○○동 ○○상가 1층	④ 대표 성명	○○○
⑤ 연락처	○○) ○○○○-○○○○ 또는 대표 핸드폰 번호 010-○○○○-○○○○ (소속공인중개사 김○○ 핸드폰 : 010-○○○○-○○○○)		

* 소재지 지번과 건물 번호 생략해도 됨

※ 연락처는 등록한 번호로만 가능, 개업공인중개사와 소속공인중개사 병기 가능함.
  보조원은 표기 불가능, 중개행위 불가, 단순 사무업무와 공부 열람 물건안내만 가능함.

개업공인중개사 인터넷 광고 시에 명시할 내용	
중개사무소 정보	명칭 소재지, 등록번호, 연락처, 대표 성명(병기 소속공인중개사 성명)
매물 정보 내역	① 소재지 ② 면적(전용/공용) ③ 가격 ④ 물건의 종류 ⑤ 거래형태 ⑥ 총 층수/해당 층수 ⑦ 입주 가능일 ⑧ 방수/욕실수 ⑨ 승인날짜 ⑩ 주차대수 ⑪ 관리비 ⑫ 방향(거실 기준)

※ 개업공인중개사는 각종 홍보 광고 시에 공인중개사법 제18조의2(중개대상물의 표시·광고)에 위배되지 않아야 한다.
  위반 시에는 행정처분 및 과태료 처분을 받게 된다.

사실 공인중개사사무소의 내재 가치는 계약에 있다. 따라서 초기 물건 확보에 최선을 다해야 한다. 그리고 중개대상물의 표시·광고에 관한 법률에 위배되지 않도록 신중을 기해야 한다.

11. 지역 유관기관(관리소, 부녀회, 이장단 등)과 유대관계

영업 지역의 유관기관 및 유대관계를 적극 활용하는 것은 물건 확보에 매우 도움이 된다. 특히 도농복합지역이라면 마을 이장단, 부녀회, 노인정 등과 유대관계를 돈독히 하고, 소개받은 물건이 거래되었다면 일정한 사례비나 선물을 주면 좋아한다.

12. 지역의 토박이 원주민의 모임 장소로 사무실 제공

지역의 원주민이나 기업인 모임을 통해 친분을 쌓아가는 것은 매우 효과적인 물건 확보 전략 중 하나다. 특히 토지, 공장, 창고, 전원주택지역에서 영업하는 경우, 지역의 기업인 모임에 찾아가 인사를 나누고 홍보를 하는 등 지역 사회와 긍정적인 관계를 유지하면서 물건을 접수받을 수 있다.

필자로부터 실무 교육을 이수한 공인중개사는 도농복합지역의 토지지역에서 영업하면서 사무소 뒤편에 이장단이 모임을 가질 수 있는 공간을 마련하고, 언제든 저녁이면 소모임을 갖도록 해서 물건 확보에 좋은 결과를 얻었다.

또한, 어느 일반 도시의 수변지역에 위치한 중개사무소는 사무소 뒤편을 카페 형태로 꾸며, 커피 모임을 갖도록 해서 물건 확보에 좋은 결과를 얻은 사례도 있다.

13. 기업인(회장, 사장, 이사진 등)과 유대관계

필자는 비가 오는 날에는 회장님이나 사장님들에게 전화를 걸어 시간이 나는지 확인한 후, 그들의 친구들과 함께 맛집으로 초대한다. 지역에서 저렴하면서도 맛있는 콩나물 국밥집이나 해장국집에서 모임을 가지며, 맛있는 음식과 함께 막걸리와 빈대떡으로 웃음이 가득한 분위기를 만든다. 물론, 큰 계약 건으로 중개보수를 많이 받았다면 더 좋은 곳으로 모신다. 이런 자리에서는 기존 고객뿐만 아니라 새로운 분들과도 만나고 소개받을 수 있어 물건 의뢰와 계약이 자연스럽게 이루어질 수 있다.

과징금을
물었네요

필자는 평택에 위치한 미군(미 군속)이 거주하는 어느 빌리지에서 시행사와 협력해 For Rental House 약 60세대의 임대차 및 30여 세대의 매각, 그리고 신축 싱글하우스 100평 30여 세대 분양대행을 전속으로 맡아 험프리힐스 공인중개사사무소를 2022년 7월에 열여섯 번째 사무소로 창업했다. 그런데 운이 안 좋아 금리는 상승하기 시작했고, 부동산 경기는 하락 주기에 들어섰으며, 건축비와 인건비는 하늘 높은 줄 모르고 올라 모두가 힘들어졌다.

그럼에도 불구하고 필자는 가만히 있는 성격이 아니라 토지, 상가, 농가주택 등 다양한 물건을 찾아 벽보도 붙이고, 현수막과 지주 간판도 설치했다. 그러나 어떤 사람이 시청 콜센터에 민원을 제기해 과징금을 부과받았다. 전봇대 벽보와 현수막은 철거하고 지방도에 인접해 설치한 지주 간판은 사유지로 옮기는 데 비용도 만만치 않았다. 그래도 어쩔 수 없었다. 과징금을 부과받더라도 손님을 확보하기 위해 전봇대에 벽보 부착, 현수막 설치, 알림장 배포를 할 수밖에 없었다.

필자는 35년 동안 중개업을 하면서 전원주택지 개발 분양을 두 차례나 진행하며, 수차례 현수막을 수십 장씩 교통 요지에 부착했다. 당시에는 10만 원 과징금을 부과받다가 두 번째 신고가 들어오면 가중처벌로 20만 원, 50만 원, 100만 원까지 올라갔다. 그럼에도 분양을 완료해야 했기에 가중처벌로 많은 과태료를 부담했다. 설사 과태료를 내더라도 필요한 상황에서 전속 물건이라면 벽보와 현수막을 설치해야 한다고 강조한다.

필자는 '1회에 50만 원 과징금을 내고, 100만 원 벌면 된다'라는 자본주의 사회의 영업 방식을 믿는다. 그러나 전속 물건이 아니라면 물건이 노출되고, 경쟁자들에게 물건을 빼앗기는 경우도 있을 수 있다.

아니!
이런 큰 선물을 주십니까?

　필자는 부동산 중개업을 하며 언제나 고객에게 신뢰와 믿음과 기쁨, 그리고 감동을 주기 위해 노력한다. 하지만 때로는 고객으로부터 오히려 감동받기도 한다. 도농복합지역에 위치한 필자의 사무소에는 주민들의 편의를 위해 행정서류를 발급할 수 있는 복사기와 팩스기 등을 구비해 개방해두고 있다. 장마철에는 우산도 몇 개 준비해 버스에서 내린 주민들이 비를 피할 수 있도록 빌려주기도 한다.

　이처럼 사무소에 상담하기 위해 방문한 고객뿐만이 아니라 주민들을 위해서도 기꺼이 배려하는 것이다. 이러한 필자의 진심을 전달하다 보면, 채소나 특산물을 한가득 받기도 한다. 한번은 오랫동안 친목을 다져온 어르신으로부터 동남아 여행 티켓 2매를 선물 받았다.

　"김 사장, 일만 하지 말고 이 티켓으로 자네 부인과 일주일간 여행이나 다녀오게나."
　"어르신, 지금은 새해를 앞둔 성수기라 여행 경비가 많이 나올 텐데요?"
　"이 사람아, 나는 작년에도 다녀왔어! 지인이 칠순 기념으로 여행 티켓을 선물했는데, 자네가 제격이야!"

　연말 마지막 주에 출국해 새해 연초에 귀국하는, 태국부터 캄보디아 앙코르와트 사원을 다녀올 수 있는 티켓이었다. 금액으로 환산하면 150만 원은 족히 넘는 여행상품이라 한사코 거절했지만, 어르신이 끝내 권유하시기에 감사한 마음으로 아내와 여행길에 올랐다.

　여행을 마친 후 귀국한 다음 날 어르신께 점심식사를 대접하는 자리에서 작은 감사 표시와 함께 그간의 이야기를 들려드렸더니 필자보다도 더 고마워하셨다. 우리 부부가 선사받은 아름다운 추억은 필자가 그렇듯 고객이 진심을 담아 선물한 것이었기에 더욱 뜻깊고 소중하게 남아 있다.

영업에 도움을 줄 수 있는 마을 이장님을 안다는 것

필자가 강의를 하면서 RSA(창업/취업 과정) 수강생 중 합격한 초보공인중개사에게 신규 창업 사무소 설치와 관련해 내부 집기 시설, 인테리어, 그 지역의 물건 확보 등에 대해 조언하는 시간을 가진 적이 있다. 대화를 나누던 중, 이 초보공인중개사가 계약한 신축 건물의 관리인이 도농복합지역의 마을 이장이라는 것을 알게 되었다. 이러한 인연은 분명 영업에 좋은 영향을 발휘할 것이다. 도농복합지역의 마을 이장이라면 그 지역의 유지다. 따라서 물건 확보나 고객 소개 등의 영업에 있어서 마을 이장과의 관계는 분명 여러 이점을 가지고 있다. 이야기를 자세히 들어보니 그 이장님이 인품도 훌륭하고, 앞으로 초보공인중개사에게 여러 도움을 주겠다며 호의적인 태도였다.

필자는 도농복합지역에서 통장, 부녀회장, 노인회장, 청년회장 등과 긴밀한 관계를 맺어 다른 공인중개사보다 유리한 고지를 점하고 영업한 경험이 있다. 이는 당연히 수익 창출과도 직결된다. 특히 마을 이장이라면 이장들 간의 친목모임도 있기 때문에, 내가 속한 지역의 이장에게 다른 이장들도 소개받아 가끔 대접하는 자리도 만드는 것이 좋다. 혹여 큰 단위의 물건이나 토지, 상가, 창고 등을 소개받아 계약이 성사된다면, 일정 금액으로 사례하거나 모임을 후원하는 것도 한 방법이다. 필자도 정월 대보름날 척사대회가 있을 시에는 큰마음 먹고 후원한 적이 있다.

이처럼 최소한 수익의 10%를 그 모임이나 행사에 후원하는 것은 가장 큰 효과를 발휘하는 영업 방식이다. 또한 개업일에는 동네에 시루떡을 돌리며 본인을 알리도록 한다.

이때 단순히 떡만 준비하는 것이 아니라 알림장도 만들고, 명함에 자기 사진을 넣어 지역 주민과 상가 점주 모두에게 나누어주도록 한다. 한 가지 예로 양평의 공인중개사 사무소 개업식에 참석한 적이 있는데, 명함을 돌려 초대한 축하객이 얼마나 많던지 무척 놀랐다. 아니나 다를까 이 축하객들 덕분에 개업 한 달 만에 여러 건 계약을 성사시켰다니, 중개업에서 홍보가 얼마나 중요한지는 가히 짐작이 가고도 남는다.

지난가을에도 이장님 집 가을 김장 배추 수확을 도와 드렸고, 배나무밭 가지치기를 도와주었는가 하면, 지난봄 감자 고구마 심기도 도와 드렸으며, 마을 이장님들과 단체로 2박 3일 거제도 외도 농한기 힐링 여행도 함께 다녀왔다.

이렇게 함으로써 이장님들과 친목도 다지고, 새로운 물건도 의뢰받고, 그때마다 좋은 정보도 제공해 드리고 있다.

처음 몇 개월 동안은 초면이라 어색했지만, 한두 번 뵙고 인사를 하다 보니 오히려 먼저 다가오시며 식사 초대도 받는다.

마을 이장님 댁 고구마 심기와 감자 심기 도움 장면

마을 이장님들과 거제도 외도 2박 3일 여행 참가

공인중개사는 이와 같이 그 지역의 유관단체 모임에 참여하고, 때로는 봉사활동을 하게 되면 물건 확보와 고객 확보에 큰 도움이 되고, 돈독한 관계를 맺으면 전속중개 계약도 가능하다.

기획 부동산 회사에 휘말리지 마라!

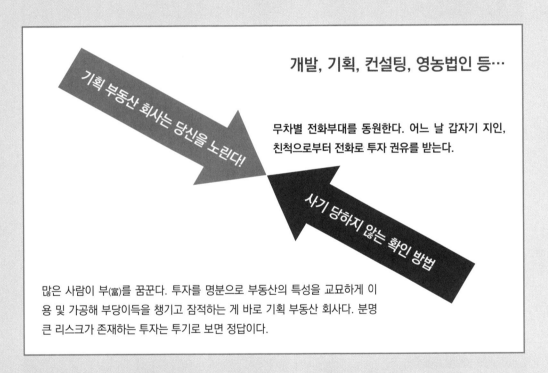

기획 부동산 회사는 당신을 노린다!

개발, 기획, 컨설팅, 영농법인 등…

무차별 전화부대를 동원한다. 어느 날 갑자기 지인, 친척으로부터 전화로 투자 권유를 받는다.

사기 당하지 않는 확인 방법

많은 사람이 부(富)를 꿈꾼다. 투자를 명분으로 부동산의 특성을 교묘하게 이용 및 가공해 부당이득을 챙기고 잠적하는 게 바로 기획 부동산 회사다. 분명 큰 리스크가 존재하는 투자는 투기로 보면 정답이다.

컨설팅 기획 부동산 회사라고 해서 모두가 사기꾼은 아니지만, 피해가 매우 클 수 있어서 보통 기획 부동산 회사는 사기꾼으로 인식되고 있다. 이들의 사무소는 주로 도심의 고층 건물에 위치하며, 고급스러운 집기와 시설을 갖추고 있다. 특히 아줌마 부대를 동원해 화려한 언변으로, 실제로는 개발이 거의 불가능한 토지를 시세보다 몇십 배 높은 가격으로 매수하도록 권유하거나, 허위 개발 정보를 감언이설로 전하며, 주로 은퇴 세대나 노년층을 겨냥한다.

그렇다면 기획 부동산회사로부터 피해당하지 않을 방법은 없을까? 이들 기획 부동산 회사에서는 부동산 법인 형태로 직원을 모집하는데, 남녀 나이 불문, 오전 늦게 출근, 오후 일찍 퇴근, 급여 ○○○만 원, 실적에 따라 억대 연봉도 가능하며, 부동산 무경력자도 환영한다고 내세운다.

일단 취업이 되면 고객, 지인, 친지 등에게 팔 수 있는 방법을 교육받는다. 개발 호재 지역으로 제한이 풀리면, 단기간에 몇십 배 고수익을 올릴 수 있다며 소위 말하는 대박을 강조하면서 유명 인사도 매입했다고 선전하고, 교육받는 직원에게도 매입을 종용한다. 실제로 본인이 매입해봐야 다른 고객, 지인, 친구, 가족에게도 권유할 수 있는 자료를 만들 수 있기 때문이다.

그러나 사실은 개발제한구역, 군사보호구역, 경사지가 높은 임야 등을 그럴듯한 도면으로 가공해 매매를 권유한다.

1. 기획 부동산 회사의 사기 수법 인지 방법

① 어느 날 갑자기 모르는(사람) 여자로부터 지속적으로 토지 투자 권유 전화를 받았다.
② 가까운 지인, 친지가 자기도 투자했다고 하며 토지 임야 투자 권유를 받았다.
③ 개발 예정지 주변 토지, 임야에 투자하면 몇 년 후에 몇 배의 수익이 난다고 한다.
④ 적은 면적 소액 투자로 지분 등기를 권유하며 변호사, 법무사가 등기를 책임진다고 한다.
⑤ 현장 확인 소재지 지번을 알려주지 않고, 계약금을 입금해야 현장을 안내한다고 한다.
⑥ 사무소를 방문해보면 대개 도심의 고층에 휘황찬란하게 개발예정지 도면으로, 듣는 사람이 푹 빠질 정도의 언변으로 브리핑한다.
⑦ 당장 계약하지 않으면 다른 손님이 줄 서 있다고 하면서 계약금을 바로 이체하라고 강요한다.
⑧ 빌딩 경비실에 알아보면, 법인 설립이 얼마 되지 않았으며 중년 여성 직원이 많다.
⑨ 계약금 잔금 후에 지분등기를 해준다고 하며 지인, 친구를 알선하면 두둑한 수당을 준다고 한다.
⑩ 회사와 공동 투자 합의서를 작성하자고 한다.

2. 기획 부동산 회사와 계약 후 문제점

① 각종 제한사항으로 개발 불가능하고, 가족 묘지로 사용도 불가능하다.

② 매수 후 기획 부동산 회사는 법인 폐업 후 사무소도 폐쇄하고, 권유자도 책임을 회피하며, 연락 두절된다.

③ 매도하고자 해도 매수자가 없다.

④ 만약 지인, 친구, 친척에게 권유해 그들이 투자했다면 손해에 대해 본인에게 원성으로 돌아온다.

⑤ 계약 후에 취소가 어렵고, 지급된 자금 반환이 어렵다.

3. 공인중개사는 이러한 물건을 알선 중개하지 말아야 한다

① 반드시 물건 현장으로 달려가서 확인해야 한다.

② 개발 예정지 정보를 정확히 파악해야 한다.

③ 지분등기 알선중개는 가급적 피하자.

PART

4

권리 분석의
기술

부동산 정보 관련 앱

시세통계	토지 시세, 다가구 시세 조사 참고용	밸류맵
	부동산 정보, 통계	한국감정원
	부동산 전반, 정책자료	국토교통부
	부동산 종합 포털	씨리얼
	부동산 플랫폼, 상가 사무실 특화, 상가 분석 등	AI 부동산
정보발행	토지, 건물 정보, 가격, 지도	스마트 국토정보
	부동산종합증명서 서비스	일사편리
	부동산 공급량, 빅데이터 기반 아파트 정보	부동산지인
	실거래가, 개별공시지가	국토교통부 실거래가 공개시스템
	토지이용규제정보서비스	토지e음
	건축물대장 발급	정부24, 세움터
홍보계산	지역분석, 신축개발 검토, 용적률 계산 기능	랜드북, 플렉시티
	빌라, 주택, 원룸	직방, 다방
	대학생 대상 원룸, 셰어하우스 홍보	에브리타임
	각종 계산	부동산 계산기
	은행 대출 시	전국은행연합회
	네이버 최대 카페	부동산 스터디
분석정보	유동인구 분석	엑스레이맵
	연도별 길거리 보기	네이버 로드뷰
	연도별 무엇이 생겼는지 볼 때	카카오맵, 스카이뷰
	인공지능 상가 입지분석, 상권 알아볼 때	모하지상가
	창업 관련 정보제공, 정책자금, 상권 정보	소상공인마당
공사	인테리어 소품 등 활용, 시공 관련 포털	오늘의 집
	인테리어 활용 팁	레몬테라스
	도배, 장판(최저가 매장 방문 가능)	하우스텝
세무	세무사 가격 비교 사이트, 세무 관련 정보	세무통

※ 위 부동산 정보 관련 앱을 습관적으로 활용해야 한다.

²⃞ 권리 분석을 위한 공부 열람

권리 분석과 임장활동

1. 권리 분석 : 공부 열람

① 토지이용계획확인서 = 공법사항 〉〉〉 확인설명서 기록(법정서식)
② 등기사항전부증명서(토지+건물) = 소유권과 소유권 이외 사항 확인
③ 건축물관리대장 〉〉〉 불법건축물 확인
④ 토지대장 ⑤ 지적도 ⑥ 평면도

권리 분석

2. 물건 상태의 확인(임장활동)

① 위법건축물 확인(확장, 쪼개기 등)
② 내·외부 건물 상태의 확인(누수 등)
③ 기본 시설물 상태 확인(추가 집기 시설 확인)

※ 물건 현장 임장활동은 비 내리는 날에 누수 등 확인이 쉽다.

　의뢰받은 물건에 대한 상세한 권리 분석과 물건의 상태를 정확하게 평가하기 위해, 필자는 등기사항전부증명서를 참고해 권리 내용을 철저하게 분석한다. 이 과정에서 필자는 인터넷 등기소와 시·군·구 일사편리 사이트를 이용해 신속하게 정보를 열람하고, 이를 토대로 권리 분석을 진행한다. 번거로운 절차일 수 있지만, 이를 통해 정확한 정보를 확보할 수 있다.

이를 토대로 권리 분석을 하고, 바로 물건의 현장을 직접 방문해 그 물건의 상태를 체크리스트로 확인한다. 진입로를 비롯해 건축물의 불법, 위법 여부까지 확인하고, 건물의 연수와 연수 대비 노후도, 시설 및 집기류에 대한 정확한 정보를 수집한다. 이를 바탕으로 컨설팅 자료를 만들어 손님에게 브리핑할 준비를 한다.

일사편리 제도를 이용하면 좋다		
구분	공부	내용
1	토지이용계획확인서	공법 확인설명서 기록
2	등기사항전부증명서	소유권과 그 외 사항 확인
3	건축물관리대장	건축물의 제원 확인, 내진설계 등
4	토지대장	토지 면적 확인
5	평면도	각 호수별 도면 확인
6	지적도	도로 등 지적 확인
7	대지권등록부(경계좌표등록부)	구역 정리된 토지 확인
8	임야 등고선 확인서	임야의 경사도 확인

의뢰받은 물건에 대해 공유, 합유, 총유의 물건이라면 다음과 같이 어떻게 처리, 합의해야 할지를 검토해야 한다.

구분	공유 물건	합유 물건	총유 물건
1	특별한 인적관계와 무관	조합 공동의 목적	권리 능력이 없는 단체 (가입/탈퇴 임의로 안 됨)
2	각각 다른 지분도 가능	지분 가능	없음.
3	자유로움	합유자 전원 동의	없음.
4	가능	불가능(합유관계 종료 시 분할 가능)	없음.
5	전원 동의	합유물 처분 전원 동의	구성원 총회의결
6	단독 가능	단독 가능	구성원 총회의결
7	지분비율	조합 계약에 따름	정관에 따름.
8	과반수 찬성	조합 공동의 목적	정관에 따름.

또한, 소유주가 사망한 후 상속인이 여러 명인 경우에도 특별히 신경을 써서 거래해야 한다. 공유재산의 임대차계약이라면 전체 지분의 과반수 동의로 목적물을 임차한 경우, 해당 임대차계약은 유효하다. 비록 공유자 중 한 사람이 임대인에서 제외되어 있

어도 임차인은 그에 대해 유효한 임차권을 가지고 대항할 수 있다.

계약이 종료되지 않는 한, 임대인에서 제외된 자에게 명도 청구를 당하지 않고, 부당이득 반환 청구도 당하지 않는다. 하지만 공유자가 있는 임대차계약의 체결은 민법상의 관리행위로서 상속인 전원의 공유관계가 성립하게 되므로, 이를 중개한 공인중개사는 공동재산에 대해 임대차계약을 체결하는 경우에 공동명의인 과반수 이상의 동의를 확인해야 한다.

이를 충족하지 못한 임대차계약의 임차인은 사안에 따라 특별법상의 대항력을 행사할 수 없을 수도 있으므로 주의해야 한다.

또한, 매각의 경우에는 공동소유자 전원의 동의가 필요하며, 법정 상속된 물건은 상속 등기를 완료한 후에 중개하는 것이 바람직하다.

1. 토지이용계획확인서

인터넷으로도 확인이 가능하며, 그 물건에 대한 공법사항이 다 기재되어 있다. 이는 법정 서식인 확인설명서에 작성할 항목을 살펴볼 수 있다.

2. 등기사항전부증명서

기존 '등기부등본'이라고 부르던 것이 '등기사항전부증명서'로 명칭이 바뀌었다. 집합건물(아파트, 연립주택, 빌라, 다세대주택 등)의 경우 하나만 열람하며, 토지와 건물소유권과 소유권 이외 사항이 기록되어 있다.

3. 건축물관리대장

일반건축물 관리대장 외에 아파트와 같은 집합건물에도 건축물관리대장이 있다. 일반건축물대장은 일반과 총괄표제부, 집합건축물대장은 총괄표제부와 표제부, 전유부로 나뉜다.

분양 면적 중 전체 면적은 물론 서비스 면적, 복도 면적 등이 기록되어 있으며, 해마다 그 건물의 공시가격도 표시되어 있으며, 지진의 내진설계에 대한 표기도 나타나 있다.

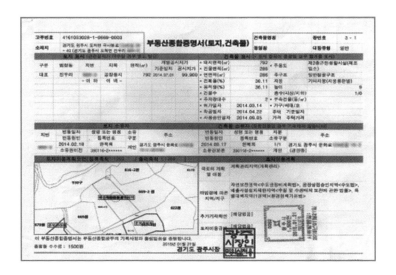

4. 토지대장

  토지대장은 지적공부(地籍公簿 : 지적을 명확하게 하기 위해 작성된 토지대장, 임야대장 및 수치지적부의 총칭)의 일종으로, 토지의 사실상 상황을 명확하기 위해 만들어진 장부다. 토지의 소재지, 지번, 지목, 면적, 소유자의 주소, 성명, 주민번호 또는 명칭 등을 확인할 수 있다.

  아파트의 경우 소재지의 토지대장을 열람해야 그 단지의 토지 전체 면적을 알 수 있다.

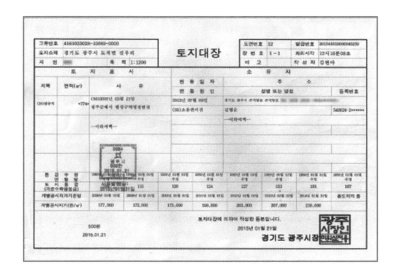

등기사항전부증명서와 토지 면적과 토지대장상의 면적이 다르다면, 토지대장 면적을 기준으로 하며, 소유권자가 행정관청에 수정 신고를 해서 정정해야 한다.

계약서 작성 시에는 토지 면적과 등기사항전부증명서상 면적이 다름을 특약하는 것이 바람직하다.

5. 평면도

건축물마다 평면도를 열람해 확인할 수도 있다. 집합건물인 아파트의 경우에 평면도에 분양 면적도 표기되어 있다. 일반건축물 대장 열람은 '건축물대장의 기재 및 관리 등에 관한 규칙' 제11조 3항에 따라 소유권자의 동의를 얻어야 한다. 중개현장에서는 물건을 의뢰한 소유권자로부터 직접 제공받아야 하나 위임해 발급받을 수 있다.

열람 신청 시에는 다음과 같이 '건축물 현황도 열람또는 발급 위임장'을 작성해 신청자의 신분증을 제시하고 발급받는다. 상가나 빌딩에 관리사무소가 있다면, 배치도와 평면도 확인도 가능하다

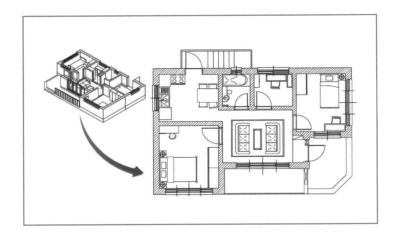

중개업 현장에서는 손님과 임장활동 시 평면도를 지참하고, 레이저 측정기를 지니고 방문해 실측하는 것이 바람직하다. 주거공간이나 사무공간의 거리를 물을 때 바로 그 자리에서 측정해 보여주는 것이 다시 방문해 확인하는 번거로움을 줄일 수 있다.

6. 지적도

역시 지적공부의 하나로 토지 소재, 지번, 지목, 경계와 도면의 색인도 제명 및 축척, 도곽선 수치, 영구 표시가 설치된 기초점 등이 등록되어 있다.

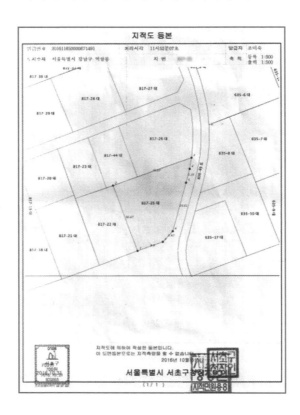

7. 대지권(경계좌표) 등록부

구분소유권자가 전유부분을 소유하기 위해 건물의 대지에 갖는 권리인 대지권을 지적공부 정리의 효율화를 위해 작성한 장부다.

신도시, 혁신도시, 기업도시 등 구획정리가 된 토지에는 경계좌표 등록부가 있으며, 이러한 구획정리가 된 토지나 건물을 알선·중개 시에는 열람해 확인 설명해준다면 공인중개사 전문가로 인정받을 것이다.

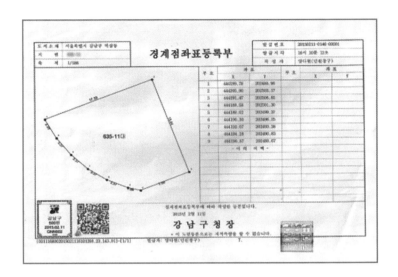

8. 임야 등고선 확인서

한국임업진흥원(www.kofpi.or.kr)에서 확인이 가능하다.

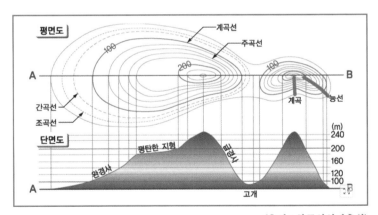

(출처 : 한국임업진흥원)

임야 중개 시 개발 가능한 임야와 절대로 개발 불가능한 임야가 있다는 사실을 확인하려면 도시, 비도시지역, 등고선의 개발 가능한 준보전산지의 계획관리지역 임야는 토지이용계획서에 표시된 비도시지역의 저렴한 임야가 좋다. 현장 임장활동 시에는 한국임업진흥원에서 등고선을 열람해 임야의 경사도와 입목 현황을 확인한 후 현장 브리핑을 하는 것이 바람직하다.

가장 좋은 방법은 현장에서 드론을 띄워서 실제 경사도와 분묘 봉분의 위치를 확인하는 것이다.

　　계약서 작성 시에는 진입로와 경사도 정도, 그리고 분묘 처리에 관한 양 당사자의 합의 사항을 특약으로 명시해야 한다.

3 공부상의 권리 분석

1. 소유권

그 물건을 사용수익 하고 처분할 수 있는 권리를 말한다. 등기사항전부증명서상에 매매 거래된 순서대로 기록되어 있다.

> **[계약 전 검토]**
> 금융기관의 근저당은 매수자에게 승계되는지를 검토하는데, 오늘날은 신용사회라 개인마다 신용의 차이로 대부분 상환말소를 하는 시대다. 그래서 물건을 의뢰받고 매수자를 선정했다면 매수를 원하는 자와 금융기관의 가까운 지점을 방문해 승계 가능한지, 이율의 혜택이 있는지를 검토해야 한다. 불가능하다면 중도금 시나 잔금 시 상환말소를 전제로 계약해야 한다.

2. 가등기

본등기(종국등기)를 할 수 있을 만한 실체법상 또는 절차법적 요건을 완비하지 못한 경우에 장래 그 요건이 완비된 때 행해질 본등기를 위해 미리 그 순위를 보전해두는 효력을 가지는 등기를 말하며, 예비등기의 일종이다. 후에 요건을 갖춰서 본등기를 하게 되면, 그 본등기의 순위는 가등기의 순위로 한다.

3. 소유권이전 청구 가등기

매수인이 계약하고 잔금 시까지 처음 계약 상태로 안전하게 유지하기 위해 소유권 이전 청구 가등기를 하며, 잔금 지급 후에 본등기를 해 명의 이전을 한다.

복등기란?
복등기는 주로 신규 아파트 입주 전에 매매계약을 하고, 입주 직후에 최초 분양자 명의로 소유권이전 등기를 했다고 다시 새로운 매수자 앞으로 소유권이전등기를 하는 것이다. 등기가 차례로 두 번 이루어졌다고 해서 '복등기'라는 이름으로 부르나 등기법에는 없는 용어다.
계약 후 등기이전까지는 분양권 매수자의 권리를 보호받을 방법이 없어 매매계약서에 공증받는 방법으로 이루어지나 엄연한 불법으로 당연히 법의 보호를 받지 못한다.

4. 소유권이전 금지 가처분등기

해당 부동산에 대해 권리에 대한 다툼이 있으므로 처분하지 못하도록 법원의 신청과에 신청해 그 법원의 결정으로 등기부에 기재한다. 즉 소유자가 바뀔 수도 있기에 제삼자에게 알리는 등기를 말한다.

5. 예고등기

예비등기의 한 가지로, 이는 등기원인의 무효 또는 취소로 인한 등기의 말소 또는 회복의 소가 제기된 경우에 이를 제삼자에게 예고하기 위해 수소 법원의 촉탁으로 행해지는 등기를 말한다(예고등기제는 2011년에 폐지되었다).

회복등기란?
회복등기란 기존의 등기가 부당하게 소멸된 경우, 이를 부활하는 등기를 말한다. 종전의 등기가 소멸된 원인에 따라 말소 회복등기와 멸실 회복등기로 구분된다. 전자는 종전의 등기 전부 또는 일부가 부적법하게 말소된 경우 이를 회복시키는 등기를 말하고, 후자는 등기부의 전부 또는 일부가 멸실된 경우에 회복시키는 등기다.

6. 예비등기

등기의 효력에 의한 분류 중 하나로, 등기 본래의 효력인 물권의 변동에는 직접 관계가 없다. 다만 간접적으로 이에 대비해서 하는 등기를 말하며 가등기와 예고등기를 말한다.

[계약 전 검토]
예비등기가 기재된 물건 역시나 알선중개를 하지 않는 것이 바람직하다.

7. 환매등기

환매는 주택을 팔기로 한 매매계약과 동시에 하는 계약으로, 일정한 기간 안에 그 주택을 다시 사기로 하는 것을 말한다.

환매는 채무자가 돈을 빌릴 때 담보로 제공할 부동산을 채권자에게 일단 소유권을 넘겨주고, 후일 일정한 기간 안에 빌린 돈을 갚으면서 부동산의 소유권을 다시 찾아오는 담보제도의 일종이라고 볼 수 있다. 환매권은 양도할 수 있으며, 소유권 이전 등기에 부기 등기로 행해지며, 환매기간은 5년을 넘지 못한다.

8. 임차권등기

주택의 임대차 종료 후 보증금을 반환받지 못한 물건에 임차인이 단독으로 임차권등기를 할수 있도록 해서 임차인이 자유롭게 주거이전(주민등록 이전)을 할 수 있도록 보장하기 위한 절차를 말한다(1999년 3월 1일 시행).

> **[계약 전 검토]**
> 임차권등기가 된 물건이라면 중도금 시나 잔금 시에 임차권등기 권리자에게 임차권등기의 전세금 반환으로 말소가 되는 합의 특약을 해야 한다.

9. 저당권

소유자가 채무자로서 부동산을 담보로 제공하고, 그 부동산에 근저당으로 기록해 채무변제를 하고 난 후 말소하며, 채무변제가 없을 시에는 우선변제를 받을 수 있는 담보 물건이다.

> **[계약 전 검토]**
> 개인채무로 인해 근저당을 한 물건을 많이 접하게 되는데, 이 역시 저당권 권리자와 확인을 하고, 중도금 시나 잔금 시에 반환을 조건으로 말소될 수 있도록 합의 특약한다.

10. 전세권

전세금을 지급하고 그 부동산을 사용수익 할 수 있는 용익물건이다. 임대인의 권리증과 인감증명을 발행해 금액과 기간을 표기하며, 계약 만료 시 전세금을 돌려받고 해지해주어야 한다.

> **[계약 전 검토]**
> 전세권설정등기가 된 물건을 매매 또는 임대차계약 시에 전세권등기가 중도금 또는 잔금 시에 반환 말소가 되는지 확인을 하고 특약해야 한다.

11. 지상권

타인의 토지 위에 건물, 공작물, 수목 등을 소유하고 사용수익 하기 위해 그 토지를 일정 기간을 정해 사용할 수 있는 물권이며, 기간은 건축물의 견고성에 따라 달리 정한다.

> **[계약 전 검토]**
> 지상권이 설정된 물건들 중에는 가설 건축물도 있고, 함바집 등도 있다. 이런 건물을 임대차 한 경우에 제소전화해조서를 작성한 경우도 있다. 비록 제소전화해조서가 되어 있더라도 승계가 가능한지, 철거가 가능한지를 확인을 하고 계약서 특약을 해야 한다.

12. 점유권

소유권과는 관계없이 그 물건을 사실상 지배하고 있는 경우를 말한다. 취득시효란 남의 땅을 자신의 땅으로 알고 그 토지에서 20년 이상 경작한 경우에는 그 땅이 타인의 토지이기는 하지만, 사실상 점유하고 자기의 토지로 믿는 사람의 소유로 민법 제245조에 의해 소유권을 인정해준다.

13. 지역권

어떤 목적을 위해 타인의 토지를 자기의 토지 편익에 사용하는 용익물건이다. 주로 개인의 도로를 사용하는 데 많이 이용한다.

14. 토지별도등기

집합건물의 건물 등기사항전부증명서상에 토지별도등기라는 표시가 되어 있다. 이러한 토지별도등기는 토지 정리가 되지 않았거나 지분으로 정리가 안 되었다는 표시로 계약 시에는 잔금 시에 그 물건의 토지 지분에 대해 근저당 부분을 말소 정리를 해주어야 한다.

15. 신탁등기

    등기사항전부증명서상에 신탁등기가 표기되어 있다면, 이를 알선 중개 시에는 반드시 신탁된 회사에 확인하고 그 대금을 신탁회사 계좌로 입금하는지, 아니면 소유권자 계좌로 입금하는지, 명의 변경이 되는지를 확인하고 계약해야 한다.

[계약 전 검토]
작금에 와서는 신탁등기가 된 물건이 많다. 이러한 신탁등기가 된 물건을 매매, 임대차 시에는 신탁된 기관에 확인을 하고 소유권자에게 매매대금, 보증금, 차임을 어디로 주고 명의 이전 등이 되는지를 확인하고 계약 특약해야 한다.

16. 촉탁등기

    관공서가 등기소에 촉탁해 등기하는 경우가 있는데, 이를 '촉탁등기'라고 한다.

등기는 당사자의 신청(공동신청주의)에 의하는 것이 원칙이나, 예외적으로 법률의 규정이 있는 경우 법원이나 그 밖의 관공서가 등기소에 촉탁해 등기하는 경우가 있는데 이를 '촉탁등기'라고 한다.

[등기촉탁을 할 수 있는 관공서의 범위]
(가) 부동산등기법 제97조 및 제98조의 규정에 의하여 등기촉탁을 할 수 있는 관공서는 원칙적으로 국가 및 지방자치단체를 말한다.
(나) 국가 또는 지방자치단체가 아닌 공사 등은 등기촉탁에 관한 특별규정이 있는 경우에 한하여 등기촉탁을 할 수 있다.

17. 유치권

    그 물건에 생긴 채무를 변제받을 수 있는 권리로, 통상 건축업자가 건축비를 받을 때까지 점유하는 경우가 많다.

18. 질권

물건을 잡고 차용자가 돈을 갚지 않을 경우에 우선변제를 받기 위해 설정하는 경우다.

19. 추진 보전재산 부동산(재산추징 보전)

법원에서 불법재산에 대해 법원의 확정판결 전까지 시간이 걸릴 때 그 재산을 추징 보전하는 것을 말한다. 이러한 보전등기가 되어 있다면 확정판결 후에 중개를 해야 한다.

20. 분묘기지권

다른 사람의 토지 또는 임야에 묘지를 설치한 경우다. 우리나라의 관습법상 인정해 주는 권리를 말한다.

분묘기지권은 주로 임야에 존재하는 묘지를 말한다. 매매계약 시에는 봉분에 대해 매도자가 정리를 할 것인지, 매도자가 그대로 승계받고 후처리할 것인지 합의 특약을 해야 한다. 아래와 같은 판결도 있으니 주의해야 한다.

분묘기지권을 시효취득했더라도 땅주인이 토지 사용료를 청구하면 청구한 날로부터 이를 지급하여야 한다는 대법원 전원합의체 판결이 나왔다. 분묘기지권을 시효취득한 경우에는 지료(地料)를 지급할 필요가 없다는 기존판례를 변경한 것이다. 관습법상 물권인 분묘기지권의 유효성은 계속 인정하면서도 토지 소유자의 권리도 일정 부분 인정하는 절충안으로 풀이된다. 대법원 전원합의체(주심 노경희 대법관)는 2021년 A씨를 상대로 낸 지료 청구소송(2017다228007)에서 원고 일부승소 판결한 원심을 확정했다.

21. 주택임대차 추가 갱신권

[계약 전 검토]
[주택임대차 개정 3법]
1. 현 임차인 계약 갱신권(1회 갱신)
2. 보증금 상환 5%
3. 차임전환율 2.5%
4. 주택임대차거래신고(2021년 6월 1일 시행)

예시) 갱신청구권에 대한 재계약 특약 : 본 임대차 재계약은 현 임차인의 갱신청구권에 의해 보증금을 5% 인상해 전세금 총액 ○○○○만 원으로 정하고, 20○○년 ○월 ○일까지 기간으로 양 당사자 합의 재계약한다.

권리 분석은 열 번을 강조해도 지나치지 않는다. 한 번의 잘못된 판단으로 중개업자는 신뢰를 잃을 수 있고, 상대 고객에게 피해를 줄 수도 있으므로 계약하기 전에 철저한 분석을 해야 한다. 만약 자체적인 판단으로 처리가 불가능하다면, 권리자인 물건주로부터 사전 정리를 한 후 거래를 성사시켜야 한다.

물건
체크리스트

1. 주거용 권리관계의 체크리스트

구분	확인내용	유	무	상태	참고
1	매매 부동산에 대해 소송 또는 경매 진행사항이 없는가?		없음		
2	매매 부동산에 등기사항전부증명서에 권리를 주장하는 사람은 없는가?(유치권, 국세, 당해세 등)		없음		
3	이 물건에 지반침하 또는 붕괴위험은 없는가? 중대한 누수문제는 없는가?		없음		성토 5년
4	불법 건축물로 인해 행정처분 또는 처리명령 벌과금은 없는가?				지하대피소이나 주거시설 설치 임대함.
	민법 제584조 매도인의 하자담보 책임규정에 의해 계약일 현재 위와 같이 확인한다.				

2. 주거용 물건 상태의 분석

구분	확인사항	현 상태	참고사항	비고
1	현관/도어록	도어록 : 기본( ), 교체( )		임차인이 교체
2	출입구 방 1. 전등(전구) 2. 붙박이장	1. 전등 : 기본( ), 교체( ) 2. 붙박이장 : 유( ), 무( )		붙박이 임차인소유

3	화장실 1. 안방 화장실 2. 출입구 화장실	1. 전등 : 기본( ), 교체( ) 2. 수압 : 정상( ), 약함( ) 3. 비데 : 기본( ), 교체( )		비데 임차인 교체
4	거실 1. 인터폰 2. 장식장/TV 받침대 유무 3. 방충망 4. 창고(발코니)	1. 인터폰 : 정상( ), 교체( ) 2. 발코니 누수 여부 : 3. 방충망 정상 유무 : 4. 창고 이상 유무 : 5. 거실 장식장(TV 받침대, 서랍장)	없음	임대인 해줌
5	주방 1. 씽크대 받침대 2. 온난방 배열판 3. 개수대 상태	1. 기본( ), 교체( ) 2. 정상( ), 누수( ) 3. 기본( ), 교체( )		보관 수리해줌
6	뒤 발코니 1. 방충망 2. 결로현상	1. 정상( ), 교체( ) 2. 이상 : 유( ), 무( )		임대인 해줌 임대인 페인트칠 해줌
7	보일러실/가동 상태	1. 정상( ) 2. 교체( )		
8	외벽 상태	1. 정상( ) 2. 균열( )		
9	옥상 상태	1. 정상( ) 2. 누수( )		
10	지하 상태	1. 정상( ) 2. 누수( )		

3. 비주거용 권리관계 체크리스트

구분	확인내용	유	무	상태	참고
1	매매 부동산에 대해 소송 또는 경매 진행사항이 없는가?		없음		
2	매매 부동산에 등기사항전부증명서에 권리를 주장하는 사람은 없는가?(유치권, 국세, 당해세 등)		없음		
3	이 물건에 지반침하 또는 붕괴위험은 없는가? 중대한 누수문제는 없는가?		없음		지반 정리 5년
4	진입로 및 불법 건축물로 인해 행정처분 또는 처리명령 벌과금은 없는가?				지하대피소이나 주거시설 설치 임대함.
민법 제584조 매도인의 하자담보 책임규정에 의해 계약일 현재 위와 같이 확인한다.					

4. 비주거용 물건 상태의 분석

구분	확인사항	현 상태	참고사항	비고
1	진입로 상태	정확( ), 사도( )	지적도	지료청구권
2	주차장	주차대수 : 대		
3	음용수	수도( ), 지하수( )		지하수 투공
4	전기	전기( ), 심야전기( )		
5	난방	도시가스( ), LPG( )	태양광	
6	위법 건축물	확장( ), 제곱미터	과태료	주방, 창고
7	보일러실/가동상태	1. 정상( ) 2. 교체( )		
8	외벽 상태	1. 정상( ) 2. 균열( )		
9	옥상 상태	1. 정상( ) 2. 누수( )		
10	지하 상태	1. 정상( ) 2. 누수( )		

※ 토지개발 / 건축 시에 민원사항 발생 여지 : 있음( ), 없음( )

공인중개사는 물건을 의뢰받으면 ① 토지이용계획확인서, ② 등기사항전부증명서(토지+건물), ③ 건축물관리대장, ④ 토지대장, ⑤ 지적도, ⑥ 평면도를 열람하고, 물건현장의 임장활동을 통해 불법건축물 등을 확인하고, 민원사항 발생 여지도 앞의 체크리스트로 정리해 브리핑 자료를 만들어야 한다.

5. 확인설명서 발급 및 기재사항

공인중개사법
제25조(중개대상물의 확인·설명)
① 개업공인중개사는 중개를 의뢰받은 경우에는 중개가 완성되기 전에 다음 각 호의 사항을 확인하여 이를 해당 중개대상물에 관한 권리를 취득하고자 하는 중개의뢰인에게 성실·정확하게 설명하고, 토지대장 등본 또는 부동산종합증명서, 등기사항증명서 등 설명의 근거자료를 제시하여야 한다.
[개정 2011. 4. 12 제10580호(부동산등기법), 2013. 7. 17 제11943호(측량·수로조사 및 지적에 관한 법률), 2014. 1. 28, 2020. 6. 9 제17453호(법률용어 정비를 위한 국토교통위원회 소관 78개 법률 일부 개정을 위한 법률)]
1. 해당 중개대상물의 상태·입지 및 권리관계
2. 법령의 규정에 의한 거래 또는 이용제한사항

3. 그 밖에 대통령령으로 정하는 사항

② 개업공인중개사는 제1항에 따른 확인·설명을 위하여 필요한 경우에는 중개대상물의 매도의뢰인·임대의뢰인 등에게 해당 중개대상물의 상태에 관한 자료를 요구할 수 있다.

[개정 2014. 1. 28, 2020. 6. 9 제17453호(법률용어 정비를 위한 국토교통위원회 소관 78개 법률 일부 개정을 위한 법률)]

③ 개업공인중개사는 중개가 완성되어 거래계약서를 작성하는 때에는 제1항에 따른 확인·설명사항을 대통령령으로 정하는 바에 따라 서면으로 작성하여 거래 당사자에게 교부하고 대통령령으로 정하는 기간 동안 그 원본, 사본 또는 전자문서를 보존하여야 한다. 다만, 확인·설명사항이 '전자문서 및 전자거래 기본법' 제2조 제9호에 따른 공인전자문서센터(이하 '공인전자문서센터'라 한다)에 보관된 경우에는 그러하지 아니하다.

[개정 2014. 1. 28, 2018. 8. 14, 2020. 6. 9 제17453호(법률용어 정비를 위한 국토교통위원 회소관 78개 법률 일부 개정을 위한 법률)]

④ 제3항에 따른 확인·설명서에는 개업공인중개사(법인인 경우에는 대표자를 말하며, 법인에 분사무소가 설치되어 있는 경우에는 분사무소의 책임자를 말한다)가 서명 및 날인하되, 해당 중개행위를 한 소속공인중개사가 있는 경우에는 소속공인중개사가 서명 및 날인하여야 한다.

[개정 2009. 4. 1, 2014. 1. 28, 2020. 6. 9 제17453호(법률용어 정비를 위한 국토교통위원회 소관 78개 법률 일부개정을 위한 법률)]

6. 확인설명서 물건 유형별 구분

중개대상물 확인, 설명서 [   ] (주거용 건축물)
[   ] 단독주택   [   ] 공동주택   [   ] 매매, 교환   [   ] 임대차

[   ] 란에는 해당 물건에 대해 v 표기한다.

7. 확인설명서 물건 근거자료

확인설명 근거자료	확인설명 근거자료 등	[ ] 등기권리증 [ ] 등기사항전부증명서 [ ] 토지대장 [ ] 지적도 [ ] 임야도 [ ] 토지이용계획확인서 [ ] 평면도 [ ] 그 밖의 자료(신분증 진위 확인)
	대상물건의 상태에 관한 자료 요구사항	소유권자가 * 임차인 현황 미제출 * 전입세대별 현황 미제출 등
	[ ] 란에는 해당 물건에 대해 v 표기한다.	

8. 공인중개사의 확인설명 의무

공인중개사의 확인설명 의무	공인중개사는 중개대상물에 관한 권리를 취득하려는 중개의뢰인에게 성실, 정확하게 설명하고 토지대장, 등기사항전부증명서 등 설명의 근거자료를 제시해야 한다.

공인중개사는 매도(매수)인, 임대(임차)인과 계약서 작성 전에 미리 확인설명서를 작성해두어야 계약 시간을 단축시킬 수가 있다.

9. 실제거래가격 신고

실거래 가격신고	〈부동산 거래신고 등에 관한 법률 제3조(부동산 거래의 신고)〉에 따라 개업공인중개사가 거래계약서를 작성·교부한 경우에는 해당 개업공인중개사가 부동산 거래신고를 해야 한다.

중개업현장에서 업 또는 다운 계약서는 공인중개사가 협조하지 않은 것이 현실적으로 좋다. 그리고 매매계약 후 30일 이내에 실거래가격 신고를 해야 하는데, 가능하면 계약 후 그다음 날에 신고를 하는 편이 바람직하다. 혹시 30일 경과하면 과태료 처분을 받기도 하며, 계약 후에 양 당사 중 어느 일방이 마음이 변해서 해약을 하고자 할 경우, 이미 신고된 필증을 전달하면 그냥 계약으로 진행되는 경우도 있다.

10. 공인중개사 기본 확인사항

(1) 대상 물건의 표시

대상 물건의 표시	토지	소재지			
		면적( )		지목	공부상 지목
					실제 이용 상태
	건축물	전용면적( )			대지지분
		준공년도 (증개축년도)		용도	건축물대장상 용도
					실제 용도
		구조			(방향기준) : 거실
		건축물대장상 위반건축물 여부	[ ] 위반 [ ] 적법	위반내용	

a. 토지

• 소재지 : 토지대장에 기재된 토지의 소재지와 지번을 정확하게 기재한다.

• 토지가 하나의 대지로 2필지 이상이면, 각 토지의 지번을 모두 기재하며, 행정구역의 명칭이 다를 때는 행정구역도 함께 기재한다.

• 공동주택 등 구분 소유건물은 동·호수까지 상세히 기재한다.

b. 면적

• 토지대장 등의 면적을 기재하는데, 아파트는 단지 면적, 빌라와 단독주택 등은 대지 면적, 토지는 전체 면적을 기재한다.

• 토지가 2필지 이상이면 전체 면적을 기재한 후 '별지 첨부'로 필지별 면적을 기재해 간인 후 첨부한다.

• 환지예정지에는 환지면적을 기재한다.

c. 지목

• 공부상 지목 : 토지대장이나 임야대장에 표기된 지목을 기재하고, 환지예정지나 체비지는 환지예정지증명원이나 체비지증명원에서 정한 지목을 기재한다.

• 실제 이용 상태 : 지목이 전이나 실제 이용 상태가 대지 또는 일부를 대지로 사용하고 있다면 그 상태를 기재한다(반드시 현장조사를 통해서 실제 이용 상태를 확인).

d. 전용면적
- 집합건물은 건축물관리대장의 '점유 부분의 면적'을 기재하는데, 등기사항전부증명서의 전 부분의 표제에 있는 면적과 일치하는 것이 원칙이다.
- 일반건물은 '연면적'을 기록한다.

e. 대지지분
- 집합건물과 같이 대지지분이 있는 경우 등기사항전부증명서에서 대지권 비율을 확인해 토지 면적에 대지권 비율을 곱해 산출된 면적(대지 지분 면적)을 기재한다.
- 단독주택이나 일반 건물은 '대지지분 미기재'라고 기재한다.
- 지적정리가 완료되지 않아 건축물대장 등에 대지지분이 기재되지 않은 경우에는 중개대상물 확인설명서에 '지적정리가 완료되지 않아 대지지분 미기재' 등으로 기록한다.

f. 준공년도(증개축년도)
- 건축연도는 원칙적으로 건축물대장상의 표제부(집합건물의 경우 제1동 건물의 표제부에 있음)에 있는 사용승인일자를 기재한다.
- 임시사용승인을 얻어 건물을 사용한 경우에는 임시사용승인일자나 사실상 사용개시일을 기재한다.
- 사용승인일자가 표시되지 않은 경우에는 '준공년도 미기재'라고 기재한다.

g. 용도(현존 건물에 부합하는 건축물대장을 기초로 작성)
- 건축물대장상의 용도 : 집합건물은 전유 부분에 있는 '주 용도'를, 일반 건물은 일반건축물대장 표시된 '주 용도'를 기재한다.
- 실제용도 : 현장을 조사해 실제 사용하고 있는 용도로 기재한다.

h. 구조
- 건축물대장의 전유부분에 표기된 건물의 주된 구조를 기재한다.
- 일반 건물은 일반건축물대장에 표시된 주된 구조를 기재한다.

i. 방향
- 주택의 경우 거실이나 안방 등 거실의 방향을, 그 밖의 건축물은 주된 출입구의 방향을 기준으로 표기하고, 방향의 기준이 불분명하면 건축물 정문을 기준으로 표시한다.

- 보통 단독주택은 대문을, 공동주택은 거실을 기준으로 많이 작성하는데, 혼동이 될 때는 기준을 제시하면서 방향을 기재한다.

j. 건축물관리대장상 위법 건축물 여부

- 건축물관리대장에 기재되어 있는 위반 건축물 여부를 확인해 위반 내용을 기재한다.
- 건축물관리대장상 위반 건축물이 아니더라도 실제로 위반 건축물로 적발되는 경우가 있으므로 건축과에 문의해 사실 여부를 확인한다.
- 건축물관리대장 위반 건축물이라면, 위반을 표시하고 그 위치와 내용을 표시한다.
- 건축물대장에 위반 건축물로 되어 있지 않으나 위반 건축물인 경우 적법에 표시하고, 위반 내용에 위반 건축물이라고 위치와 내용을 표시한다.
- 건축물대장에 위반 건축물로 되어 있지 않으나 사실상 위반 여부를 확인할 수 없는 경우에는 적법 표시를 하고, 내용에 '육안으로 위반 건축물 여부를 확인할 수 없음', '위반 건축물 가능성 있음'이라고 기재한다.
- 위반 건축물의 위치는 건축물 현황도 중 평면도 및 단위 세대별 평면도를 열람해 기재하는 것이 원칙이나 위치를 서술해도 된다.

건축물대장의 기재 및 관리 등에 관한 규칙
제11조 제②, 제③항
② 제1항 제1호 및 제2호의 경우 소유자 현황은 신청인이 신청하는 사항과 현 소유자만을 표시하며 소유자 현황의 일부만을 발급하거나 열람하게 하는 경우에는 "이 초본은 현 소유자만을 표시한 것입니다" 또는 "이 초본은 현 소유자와 소유자 현황의 일부만을 표시한 것입니다"라고 표기하여 발급하거나 열람하게 한 건축물대장이 전부가 아님을 나타내어야 한다. 〈개정 2011. 9. 16〉
③ 제1항에 따라 발급하거나 열람하게 하는 건축물 현황도 중 평면도 및 단위세대 평면도는 건축물 소유자의 동의를 얻거나 다음 각 호의 어느 하나에 해당하는 경우에만 발급하거나 열람하게 할 수 있다. 〈개정 2011. 9. 16, 2021. 7. 12, 2023. 8. 1〉
1. 건축물 소유자의 배우자와 직계 존ㆍ비속 및 그 배우자가 신청하는 경우
2. 국가 또는 지방자치단체가 신청하는 경우
3. 건축물이 경매ㆍ공매 중이거나 건축물에 대한 법원의 감정 촉탁이 있는 경우
4. 다음 각 목의 어느 하나에 해당하는 자가 그 의뢰사실을 증명할 수 있는 서류를 첨부해 신청하는 경우
　　가. 건축물의 소유자로부터 건축물의 설계ㆍ시공 또는 중개 등을 의뢰받은 자
　　나. 건축물의 관리자로부터 건축물의 점검을 의뢰받은 자
5. 해당 건축물에 거주하는 임차인(賃借人)이 신청하는 경우

건축물 현황도 열람 또는 발급 위임장

신청내용	건축물 위치		발급통수	
위임하는 사람 (소유자)	성명(법인명)		생년월일	
	주소	(전화번호)		
위임받은 사람 (신청인)	성명(법인명)		생년월일	
	주소	(전화번호)		

건축물대장의 기재 및 관리 등에 관한 규칙 제11조 제3항 및 공공기관의 정보공개에 관한 법률 제9조 제1항의 규정에 의하여 건축물 현황도면 발급을 위임합니다.

20 년 월 일

위임하는 사람(소유자) :　　　　　　(인)

첨부 : 신청인 신분증

※ 유의사항 ※

■ 위임장 하단의 (인) 부분의 소유자의 도장만 유효합니다(사인 및 서명 불가).
■ 다른 사람의 서명 또는 인장의 도용 등으로 허위의 위임장을 작성해 신청하는 경우에는 형법 제231조 내지 제237조의 2 규정에 의해 사문서 위·변조죄로 5년 이하의 징역 또는 1,000만 원 이하의 벌금형을 받게 됩니다.

(2) 권리관계

권리관계	등기부 기재사항	소유권에 관한 사항		소유권 외의 권리사항	
		토지		토지 건축물	
		건축물			

a. 소유권에 관한 사항

토지와 건물의 등기사항증명서의 갑구를 확인해 소유자의 성명과 주소 및 주민등록번호를 각각 기재한다. 기타 소유권을 제한하는 권리가 갑구에 기재된 경우에는 그 권리에 관한 사항도 함께 기재한다.

b. 소유권 이외의 권리 사항

- 등기사항전부증명서(토지·건물)에 표시된 소유권 이외의 모든 권리를 확인해 중개대상물 확인·설명서 작성일 현재, 말소되지 않은 소유권 이외의 권리 사항을 모두 기재한다.
- 거래일 현재 등기사항증명서상 공시된 각종 처분제한이나 제한물권이 있으면 그 기간, 채권최고액, 채권자, 채무자 등을 기재하고 가등기, 가압류, 임차권 등이 있으면 그 내용도 함께 기재한다.
- 토지별도등기가 있는 경우 정확하게 어디에 기재해야 하는지 구별되어 있지 않으므로 소유권 외의 권리 사항에 기재한다.
- 임대차 확인설명서에 임대주택인 경우 '민간임대 등록 여부'는 대상물건이 '민간임대주택에 관한 특별법'에 따라 등록된 민간임대주택임을 표시한다.

(3) 토지이용계획, 공법상 이용제한 및 거래규제에 관한 사항(토지)

토지이용계획, 공법상 이용제한 및 거래규제에 관한 사항 (토지)	지역지구	용도지역		건폐율 상한	용적율 상한
		용도지구			
		용도구역			
	도시계획시설	허가, 신고 구역 여부	[ ] 토지거래허가구역 [ ] 주택거래신고지역		
		투기 지역 여부	[ ] 토지투기지역　　[ ] 주택투기지역 [ ] 투기과열지구		
	지구단위계획 구역 그 밖의 도시관리계획	그 밖의 이용제한 및 거래 규제사항			

　　토지이용계획, 공법상 이용제한 및 거래규제에 관한 사항(토지)의 '건폐율 상한 및 용적률 상한'은 시·군의 조례에 따라 기재하고, '도시·군계획시설', '지구단위 계획구역, 그 밖의 도시·군관리계획'은 개업공인중개사가 확인해 기재하며, 그 밖의 사항은 토지이용계획확인서의 내용을 확인하고, 공부에서 확인할 수 없는 사항은 부동산 종합정보망 등에서 확인한다.

　　단, 임대차의 경우에는 생략할 수 있다. 따라서 임대차계약인 경우에는 '임대차 생략'이라고 기재한다.

　　용도지역, 용도지구에는 토지이용계획확인서의 '지역지구 등 지정 여부'의 '국토의 계획 및 이용에 관한 법률에 따른 지역·지구 등'에 기재되어 있는 내용을 기재한다. 그리고 용도구역에는 토지이용계획확인서의 '지역지구 등 지정 여부'의 '다른 법령 등에 따른 지역·지구 등'에 기재되어 있는 내용을 기재한다.

a. 용도지역
자연녹지지역, 제3종일반주거지역

b. 용도구역
경관지구

c. 건폐율과 용적율 상한에는 '건축물대장'에 기재되어 있는 실제 건폐율과 용적율 또는 '국토의 계획 및 이용에 관한 법률'에 있는 건폐율과 용적률을 기재하는 것이 아니라 시·군의 계획조례에서 정하고 있는 건폐율과 용적률 상한을 기재한다. 건폐율과 용적률 상한은 자치법규정보시스템(www.elis.go.kr)에서 확인하거나 각 시·도 홈페이지 자치 법규 중 도시·군 계획조례 용도지역 안의 용적률과 건폐율에서 확인한다.

개업공인중개사가 확인한 뒤 거래대상인 토지에 도시·군 계획시설이 접하고 있는지, 저촉되어 있는지 구분해 기재한다. 저촉 여부는 지적도 또는 임야도를 발급받아야 확인할 수 있지만, 현황조사로도 가능하다.

d. 토지거래허가구역은 부동산 종합정보망이나 부동산 정보 포털 사이트 등에서 확인한다.

e. 토지투기지역, 주택투기지역, 투기과열지구 해당 여부 역시나 부동산 종합정보망 등에서 확인표기를 한다.

f. 지구단위 계획구역
도시·군계획 수립 대상 지역의 일부에 대해 토지 이용을 합리화하고, 그 기능을 증진시키며 미관을 개선하고 양호한 환경을 확보하며, 그 지역을 체계적·계획적으로 관리하기 위해 수립하는 도시· 군 관리계획을 말한다.

중개대상물 확인·설명서 작성 시 '지구단위계획구역 및 그 밖의 도시·군 관리계획'은 먼저 해당 시·군에 매매대상물에 대한 도시·군 관리계획의 수립 및 고시가 있었는지를 확인해야 한다. 도시·군 관리계획의 수립 및 고시는 해당 시, 군·구청 홈페이지 고시/공고에서 확인하며, 도시 관리과에 문의해 기재한다.

거래를 규제하는 중요한 사항들

1. 토지거래 허가제 : 시, 군, 구청장의 허가사항
2. 농지취득 자격증명제 : 시, 구, 읍, 면장 발급사항
3. 전통사찰의 부동산 관련 : 문화체육관광부 장관 허가사항
4. 향교재단의 부동산 관련 : 시, 도지사 허가사항
5. 사립학교(유, 초, 중, 고, 대학교)의 기본 재산 : 시, 도 교육감 및 교육부 장관 허가
6. 자유무역지역의 토지 또는 공장 : 기획재정부 장관 및 관리기관 허가 사항
7. 산업단지(국가, 일반 도시첨단 농공단지) 내 산업시설 산업용지 및 공장 : 관련 기관 확인
8. 사회복지법인 기본 재산 : 시, 도지사의 허가사항
9. 외국인 등의 부동산 취득신고 : 시 군 구청장에게 30일 이내 신고
10. 그 밖의 이용제한 및 거래규제 사항은 거래 대상 부동산의 특성에 따라서 기타 이용제한 및 거래 규제 사항이 있을 때 개업공인중개사가 확인 기재한다.

공인중개사의 확인 의무는 통상의 주의 의무를 가지고 조사해 확인 기재를 해야 한다.

(4) 입지 조건

입지 조건	도로와의 관계	(m × m)도로에 접함 [ ] 포장 [ ] 비포장	접근성	[ ]용이 [ ]불편함
	대중교통	버스 : ( ) 정류장. 소요시간 : [ ] 도보 [ ] 차량 약 ( )분		
		지하철 : ( ) 역. 소요시간 : 차량 약 ( )분		
		주차장 : ( ) 전용주차시설, ( ) 공용주차시설, 기타 ( )		
	교육시설	초등학교 : ( ) 학교 소요시간 : [ ] 도보 [ ] 차량 약 ( )분		
		중학교 : ( ) 학교 소요시간 : [ ] 도보 [ ] 차량 약 ( )분		
		고등학교 : ( ) 학교 소요시간 : [ ] 도보 [ ] 차량 약 ( )분		
	편의시설	백화점 및 확인 매장 : ( ) 백화점 소요시간 : [ ] 도보 [ ] 차량 약 ( )분		
		종합의료시설 : ( ) 병원 소요시간 : [ ] 도보 [ ] 차량 약 ( )분		

a. 도로와의 관계

도로가 1개인 경우 3m 또는 6m 하나만 적으면 되고 [V]포장, [ ]비포장을 체크한다.

2개의 도로가 접해 있는 경우 (6m×6m) 도로에 접함, [V]포장, [ ]비포장과 같이 적는다.

접근성은 중개대상물에 접근하는 데 [V]용이함, [   ]불편함을 조사해 체크한다.

(5) 관리에 관한 사항

관리에 관한 사항	경비실	[ ]있음 [ ]없음	관리주체	[ ]위탁 [ ]자체 [ ]기타

중개대상물을 관리하는 경비실의 유무에 대해 개업공인중개사가 조사해 체크하고, 관리 주체에는 중개대상물을 관리하는 주체가 위탁관리, 자체관리, 그 밖의 유형인지 개업공인중개사가 조사해 체크한다. 위탁관리업체에서 관리하고 있다면 위탁관리 기관명을 기재한다.

(6) 비선호시설

비선호시설	[ ]있음 [ ]없음(위치 :)

비선호시설이 중개대상물의 반경 1km 이내에 위치하고 있는지, 없는지를 개업공인중개사가 조사해 체크하고, 만약에 비선호시설이 있을 경우 종류 및 위치를 구체적으로 기재한다.

사회통념상 혐오 또는 기피하는 시설(예 : 장례식장, 화장장, 납골당, 공동묘지, 쓰레기처리장, 쓰레기소각장, 분뇨처리장, 오폐수처리장, 격리병원 등)을 의미한다.

(7) 거래예정금액

거래예정금액 등	거래예정금액	만 원
	개별공시지가 : 원	건물(주택)공시가 : 원

거래예정금액 등의 '거래예정금액'은 중개가 완성되기 전 거래예정금액을, '개별공시지가' 및 '건물(주택)공시가격'은 중개가 완성되기 전 공시된 공시지가 또는 공시가격

을 적는다(임대차계약의 경우에는 '개별공시지가' 및 '건물(주택)'). 공시가 건물의 공시가격은 기준시가를 확인해 쓰고, 국토교통부 부동산 공시가격 알리미(http://www.realtyprice.kr/)에서 표준지공시지가, 개별공시지가, 표준주택가격, 공동주택가격, 개별주택가격 등을 참고해 작성한다.

(8) 취득 시 부담할 조세의 종류

취득 시 부담할 조세의 종류	취득세(　)%, 농어촌특별세(　)%, 지방교육세(　)%

a. 취득 시 부담할 조세의 종류 및 세율

	매수자가 취득 시에 부과될 세금
지방세법	• 취득세, 지방교육세, 농어촌특별세의 세율을 기재하는데, 취득 시 부담할 조세의 종류 및 세율은 중개가 완성되기 전에 '지방세법'의 내용을 확인해 기재한다(임대차인 경우에는 기재 생략한다). • 농어촌특별세, 지방교육세가 비과세 대상일 경우에 '비과세'라고 표기한다. • 상가주택의 경우에는 주택의 취득세율과 주택 외 취득세율을 함께 기재한다. • 주택과 부수 토지 외의 토지를 일괄 매매할 시에는 주택세율과 토지의 취득세율을 함께 기재한다.

* 재산세는 6월 1일 기준 소유권자가 납부한다.
　매매 계약 시 6월 전후 잔금일이 정해진다면 반드시 알려야 다툼의 소지를 줄일 수 있으며, 가령 6월 1일 이전 잔금이라면 재산세를 매수자가 부담해야 하니 매도자에게 매매대금을 일부 조정하도록 협상하고, 6월 1일 이후 잔금이라면 매도자가 재산세를 납부하게 되니 매수자가 거래금액 조정을 요구하면 상황을 설명하고 상황을 고려해 협상하는 것이 바람직하다.

한국공인중개사협회 웹사이트에서 부동산 거래 시 신용 안심 서비스도 오픈했으며, 이를 잘 활용한다면 권리에 대한 사고를 줄일 수가 있다.

11. 공인중개사 세부 확인사항

(1) 실제 권리관계 또는 공시되지 않은 물건의 권리사항

실제 권리관계 또는 공시되지 않은 물건의 권리사항	기본시설물 외 설치한 부착물 또는 물품

실제권리관계 또는 공시되지 아니한 물건의 권리에 관한 사항은 매도(임대)의뢰인이 고지한 사항(법정지상권, 유치권, '주택임대차보호법'에 따른 임대차, 토지에 부착된 조각물 및 정원수 등)을 적는다. '건축법 시행령' 별표 1 제2호에 따른 공동주택(기숙사는 제외한다) 중 분양을 목적

으로 건축되었으나 분양되지 않아 보존등기만 마쳐진 상태인 공동주택에 대해 임대차계약을 알선하는 경우(미분양 아파트의 임대차계약에 해당됨)에는 이를 임차인에게 설명해야 한다. 임대차계약이 있는 경우 임대보증금, 월 단위의 차임액, 계약 기간, 장기수선충당금의 처리 등을 확인하고, 근저당 등이 설정된 경우 채권최고액 총합계를 확인해 적는다. 그 밖에 경매 및 공매 등의 특이사항이 있는 경우 이를 확인해 적는다.

a. 실제 권리관계

- 매도(임대)의뢰인이 고지한 내용으로 작성하되 개업공인중개사도 조사해 기록한다.
- 유치권이나 법정지상권 등 등기부에 기재되지 아니한 권리관계는 중개대상물 확인설명서의 '실제권리관계'란에 기록하고(사이버민원 회신), 임대차 등 등기된 사항은 등기부기재사항의 소유권 이외의 권리사항에, 등기되지 않은 사항은 '실제권리관계'란에 기재한다(사이버민원 회신).

b. 공시되지 아니한 물건의 권리사항

- 토지 또는 건물에 정착된 물건으로서 당해 물건의 매매 등으로 후일에 소유권 문제가 발생할 우려가 있는 것에 대해 소유관계(매매 포함, 매매 제외, 양도담보증 등)를 정확히 기록한다.
- 공시되지 아니한 권리를 확인해 기재한다.
- 공시되지 아니한 중요시설 물건이란 등기사항전부증명서나 각종 공부에 등재되지 않은 중요 시설이나 물건을 의미하는 것으로, 예를 들어 주택 내 정원석이나 정원수, 원두막 등이 이에 해당된다.
- 그 물건에 부착된 물건으로서 이동이 가능한 물건(장식가구, 수목, 미술품 고가의 전등 내장재, 붙박이장 등)도 포함될 수가 있다.

(2) 내부, 외부 시설물의 상태(건축물)

내부, 외부 시설물의 상태 (건축물)	수도	파손 여부	[ ] 없음 [ ] 있음(위치 :)
		용수량	[ ] 정상 [ ] 부족함(위치 :)
	전기	공급상태	[ ] 정상 교체 요함(교체할 부분 :)
	가스(취사용)	공급방식	[ ] 도시가스 [ ] 기타( )
	소방	소화전	[ ] 있음(위치 :)
		비상벨	[ ] 있음(위치 :)
	난방방식 및 연료공급	공급방식	[ ] 중앙공급 [ ] 개별 공급 시설작동 [ ] 정상 [ ] 수선 요
		종류	[ ] 도시가스 [ ] 기름 [ ] 프로판 [ ] 연탄 기타
	승강기		[ ] 있음. 작동상태 : 양호 [ ] 불량 [ ] 없음 [ ]
	배수		[ ] 정상 [ ] 수선요함(위치 :)
	그 밖의 시설물		

a. 수도
• 파손 여부 : 파손이 있을 경우 위치가 어디인지 확인해 기록한다.
• 용수량 : 용수량이 정상적인지 체크 기록한다.

b. 전기
• 전기시설 용량이 정상인지 확인 기록한다.
• 교체할 부분이 있다면 교체할 부분을 표시한다(예 : 안방, 거실 등 체크한다).

c. 가스
도시가스, LPG, 전기 인덕션, 기름, 연탄 등으로 표기한다.

d. 소방
소화전과 비상벨 설치 유무를 기재한다. 각각 위치도 표기한다.

e. 난방식 및 연료공급
공급방식이 중앙공급인지, 개별공급인지 등을 표기하며, 시설작동 이상 유무를 표기한다.

f. 승강기

승강기 설치 유무를 기재한다.

g. 배수

배수시설이 정상인지, 수선해야 하는지 기재한다.

h. 그 밖의 시설물

가정자동화 시설, 홈오토메이션, IT 시설 등을 표기한다. 필자는 매수자, 임차인이 20년 월 일 방문 확인 회수를 기록하고, 실제 육안으로 물건 상태를 여러 차례 확인했음을 기재해 후일에 일어날 사항에 대비한다.

(3) 벽면 및 도배상태

벽면 및 도배상태	벽면	균열 : [ ] 없음 [ ] 있음(위치 :) 누수 : [ ] 없음 [ ] 있음(위치 :)
	도배	[ ] 깨끗함, [ ] 보통임, [ ] 도배 필요

a. 벽면

균열 부분, 누수 부분, 결로현상, 곰팡이 상태가 있음을 확인하고 기재한다.

b. 도배

도배의 현 상태를 육안으로 확인하고 기재한다.

(4) 환경조건

환경조건	일조량	[ ] 풍부함 [ ] 보통임 [ ] 있음(위치 :)
	소음	[ ] 미미함 [ ] 보통임 [ ] 심한 편임 진동 : [ ] 미미함 [ ] 보통임 [ ] 심한 편임

환경조건은 매도 또는 임대 의뢰인에게 물건의 자료를 제시받고, 이를 근거로 작성하며, 권리를 취득하려는 의뢰인과 임장활동으로 기재한다.

a. 일조량
일조량이 풍부한지, 보통인지를 현장에서 확인하고 기재한다.

b. 소음
역시 현장에 임장활동 시 점검 기재한다.

c. 진동상태
현장에서 확인하고 기재한다.

12. 중개보수에 관한 사항

(1) 중개보수 및 실비의 금액과 산출내역

중개보수 및 실비의 금액 과 산출내역	중개보수 금액 표기	중개보수 산출 내역 표기

a. 중개보수 및 실비는 개업공인중개사와 중개의뢰인이 협의해 결정한 금액을 적되 '중개보수'는 거래예정 금액을 기준으로 계산하고, '산출내역'은 '거래예정금액(임대인 경우에는 임대보증금 + 월단의 차임액 × 중개보수 요율)로 계산한다.

b. 단, 거래예정금액이 5,000만 원 미만일 경우에 '거래예정금액(임대보증금 + 월단위 임차액의 × 70%) 중개보수 요율과 같이 기재하며, 한도액을 초과한 때는 한도액 금액으로 기재한다.

c. 실비
실비의 한도는 중개대상물 권리관계 등의 확인 또는 계약금 등의 반환채무 이행 보장에 드는 비용으로 한다. 실비는 영수증을 첨부해 중개의뢰인 쌍방에게 청구할 수 있다. 보통 청구할 수 있는 실비는 다음과 같다.

> **충청남도 주택의 중개보수 등에 관한 조례**
> **제3조**(실비)
> ① 개업공인중개사는 법 제32조 제4항에 따라 중개대상물의 권리관계 등의 확인에 필요한 다음 각 호의 실비를 중개의뢰인에게 청구할 수 있다. 〈개정 2022. 10. 18〉
> 1. 증명 신청 및 공부 열람 대행료 : 1건당 1천 원
> 2. 증명 발급 및 공부 열람 수수료 : 해당 증명 발급 및 공부 열람 수수료 〈개정 2022. 10. 18〉
> 3. 여비(교통비, 숙박료) : 실비
> ② 개업공인중개사는 법 제32조 제4항에 따라 계약금 등의 반환채무이행 보장에 필요한 다음 각 호의 실비를 중개의뢰인에게 청구할 수 있다. 〈개정 2022. 10. 18〉
> 1. 계약금 등의 예치에 따른 비용 : 예치기관 수수료
> 2. 계약금 등의 반환 또는 지급의 보증에 필요한 비용 : 보험료 또는 이에 준하는 비용
> 3. 사무처리에 필요한 증명·공부의 발급·열람 수수료 : 해당 수수료
> 4. 여비(교통비, 숙박료) : 실비
> ③ 제1항 및 제2항에 따른 실비의 지급 시기는 중개의뢰인과 개업공인중개사 간의 약정에 의한다.

13. 확인설명서

공인중개사법 제25조 제3항 및 같은 법 시행령 제21조에 따라 거래 당사자는 공인중개사로부터 위 중개대상물에 관한 확인설명을 듣고, 공인중개사가 작성하는 확인설명서를 수령한다.

매도인 (임대인)	주소(도로명)		성명		(인)
	주민등록번호		전화번호		
매수인 (임차인)	주소(도로명)		성명		(인)
	주민등록번호		전화번호		
공인중개사	등록번호		성명		(인)
	사무소 명칭		소속공인중개사		(인)
	사무소 소재지(도로명)		전화번호		

　　a. 개업공인중개사 난에 등록번호, 사무소 명칭, 사무소 소재지 등 인적사항을 기재해 자필로 서명하고 등록된 인장을 날인한다(소속공인중개사가 업무를 한 경우에도 자필로 서명하고 등록된 인장을 날인한다).

b. 개업공인중개사가 중개대상물에 대해 교부한 중개대상물 확인·설명서를 권리 이전 의뢰인과 권리취득 의뢰인이 수령했다는 것을 확인하기 위해 권리이전 의뢰인과 권리취득 의뢰인의 성명·주소·주민등록번호 등의 인적사항을 기재한 후 서명 또는 날인한다.

c. 공동중개 시 참여한 개업공인중개사(업무를 수행한 소속공인중개사 포함) 모두가 서명 및 날인해야 하며, 두 명을 넘는 경우에는 별지로 작성·간인해 첨부한다.

d. 서명 날인의 효력

1	본인 서명	+ 막도장	
2	본인 서명	+ 인감증명서 첨부(그 물건에 대한 표기)	법률적으로 유효
3	기명(타이핑)		
4	기명(타이핑)	+ 본인 지장	본인 지장 확인 시 유효
5	기명(타이핑, 제삼자 서명)	+ 막도장	법률적 유효가 힘들 수 있음.

* 본인 서명이나 날인이 최적이며, 도장 미지참 시에는 본인 지장 날인이 최적이다.
* 확인설명서에는 양 당사자의 생년월일만 기재한다.
* 확인설명서에는 본인 서명 또는 날인으로도 가능하나 가급적 본인 서명, 날인이 최적이다.
* 도장 조합으로 맞춰 날인할 경우에는 인주를 묻혀서 공인중개사가 아닌, 본인이 직접 날인을 하도록 한다.
* 간인은 중개법령에 없으나 꼭 해두어야 같은 내용의 계약서라는 게 확인된다.

주요사항

계약서는 내용, 형식, 서식 모두 자유이나 일정한 요식행위를 갖추는 것은 그 계약의 진행 순서와 특약사항을 기재하는 순서로 되어 있고 서명, 날인은 반드시 양 당사자 본인이 하는 게 원칙이다. 또한 나중에 문제의 소지를 줄이기 위해 본인의 서명, 날인을 동시에 하는 게 좋다.

확인설명서는 법정 서식으로서 토지이용계획확인서, 등기사항전부증명서, 건축물관리대장, 토지대장, 지적도, 평면도 등 관련 자료를 물건을 획득하고자 하는 의뢰인에게 제시하고, 반드시 정확히 주면서 작성하고 확인, 설명해주어야 한다.

특히 확인설명서 ⑩ 내·외부 시설물 외 그 밖의 시설물 칸에 필자는 매수자(임차인)가 그 물건을 방문 확인하는 날짜를 기록한다.

[매수(임차)인이 20 년   월   일 물건 현장 확인/   월 일/   월   일 등 세 차례 방문 확인하고 계약한다.]

즉 물건을 몇 번 확인했다는 사실을 기록해두면, 나중에 어떠한 문제가 발생할 시에 이렇게 당사자도 확인을 했다는 증거를 남기는 셈이다. 이렇게 해둠으로써 차후에 어떠한 문제가 발생 시에는 당사자가 직접 확인했다는 사실로 문제 해결이 한층 쉬워진다.

특히나 공동주택은 과거 기본시설물(거실 서랍장, TV 받침대, 도어록) 등 물건이 교체되어 없어진 물건도 많다. 그러다 보니 잔금 시 또는 후에라도 기본 시설물이 없다고 항의받기도 한다. 필자도 이러한 항의로 인해 중개보수의 일부를 깎아주기도 한 사례가 있었다.

또한 토지나 전원주택지 물건 확인설명서에도 [매수인이 20 년   월   일 물건 현장 확인/   월 일/   월 일 등 세 차례 방문 토지 경계를 밟아보고 계약한다]라고 기록한다.

필자가 과거에 전원주택지 한 필지를 소개하면서 축대(약 20m)를 조성한 토지를 매매했는데, 집을 짓지 않은 상태에서 축대가 무너져 내렸다. 이를 하자담보로 책임을 물어왔기에 계약서와 확인설명서 기록에 의해 조용히 문제를 해결한 적이 있었다.

3초론(3秒論)이라는 말이 있다

3초론이란 무슨 말일까? '3초 이내 결론을 내라! 3초 이내 승부를 걸어라! 3초만 피하라!'라는 뜻이다.

필자의 생각은 이렇다. 어느 장소, 어느 모임에서도 3초 이내 자기를 소개하라! 즉 3초 이내 자기 명함을 건네고, 명함을 주었다면 상대편의 명함도 건네받는 게 명함 예절이다. 물론 상대편이 명함이 없다면 눈인사라도 해야 한다.

공인중개사는 서비스 영업이다. 필자는 항상 명함을 100장씩 호주머니에 넣고 다닌다. 그래서 장소를 불문하고 만나는 사람에게 인사를 하고 "김종언 공인중개사입니다" 하고 명함을 건네고, "명함 한 장 부탁해도 되겠습니까?" 하고 명함을 받는다.

언젠가는 분당에서 문고에 들려 책을 한 권 속독으로 읽고, 귀갓길 버스를 탔다. 마침 창가에 자리가 비어 있기에 책을 읽고 있는 학생에게 "죄송합니다. 제가 안쪽으로 갈게요"라고 하고 앉았다. 그러고는 학생에게 "고맙습니다" 하고 명함을 한 장 건네주었다. 학생이 명함을 꼼꼼하게 살펴보더니만 "제가 용인외국어대학교 학생인데, 마침 원룸 하나 구해야 되는데 찾아가도 되겠습니까?"라고 말하는 것이 아닌가. 며칠 후 찾아왔기에 깨끗한 원룸을 50만 원 보증금에 30만 원 계약을 했다.

한번은 광주광역시에서 강의를 마치고 고속버스를 타고 야탑으로 오는데, 피곤해서 잠을 청했다. 옆 좌석에 중년의 여인이 타고 있었는데, 중간 휴게소에서 비스킷을 사가지고 오셔서 먹으라고 주셨다. "고맙습니다" 하고 명함을 한 장 건넸더니 자기 아빠 이름으로 조그만 땅이 있는데 팔아줄 수 있느냐고 말하기에 소재지를 받았다. 4개월 정도 지날 즈음에 계약을 성사시켜 드렸다.

이렇듯 뜻하지 않은 자리에서 손님을 맞을 줄이야 누가 알았겠는가? 부동산 중개업은 정답이 없다. 순간순간 이러한 기회를 활용해 계약으로 끌어내는 것이 진정한 프로 공인중개사가 아닐까? 3초론이란 이런 의미심장한 단어가 아닐까?

PART

5

임장활동의
기술

물건도 현장에 있고 고객도 현장에 있다

태블릿 PC, 레이저 측정기, 스케일자

임장활동은 비가 오는 날이 최적이다!

우기 시 물건 임장활동　　　　**우천 시 토지 임장활동**

　물건도 현장에 있고, 고객도 현장에 있다. 의뢰받은 물건에 대해 각종 서류로 권리 분석을 마쳤다면, 그 물건의 현장으로 달려가서 물건 상태를 분석해야 한다. 체크리스트를 지참하고 꼼꼼하게 물어보고 체크해서, 계약할 때 서로 합의한 책임 관계를 특약으로 명시하고 서명과 날인을 받아야 한다. 나는 주로 비가 내리는 날에 물건의 현장을 방문해서 누수 등을 확인한다.

1

도심지 임장활동
- 강남역 일대

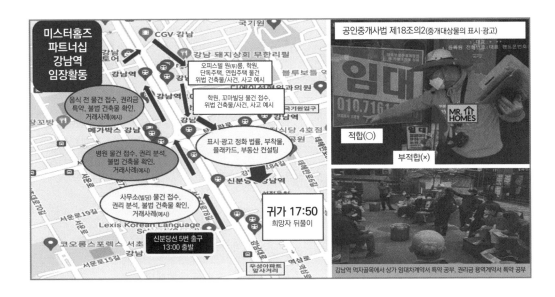

강남역 먹자골목에서 상가 임대차계약서 특약 공부, 권리금 용역계약서 특약 공부

　물건이 접수되었다면, 앞서 기술한 각종 공적 서류를 열람해 권리 분석을 하고, 물건 현장으로 달려가 물건의 현 상태를 확인해야 한다. 불법 건축물 여부 및 민원 사항 등을 꼼꼼히 확인해야 한다.

② 토지지역 임장활동
– 경기도 평택시 근교

    특히 토지지역 임장활동 시에는 비 내리는 날 토지 진입도로와 경계 상태를 직접 밟아보는 것이 좋다. 또한, 임야를 임장활동할 때는 경사도, 분묘, 임목 상태 등을 정확히 확인해야 한다.

3 드론 시대다

1983년에 '부동산중개업법'이 제정되어 1985년 제1회 공인중개사 시험이 시행되면서 우리나라 부동산 중개업도 공인중개사 시대로 접어들었다.

그 후 1988년 올림픽을 계기로 컴퓨터 전산화 시대를 맞아 각종 전산 사이트도 개발되었고, 수작업으로 이루어지던 계약서 작성도 컴퓨터로 작성하기 시작했다.

지역 전산망과 홈페이지, 카톡, 블로그, 페이스북 등 다양한 매체에서 홍보 마케팅을 진행하다가 최근에는 유튜브와 드론 시대를 맞이했다. 토지를 전문으로 컨설팅 작업하는 공인중개사는 드론이 선택이 아닌 필수인 시대로, 보다 전문화되어가고 있다.

필자도 토지와 임야 등 임장활동 시 드론 촬영을 잘하는 동문 공인중개사의 도움을 받아 컨설팅 용역 보고서 작성에 적절히 이용하고 있다.

드론의 구조

조정기

본체

배터리

4 현장 풍수지리를
중개업에 접목하다

비단 우리나라뿐만 아니라, 풍수지리는 부동산에 중요한 부분을 차지하고 있다. 부동산 중개업 영업에서 고객과 임장활동 시에 그 목적물에 대해 수맥을 잡아주고, 건축물의 방향 등 현장 풍수 이야기를 하면 좋아한다. 그래서 필자는 동방문화대학원대학교에서 현장 풍수 공부를 2년째 하고 있다. 꼭 풍수지리 연구가가 되기 위함이 아니라, 부동산 중개 영업 시에 보충 브리핑을 하기 위함이다. 특수물건 컨설팅 용역 보고서에 그 물건에 대한 현장풍수를 기록해 제공하고 있다. 고객과 최종 결정 시에는 현장 풍수 교수님을 직접 모시고 브리핑을 했더니 고객의 마음이 움직여 계약을 성사시키기도 했다.

동방문화대학원 대학교 현장 풍수
최길호 교수의 땅의 기운 찾기

컨설팅 매도 의뢰 전속 용역 계약서를 만들 때는 맨 마지막 페이지에 그 물건에 대한 각종 서류를 첨부해 책으로 제본해 제공하는 것이 바람직하다. 세 권 정도를 책으로 제본해 한 권은 매도 의뢰인에게, 한 권은 최종 매수인에게 제공하고, 한 권은 이를 알선 중개한 공인중개사가 자료로 보관해 다음 특수물건 보고서 작성 시 참고 자료로 활용한다.

이러한 부동산 중개물건 컨설팅 용역 계약서와 용역 보고서 작성이 여러 건 쌓이면 실력이 되고, 이것이 습관화되면 고수가 되고 달인이 되어 놀이처럼 하는 일에 젖어들면 최고의 공인중개사가 될 수 있다.

그래서 필자는 한 차원 높은 컨설팅 용역 보고서 작성을 위해 유튜브, 드론 촬영, 현장 풍수를 접목시켜 손님에게 브리핑에 활용하고 있다. 더 나아가서 명리학 공부에도 관심을 갖고 있다.

최근에는 부동산 가격 폭등으로 국민들은 중개보수가 높다고 아우성이고, 정부도 중개보수의 구간별 요율을 낮추었다. 공인중개사는 이를 수용할 수밖에 없는 현실이다. 그렇다면 이러한 특수 물건에 대한 컨설팅 용역 보고서 작성으로 일정 부분 용역 보수를 받을 수 있다면 금상첨화가 아닐까?

또한 공인중개사 50만 명 시대에 접어들었고, 개업공인중개사사무소(법인, 중개인 포함)는 전국에 115,000여 곳이며, 머지않아 120,000개의 사무소가 치열한 경쟁을 할 것이다. 그중 앞서가는 공인중개사사무소 운영을 위해 특수물건의 부동산 중개 컨설팅 용역 계약과 용역 보고서 작성으로 안정적인 수익을 올려야 할 것이다.

필자의 동방문화 대학원 현장풍수 공부

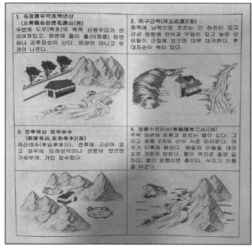

최길호 부동산 현장 풍수

■ 옥녀단좌형(端坐) – 정사 묘

· 주산이 무곡 금성체이나 장군보다 작고 퍼진 형상.

· 산 지각은 머리카락을 의미하고, 안산이나 주위에 거울, 머리빗, 화장대를 닮은 사격
 이 있어야 한다.

· 용모가 준수하고 고상하며 깨끗한 인물이 출 한다.

■ 옥녀탄금형(彈琴) – 명재고택

· 옥녀가 거문고나 가야금을 켜고 있는 형상으로 황금사가 있어야 한다.

· 예술과 문장에 뛰어난 인재가 출 한다.

임장활동 시
늘 손에 쥐고 다녀야 할 것

부동산 중개업은 현장주의다. 현장 물건 상태 확인은 손님에게 브리핑하기 위한 중요한 자료를 수집하는 일이며, 특약 사항과 확인설명서에 물건 상태를 정확히 기록하고 설명해야 계약 후에도 하자담보책임에서 자유

로울 수 있다. 그렇기 때문에 공인중개사는 다음의 도구를 항상 손에 쥐고 있어야 한다.

① **레이저 거리 측정기** : 현장의 물건을 손님과 동행해 확인할 때, "이 방의 장롱 길이가 얼마나 되나요?"라고 묻는다면, 레이저 측정기로 길이와 높이를 바로 알 수 있다. 나중에 다시 와서 잴 수도 없는 노릇 아닌가.

② **스케일자** : 지적도 등을 볼 때 축척에 따른 도로 폭을 빨리 파악할 수 있다.

③ **레이저 지시등** : 어둠을 밝힐 수도 있고, 어떤 사물을 가리킬 때 쓰기도 한다.

④ **저장용 USB** : 언제 어디서나 중요 자료를 요청해 담을 수 있고, 지참해 다닐 수도 있다.

⑤ **엘로드** : 기본적인 풍수지리 지식을 알아두고, 임장활동 때 엘로드를 활용해 수맥의 흐름 등을 브리핑하는 것도 손님의 신뢰를 얻는 한 방법이다.

⑥ **태블릿 PC** : 현장 물건을 설명할 때 자료 활용이 손쉬울 뿐만 아니라, 공인중개사로서의 전문성을 돋보이게 할 수도 있다.

쌩쌩 중개현장 10

개업공인중개사의 자리 배치는 이렇게 하라!

필자는 그동안 약 2,000여 곳의 초보공인중개사 개업식에 참여해 꼼꼼히 살펴보았다. 법인사무소, 합동사무소, 개업공인중개사사무소 등 면적에 따라 각기 다른 자리 배치를 확인해보았다.

개업공인중개사사무소는 대략 10여 평 정도로 창업하게 되는데, 개업공인중개사가 자리해야 할 위치를 필자는 중요하게 생각한다.

그래서 생활 풍수를 접목시켜 개업공인중개사가 손님과 상담할 자리에 수맥이 흐르는지 등을 살핀다. 좁은 공간에서 하루 종일 일하다 보면, 그 자리 아래로 수맥이 흐를 경우 피곤함이 빨리 찾아올 수 있기 때문이다.

필자는 그래서 개업식 전에 방문해 엘로드로 수맥을 잡아주기도 한다.

① 대표의 자리나 고용인의 자리도 가급적 수맥이 흐르는 자리를 피한다.
② 출입문으로부터 책상 배열을 정하고 소속공인중개사 보조원이 자리할 곳을 미리 정한다.
③ 앞 출입문과 뒷문이 있다면 가급적 뒷문을 잠그고 사용하지 않는다.
④ 앞 출입문이 넓은 2개의 문이라면 어느 한쪽은 잠근다.
⑤ 살풍(殺風)도로 쪽에 위치한 건물은 가급적 피하며, 여의치 않다면 출입문을 어디로 할 것인가를 검토해 설치한다.
⑥ 사무소 입지 선정 시부터 가능하다면, 현장 풍수에 능한 풍수지리 교수의 조언을 받아 입지를 정하고, 대표의 자리 등도 고려하는 것이 바람직하다.
⑦ 앉는 자리의 조정이 여의치 않은 경우에는 환경 변화를 주는 화분이나 상징물, 그림 등을 비치해 인테리어 작업 시 보강하는 편이 좋다.

마케팅(물건 광고)의
기술

과거와는 달리 최근에는 부동산 표시·광고 공정화에 관한 법률이 강화되었고, 민원 사항도 많이 발생하고 있다. 2023년부터는 분야별로 규제가 세분화되어 행정처분과 과징금이 늘어났다. 이는 부동산 중개사사무소가 늘어나고 경쟁이 치열해지면서 불법 광고가 증가했고, 이에 따라 행정처분이나 과태료 처분도 많아졌기 때문이다.

필자도 과거 중개업법에 의한 영업정지 처분을 받은 적이 있고, 현수막 설치로 과징금을 6차례나 받았다. 또한, 전봇대 부착물 위반으로 25만 원의 과징금을 물기도 했다.

표시·광고의 공정화에 관한 법률

1. 신문, 방송, 인터넷, SNS, 블로거, 유튜브 등
① 존재하지 않은 물건 광고 ② 허위 광고 ③ 거짓 광고 ④ 과장 광고 ⑤ 기만적인 광고
⑥ 매도인(매수인)이 의뢰하지 않은 매물 임의 광고
⑦ 이미 계약이 체결된 물건 광고

2. 매물 광고 시 표기사항
① 사무소 상호 : 험프리힐스 공인중개사사무소
② 소재지 : 경기도 평택시 팽성읍
③ 등록된 전화번호 : 010-○○○○-○○○○
④ 사무소 등록번호 : 41220-2022-○○○○○
⑤ 개업공인중개사 : 김종언(소속공인중개사 이유○ 010-○○○○-○○○○)

개업공인중개사가 인터넷 광고 시 명시해야 할 사항
(체크리스트)

위와 같이 개업공인중개사가 매물 확보나 매물 광고 시에는 1항과 2항을 잘 살펴서 불이익을 피해야 한다. 혹시라도 위반되었다면 행정 담당자에게 읍소(泣訴)해 최소의 과징금을 물도록 합의해야 한다. 다음은 공인중개사의 물건 확보 및 매물(중개) 광고 형태다.

물건 확보 및 매물(중개) 광고

1. 물건확보 광고
① 명함 작업 ② 전단지 작업 ③ 벽보(전봇대 유리창) 등 부착물
④ 현수막 작업 ⑤ 지주 간판 ⑥ 차량 광고 ⑦ 디지털 광고(유료)

2. 중개 매물 광고
① 인터넷 ② 사이트 ③ 블로그 ④ 유튜브 ⑤ 밴드 ⑥ 신문 광고 ⑦ 전단지
⑧ 벽보(전봇대, 창문 등) 부착물 ⑨ 리플릿 광고 ⑩ 차량 부착물 광고 ⑪ 한방, 직방, 다방, 네이버 등

---

① 중개사무소 명칭(상호)

중개사무소 명칭(상호)은 ○○ 부동산 등으로 약식 표기해서는 안 되며, 반드시 중개사무소 등록증에 기재된 명칭 전체를 표기해야 한다. 단, '사무소'라는 단어는 생략 가능하다.

바른 예시		틀린 예시
○○ 공인중개사사무소(○)	○○ 공인중개사(○)	○○ 부동산(×)
○○ 부동산중개(○)	○○ 부동산중개사무소(○)	○○ 중개사무소(×)
○○ 부동산중개법인(○)		○○ 중개법인(×)

② 중개사무소 소재지

중개사무소 소재지는 중개사무소 등록증에 기재된 소재지를 표시해야 하며, 지번과 건물번호는 생략 가능하다.

원 주소가 '송파구 풍납동 123'일 때	원 주소가 '송파구 송파로999번길 9'일 때
송파구 풍납동 123(○) 송파구 풍납동(○)	송파구 송파로999번길 9(○) 송파구 송파로999번길(○) 송파구 송파로(×)

③ 연락처

연락처는 관청에 신고된 개업공인중개사 또는 법인대표자의 번호를 기재해야 하며, 소속공인중개사의 번호를 기재할 경우 개업공인중개사의 번호와 병기해야 한다(소속공인중개사 번호 단독 기재 불가). 또한 중개보조원이나 중개와 관련 없는 자의 번호 기재는 어떤 경우에도 불가하다.

④ 등록번호

등록번호는 중개사무소 등록증 내용대로 기재한다.

⑤ 개업공인중개사 성명

개업공인중개사 성명은 중개사무소 등록증 내용대로 기재한다.

외부 표시·광고 시 반드시 5가지 모두 올바르게 기재해야 한다.

개정된 <공인중개사법 제18조의2(중개대상물 표시·광고)에 따른 과태료 부과 기준이다.

위반행위	근거 법조문	과태료 금액
가. 법 제18조의2 제4항 각 호를 위반하여 부당한 표시·광고를 한 경우	법 제51조 제2항 제1호	
1) 중개대상물이 존재하지 않아서 실제로 거래를 할 수 없는 중개대상물에 대한 표시·광고를 한 경우		500만 원
2) 중개대상물의 가격 등 내용을 사실과 다르게 거짓으로 표시·광고하거나 사실을 과장되게 하는 표시·광고를 한 경우		300만 원
3) 중개대상물이 존재하지만 실제로 중개의 대상이 될 수 없는 중개대상물에 대한 표시·광고를 한 경우		400만 원
4) 중개대상물이 존재하지만 실제로 중개할 의사가 없는 중개대상물에 대한 표시·광고를 한 경우		250만 원
5) 중개대상물의 입지조건, 생활여건, 가격 및 거래조건 등 중개대상물 선택에 중요한 영향을 미칠 수 있는 사실을 빠트리거나 은폐·축소하는 등의 방법으로 소비자를 속이는 표시·광고를 한 경우		300만 원
나. 정당한 사유 없이 법 제18조의3 제2항의 요구에 따르지 않아 관련 자료를 제출하지 않은 경우	법 제51조 제2항 제1호의2	500만 원
다. 정당한 사유 없이 법 제18조의3 제3항의 요구에 따르지 않아 필요한 조치를 하지 않은 경우	법 제51조 제2항 제1호의3	500만 원
라. 법 제18조의4를 위반하여 중개의뢰인에게 본인이 중개보조원이라는 사실을 미리 알리지 않은 사람 및 그가 소속된 개업공인중개사. 다만, 개업공인중개사가 그 위반행위를 방지하기 위하여 해당 업무에 관하여 상당한 주의와 감독을 게을리하지 않은 경우는 제외한다.	법 제51조 제2항 제1호의4	500만 원
마. 법 제24조 제3항을 위반하여 운영규정의 승인 또는 변경승인을 얻지 않거나 운영규정의 내용을 위반하여 부동산거래정보망을 운영한 경우	법 제51조 제2항 제1호의5	400만 원
바. 법 제25조 제1항을 위반하여 성실·정확하게 중개대상물의 확인·설명을 하지 않거나 설명의 근거자료를 제시하지 않은 경우	법 제51조 제2항 제1호의6	
1) 성실·정확하게 중개대상물의 확인·설명은 했으나 설명의 근거자료를 제시하지 않은 경우		250만 원
2) 중개대상물 설명의 근거자료는 제시했으나 성실·정확하게 중개대상물의 확인·설명을 하지 않은 경우		250만 원
3) 성실·정확하게 중개대상물의 확인·설명을 하지 않고, 설명의 근거자료를 제시하지 않은 경우		500만 원
사. 법 제34조 제4항에 따른 연수교육을 정당한 사유 없이 받지 않은 경우	법 제51조 제2항 제5호의2	
1) 법 위반상태의 기간이 1개월 이내인 경우		20만 원
2) 법 위반상태의 기간이 1개월 초과 3개월 이내인 경우		30만 원

위반행위	근거 법조문	과태료 금액
3) 법 위반상태의 기간이 3개월 초과 6개월 이내인 경우		50만 원
4) 법 위반상태의 기간이 6개월 초과인 경우		100만 원
아. 거래정보사업자가 법 제37조 제1항에 따른 보고, 자료의 제출, 조사 또는 검사를 거부·방해 또는 기피하거나 그 밖의 명령을 이행하지 않거나 거짓으로 보고 또는 자료제출을 한 경우	법 제51조 제2항 제6호	200만 원
자. 법 제42조 제5항을 위반하여 공제사업 운용실적을 공시하지 않은 경우	법 제51조 제2항 제7호	300만 원
차. 법 제42조의4에 따른 공제업무의 개선명령을 이행하지 않은 경우	법 제51조 제2항 제8호	400만 원
카. 법 제42조의5에 따른 임원에 대한 징계·해임의 요구를 이행하지 않거나 시정명령을 이행하지 않은 경우	법 제51조 제2항 제8호의2	400만 원
타. 법 제42조의3 또는 제44조 제1항에 따른 보고, 자료의 제출, 조사 또는 검사를 거부·방해 또는 기피하거나 그 밖의 명령을 이행하지 않거나 거짓으로 보고 또는 자료제출을 한 경우	법 제51조 제2항 제9호	200만 원
파. 법 제17조를 위반하여 중개사무소등록증 등을 게시하지 않은 경우	법 제51조 제3항 제1호	30만 원
하. 법 제18조 제1항 또는 제3항을 위반하여 사무소의 명칭에 '공인중개사사무소', '부동산중개'라는 문자를 사용하지 않은 경우 또는 옥외 광고물에 성명을 표기하지 않거나 거짓으로 표기한 경우	법 제51조 제3항 제2호	50만 원
거. 법 제18조의2 제1항 또는 제2항을 위반하여 중개대상물의 중개에 관한 표시·광고를 한 경우	법 제51조 제3항 제2호의2	50만 원
너. 법 제20조 제1항을 위반하여 중개사무소의 이전신고를 하지 않은 경우	법 제51조 제3항 제3호	30만 원
더. 법 제21조 제1항을 위반하여 휴업, 폐업, 휴업한 중개업의 재개 또는 휴업기간의 변경 신고를 하지 않은 경우	법 제51조 제3항 제4호	20만 원
러. 법 제30조 제5항을 위반하여 손해배상책임에 관한 사항을 설명하지 않거나 관계 증서의 사본 또는 관계 증서에 관한 전자문서를 교부하지 않은 경우	법 제51조 제3항 제5호	30만 원
머. 법 제35조 제3항 또는 제4항을 위반하여 공인중개사자격증을 반납하지 않거나 공인중개사자격증을 반납할 수 없는 사유서를 제출하지 않은 경우 또는 거짓으로 공인중개사자격증을 반납할 수 없는 사유서를 제출한 경우	법 제51조 제3항 제6호	30만 원
버. 법 제38조 제4항을 위반하여 중개사무소등록증을 반납하지 않은 경우	법 제51조 제3항 제7호	50만 원
서. 법률 제7638호 부동산중개업법 전부개정법률 부칙 제6조 제3항을 위반하여 사무소의 명칭에 '공인중개사사무소'의 문자를 사용한 경우	법률 제7638호 부동산중개업법 전부개정법률 부칙 제6조 제5항	50만 원

앞과 같이 공인중개사법 제18조의2(중개대상물의 표시·광고)에 따라 행정처분 및 과징금이 세분화되었다. 따라서 공인중개사는 영업 광고 시 꼭 표기해야 할 사항을 정확하게 표기해 행정처분을 받지 않도록 조심해야 한다. 뿐만 아니라 그 외 법률로서 옥외광고물 등의 관리와 지주 간판, 현수막 설치 등은 다음과 같은 법률, 도로 환경정비에 관한 법률에 위반해 과태료 처분을 받기도 한다.

옥외광고물 등의 관리와 옥외광고산업 진흥에 관한 법률 (약칭 : 옥외광고물법)

제1조(목적) 이 법은 옥외광고물의 표시·설치 등에 관한 사항과 옥외광고물의 질적 향상을 위한 기반 조성에 필요한 사항을 정함으로써 안전하고 쾌적한 생활환경을 조성하고 옥외광고산업의 경쟁력을 높이는 데 이바지함을 목적으로 한다.

제2조(정의) 이 법에서 사용하는 용어의 뜻은 다음과 같다. 〈개정 2016. 1. 6.〉

1. "옥외광고물"이란 공중에게 항상 또는 일정 기간 계속 노출되어 공중이 자유로이 통행하는 장소에서 볼 수 있는 것(대통령령으로 정하는 교통시설 또는 교통수단에 표시되는 것을 포함한다)으로서 간판·디지털광고물(디지털 디스플레이를 이용하여 정보·광고를 제공하는 것으로서 대통령령으로 정하는 것을 말한다)·입간판·현수막(懸垂幕)·벽보·전단(傳單)과 그 밖에 이와 유사한 것을 말한다.

2. "게시시설"이란 광고탑·광고판과 그 밖의 인공구조물로서 옥외광고물(이하 "광고물"이라 한다)을 게시하거나 표시하기 위한 시설을 말한다.

3. "옥외광고사업"이란 광고물이나 게시시설을 제작·표시·설치하거나 옥외광고를 대행하는 영업을 말한다. [전문개정 2011. 3. 29.]

지방행정제재·부과금의 징수 등에 관한 법률 (약칭: 지방행정제재부과금법)

1. 1년 이하의 징역 또는 1,000만 원 이하 벌과금
2. 시조례 : 500만 원 이하 벌과금

사실 개업공인중개사는 중개대상물의 표시·광고에 관한 법률보다는 '옥외광고물 등의 관리와 옥외광고산업 진흥에 관한 법률'에 따라 어쩔 수 없이 위법을 많이 하고 과징금을 물고 있는 실정이다.

필자도 과거 전원주택 분양대행 시와 테라스하우스 청약대행 시에 벽보 부착물과 현수막 설치로 6차례 과징금을 납부했다.

간판에
공인중개사 사진을 붙이자

앞서도 언급했지만, 필자의 사무소 간판에는 필자의 사진이 있다. 손님이 여러 사무소를 방문할 때 간판에 공인중개사의 사진이 붙어 있다면 한층 더 믿음과 신뢰를 줄 수 있다.

실제로 어느 중소기업 대표가 여러 사무소를 방문했는데, 간판에 필자의 사진이 부착되어 있는 것을 보고 무조건 믿겠다며 아파트를 매수하신 후, 직원도 보내주셨다. 또한, 젊은 부부가 전세를 얻기 위해 다른 부동산 중개사무소에서 물건을 보았는데, 뭔가 좀 미비해 집으로 돌아가다가 필자의 사무소 간판에 얼굴이 붙어 있는 것을 보고 승용차를 유턴해 방문했다. 젊은 부부의 조건에 맞는 1순위, 2순위 물건을 보여주었더니 바로 계약하고 돌아갔다.

PART
7

상담의
기술

**믿음과 신뢰를 바탕으로
+@ 기쁨과 감동을 주어야 계약은 이루어진다!**

공인중개사는 고객의 심리적 유형을 빨리 파악하고 대처해야 한다. 부동산 계약의 성사 또는 불발은 중개사의 가격 결정 시 심리적인 설득과 밀당 타이밍에 달려 있다. 얼마나 거래 당사자의 가격 결정에 심리적인 설득이 필요한지, 밀당의 타이밍이 중요한지를 이해해야 한다.

부동산 중개업은 양 당사자에게 선의의 거짓말을 잘하는 사람이 계약(Closing) 성사를 많이 한다는 사실은 이미 잘 알려져 있다. 지난 35년 동안 수많은 계약 물건의 상황을 돌이켜 보면 매도자의 매도가격을 그대로 브리핑해서 계약한 건수는 손에 꼽는다. 즉, 팔고자 하는 사람은 더 높은 가격을 제시할 것이고, 막상 매수 손님을 찾고 나서도 매도자는 제시한 가격보다 조금은 높이는 경우가 많다.

이럴 경우 어떻게 해야 할까? 유능한 공인중개사라면 설득의 심리학이 필요하다. 필요에 따라 매수자에게 적합한 2순위, 3순위 물건도 준비되어 있어야 한다.

계약이란 양 당사자가 마주해서 계약서 조항을 협의하는 과정에서도 불발될 가능성이 크다. 매도자가 거부의 뜻을 밝히면 사무소 밖으로 불러내어 이 물건 아니면, 매수자가 다른 2순위 물건으로 넘어간다는 뜻을 밝히고 설득해야 한다.

2순위, 3순위 물건은 지금의 가격보다 낮다는 사실로 설득하며, 매도자가 왜 물건을 팔아야 하는지를 미리 파악해야 한다. 물건 접수 시 직장 문제로 파는지, 자녀들의 학업 문제로 가는지, 다른 물건 계약이나 금융 부담으로 팔고자 하는지 미리 파악해야 한다.

그래야 가격을 중간 또는 상하향 조정할 수 있다. 필자는 나만의 콘셉트로 현황 지도판에 커다란 황금색 복돼지 저금통을 부착시켜 놓고 매도자나 매수자의 심리를 파악한다.

매도자가 물건을 내놓고 상담할 때 "저 황금 복돼지에 복채를 넣고 가시는 분의 물건은 빨리 팔리더라고요, 복채를 넣고 가세요" 하고 웃는다. 복채로 만 원을 넣고 가시는 분은 상담 결과와 같이 좀 다급한 분이며, 1,000원을 넣고 가시는 분은 다급함의 정도가 덜한 편이다. 동전을 넣고 가시는 분이나 아예 웃기만 하시는 분이라면, 보통의 일반적인 시세만 파악하시는 분으로 보면 된다. 반대로 매수 손님에게도 복채를 넣고 가시는 분이 좋은 물건을 사시게 된다고 말하면 실제로 복채를 넣고 간다. 그분은 분명 매수 의지가 있다고 보면 된다.

또한, 중개사가 본인의 명함을 주며, 상담 내용을 적은 일지를 복사해주면 도면과 함께 꼼꼼히 챙겨가는 모습으로도 매수 의사를 어느 정도 파악할 수 있다. 그냥 휙 접어서 호주머니에 넣고 가는 손님은 재방문의 빈도가 분명 떨어진다.

부동산 중개업의 성패는 계약 건수에 좌우되지 않는가? 따라서 양 당사자의 심리 파악이 중요하다. 양 당사자와 마주 앉아 계약 금액과 조건을 맞출 때도 자리 배치가 매우 중요하다. 상담실이 따로 있다면 문을 닫고 조용히 협상을 진행하면 좋겠지만, 그렇지 않고 오픈된 사무실의 탁자에 자리를 배치했다면 자리의 안쪽으로 양 당사자를 앉히고, 바깥쪽에 공인중개사가 앉는 것이 좋다.

왜냐하면 절충점을 못 찾았을 때 어느 한쪽이 일어서서 사무소를 나가버리면, 다시 불러 앉히기가 쉽지 않기 때문이다. 안쪽에서 일어서면 바깥쪽에 앉은 공인중개사가 한 번 더 생각을 조율할 수 있도록 해야 한다. 결국 물건을 팔고자 하는 사람과 사고자 하는 손님의 심리 상태를 잘 파악하고, 가격을 절충하는 기지를 발휘해야 한다.

계약 성사의 타이밍도 중요하다. 양 당사자와 수차례 상담을 거쳐 계약 성사 단계에서 1순위, 2순위, 3순위 물건마다 가격이 올라가는 경우가 있다. 부동산 가격이 하늘 높은 줄 모르고 오르는 시기에는 이런 일이 잦다. 이럴 때에도 유능한 공인중개사라면 타이밍을 잘 맞춰야 하고, 선의의 거짓말과 심리적인 설득이 필요하다. 가격 상승 시에는 매수자는 물건을 사고자 하며, 절충 가격보다 다소 높아도 설득이 가능하다. 하지만 매도자는 무조건 가격을 올리는 경우가 많다. 물건주가 사무소에 오기 전에 미리 컴퓨터로 절충 가격보다 약간 낮게 계약서를 작성해놓고 미팅을 한다.

협상이 힘들다면 과감하게 2순위 물건으로 미팅을 진행하고, 2순위 물건주가 보는 앞에서 앞의 계약하고자 한 물건이 이사 날짜가 안 맞는다든지 해서 이 물건을 선택한다고 설득해 계약으로 연결해야 한다. 계약 성사는 참으로 어려운 문제다. 야구선수가 공(물건)을 방망이(가격 절충점)의 중심점에 맞춰야 홈런이 되듯 결코 쉬운 일이 아니다.

하지만 공인중개사는 매수자와 매도자의 계약 체결 결정을 끌어내야 한다. 고도의 심리전과 선의의 거짓말, 계약 체결의 타이밍 조화를 이루어내야 유능한 공인중개사다. 나는 왜 항상 뒷북만 칠까 하고 후회해도 소용이 없다. 계약 성사 포인트를 찾지 못하고 타이밍을 놓친다면 손님을 놓친다.

만약 내 사무소의 물건이 적합하지 않다면 공동중개로 다른 사무소의 물건이라도 옆에서 보조하고 있는 보조원이 작업하고 있어야 한다. 계약은 순간의 선택이다. 머뭇거리다 보면 놓치기 일쑤고, 남들보다 한발 빠른 움직임을 보이는 공인중개사가 승리자가 될 것이다. 부동산 중개업은 2등이 존재하지 않기 때문이다.

현황판도 산뜻하게 설치하고 공인중개사도 품위 있게 고급 브리핑을 해야 공인중개사 전문가로 인정받을 수 있다. 시대가 바뀌어 부동산 중개업 사무소 시설 집기도 현대화되어 가고 있으며, 대형 PDP 설치나 스크린 화면으로 브리핑을 하는 시대다.

고급 브리핑을 하자!

현황판도 가꾸자!

대형 PDP와 스크린터치

손님이 사무소에 첫 방문 시 강한 인상을 남겨야 한다. 지도 현황판에 보다 정확한 위치를 나타내고, 대형 PDP를 설치해 내 사무소의 위치와 내가 영업하고 있는 분야를 5~7분 정도 브리핑하면, 손님은 이 사무소의 개업공인중개사가 뭔가 다른 전문가라는 인상을 받게 된다. 이렇게 하면 손님이 내 고객으로 바뀐다.

앞의 자료는 현황판 브리핑 장면이고, 어느 개업공인중개사가 스크린 모니터로 브리핑하고 있는 장면이다. 역시 뭔가 다른 영업 방식으로 해야 좋은 성과를 올리고, 수익을 창출하며, 최고가 될 수 있다.

다음은 필자가 영업하는 사무소에 준비된 프로그램 내용 예시다.

먼저 "Welcome to you!" 인사부터 시작한다. "It's getting colder today" 하면서 날씨 이야기로 풀어가면 무난하게 받아들인다.

1. Welcome to you!
2. Please sit here.
3. It's getting colder today.
4. My business card.
5. My name is JONG EUN KIM call me JONG EUN.
6. My job is a house rental real estate Investment advice consulting agent.
7. How long have you been in pyeongtaek?
8. Can you speak Korean very well?
9. What can I do for you?
10. Have you a nice day! I'll see you again.

향후 험프리 힐스 사무소 바로 앞에 팽성 국제신도시(아메리카타운)가 지구 이전될 예정임을 브리핑한다. 실제 현장을 바라보면서 표기판도 볼 수 있음을 강조한다. 아래 현황도는 이미 현황지도에 포기되어 있음을 지시봉으로 가리키며, 면적 등을 설명한다.

필자의 소개

1989년 2월 부동산 복덕방 중개업 입문
제7회 공인중개사 합격
35여 년 부동산 현장중개업 분야 영업 및 강의와
16개의 부동산 중개업 사무소 창업
보조원/소속공인중개사 200여 명 배출
전국 3,000개 사무소 탐방 현장 실태 연구
LBA 법률중개사 과정 수료
매경 자산관리사 최고위 과정 수료
서초구 부동산 최고위 과정 수료
전국대학교 부동산교육협의회 실무교육 강사
랜드프로 강남학원 원장 랜드프로 부동산 연구소 소장
랜드프로 RSA 창업사관학교 현장실무교육 교수
Humphreys Hills 부동산 대표

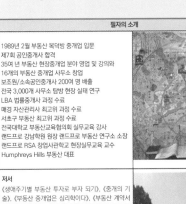

필자의 브리핑

저서

《생애주기별 부동산 투자로 부자 되기》, 《중개의 기술》, 《부동산 중개업은 심리학이다》, 《부동산 계약서 이렇게 작성하라》, 《김종언 공인중개사의 내 집 마련 전략과 재테크 여행》, 《누구나 꿈꾸는 공인중개사와 부동산 중개업 여행》

필자의 현장 임장활동

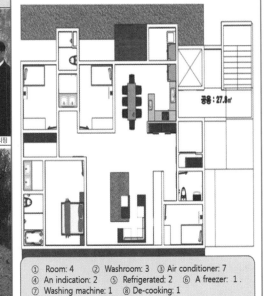

공용 : 27.0㎡

① Room: 4　② Washroom: 3　③ Air conditioner: 7
④ An indication: 2　⑤ Refrigerated: 2　⑥ A freezer : 1 .
⑦ Washing machine: 1　⑧ De-cooking: 1

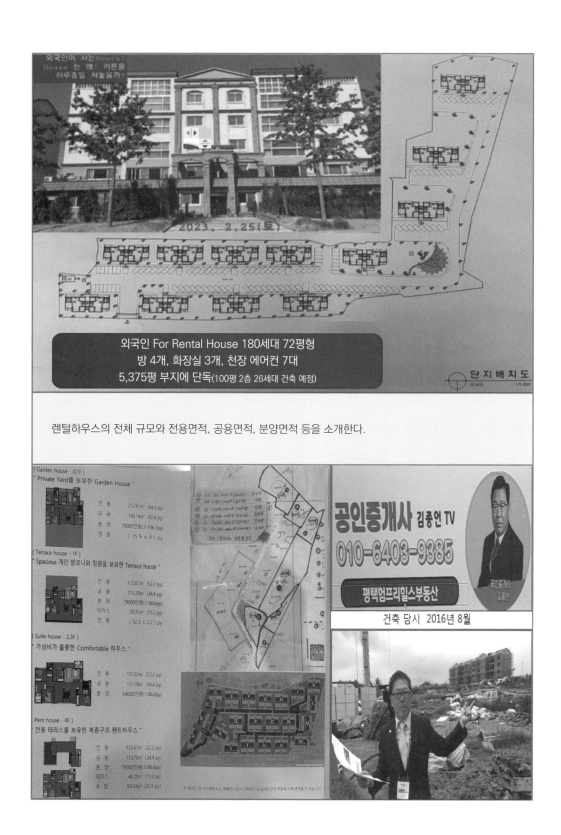

렌털하우스의 전체 규모와 전용면적, 공용면적, 분양면적 등을 소개한다.

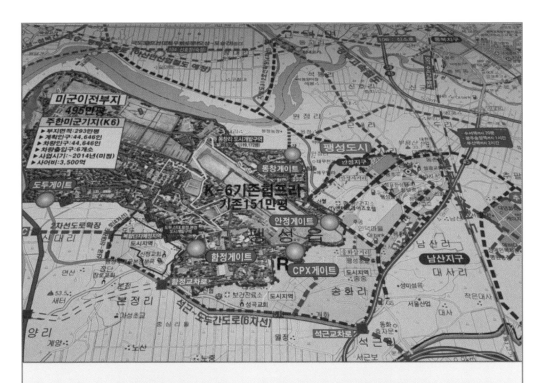

위 Humphrey K-6 조감도와 각 Gate를 소개하고, 출근 거리와 시간을 브리핑한다. 그리고 개업공인중개사인 필자가 미군(민간인 군속)에 대해 USA G-Humphreys에서 배정된 사람들의 Rental 중개 영업을 할 수 있는 자격을 획득했음을 알리고, "여러분의 주거문화에 안심하고 거주할 수 있는 물건을 소개합니다"라고 소개한다.

귀하의 비즈니스에 필요한 모든 서류를 받았습니다.
첨부된 '임대차계약서' 양식을 확인하고 이용하시기 바랍니다.
그러나 귀하의 회사가 주택부서에 등록되었다는 의미는 아니며,
귀하만이 USAG-Humphreys에 배정된 주한미군 직원과
임대 중개업무를 수행할 수 있습니다.

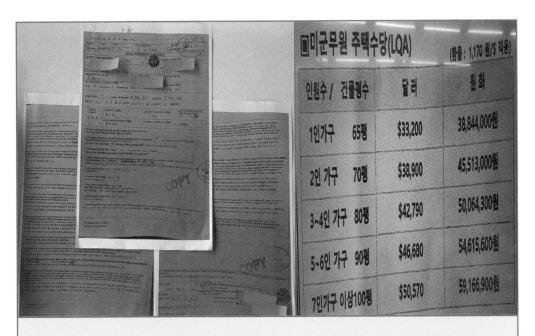

인원수 / 건물평수	달러	원화
1인가구 65평	$33,200	38,844,000원
2인 가구 70평	$38,900	45,513,000원
3~4인 가구 80평	$42,790	50,064,300원
5~6인 가구 90평	$46,680	54,615,600원
7인가구 이상100평	$50,570	59,166,900원

위와 같이 이곳 Humphrey K-6 부대로 전근을 왔으니 직책과 가족 수에 대해 차등 지급하는 미군의 렌털비를 설명하고 조건을 맞춘다. 아래는 경기도 평택시에 관한 내용으로 주한 미군 숫자와 평택시 행정관할 읍면 사무소와 인구와 편의시설에 대해 브리핑한다.

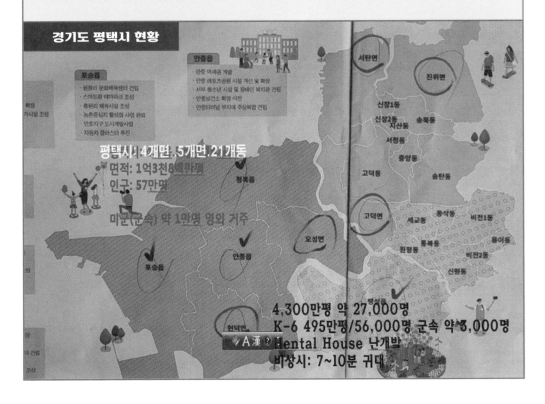

향후 본 험프리 힐스 사무소 바로 앞에 팽성 국제신도시(아메리카타운)가 지구 지정될 예정임을 브리핑한다.
실제 현장을 바라보면서 표지판도 볼 수 있음을 강조한다. 아래 현황도는 이미 현황지도에 포기되어 있음
을 지시봉으로 가리키며, 면적 등을 설명한다.

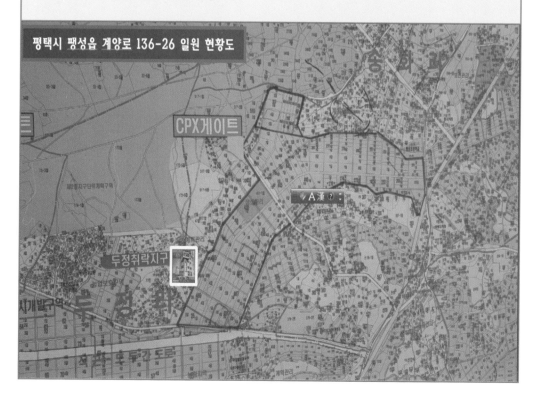

∨ 기본구상

🏛 주요 도입시설 개발이미지

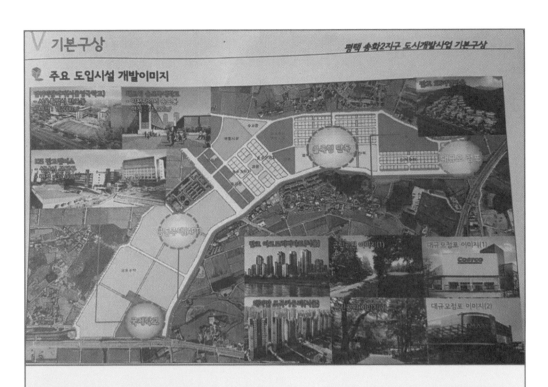

위 조감도 기본구상과 주요 도시 시설 개발 이미지를 설명한다. 아래 기본구상 2의 주택부지, 상업시설 및 준주거지역, 교육시설(국제학교), 공공 문화시설 및 기반 시설용지에 대해 면적과 규모를 브리핑한다.

∨ 기본구상

기본 구상 2.

팽택 송화 2지구 도시개발사업

		면적(㎡)	구성비(%)	비 고
합 계		627,490	100.0	
주택 건설 용지	소 계	262,270	41.8	
	공동주택	178,000	28.4	
	단독주택	84,270	13.4	블록형단독 포함
상업 및 준주거 용지	소 계	72,710	11.6	
	상업용지	17,600	2.8	
	준주거용지	24,480	3.9	
	복합시설	20,600	3.3	오피스텔 등
	대규모점포	10,030	1.6	
교육 · 공공 · 문화 용지	소 계	43,840	6.9	
	공공청사 및 문화시설	17,860	2.8	
	교육시설	25,980	4.1	국제학교
기반 시설 용지	소 계	248,670	39.7	
	도 로	143,580	23.0	보행자도로 포함
	공 원	67,840	10.8	녹지 포함
	주차장	15,110	2.4	
	광 장	3,070	0.5	
	하 천	19,070	3.0	

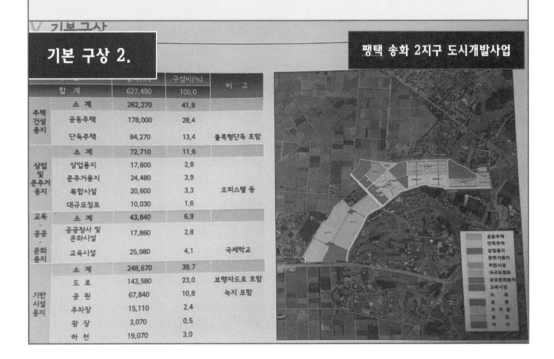

장래 개발이 완성된다면 위와 같은 도시 면모를 갖추게 된다는 사실을 브리핑하며, 필자의 사무소 위치도 브리핑한다. 아래 사진은 Humphrey K-6에서 발행하는 책자인 House book에 필자의 사무소 광고 홍보를 하고 있음을 알리고, 본 Humphrey Hills 단지 소개를 하고 있다고 브리핑한다.

⑤ 임장활동과 드론 촬영

필자가 토지, 공장, 물류창고 등 현장 임장활동을 통해 좋은 물건을 소개한다고 브리핑하며, 필자가 중개한 상가 단독주택도 소개한다. 아래 사진은 필자가 만든 부동산 컨설팅 용역보고서를 소개하며, 좋은 물건에 대해 투자하는 방식과 자문을 하고 있음을 알린다.

고급 중개 ┃ 이제는 중개업 영업도 컨설팅(consulting) 시대다.

아메리카타운 발표 예정 : 2023년 1월 가장 유망하게 혜택이 있는 단지가 바로 Humphreys Hill House입니다.

마지막으로 이 지역의 향후 발전을 약속하고 있는 팽성국제신도시(아메리카타운)가 지구 지정이 되고 개발이 된다면, 개발 초기부터 가장 혜택을 받을 수 있는 단지로 소개하고, 구글어스로 편집된 본 단지 영상을 보여주며, 추가 브리핑을 한다. 이렇게 하기 위해서는 미리 좋은 내용으로 프로그램으로 구성해 준비해두어야 한다.

부동산 중개업은 심리학이다

　전화 상담을 통해 손님이 방문해 상담에 임했다면 그 손님의 생각과 목적, 취향 등을 빨리 파악해야 다음 순서로 진행할 수 있다. 하지만 처음 방문하는 손님의 생각과 취향을 파악하는 데는 시간이 걸린다. 그렇다고 무작정 그 손님의 의도대로 브리핑하고, 물건을 권유해도 막상 계약이 성사되지 않는 경우가 많다.

　그래서 이 손님이 매수(임차)할 의사가 있는지를 질문으로 알아볼 수밖에 없다. 가령, "이

고객에게 기쁨과 감동을 주어야 한다

사 날짜는 잡혔습니까?", "살고 있는 집이 팔렸습니까?", "직장 관계로 오십니까?", "학생은 몇 학년이 있습니까?", "융자는 얼마나 필요하십니까?" 등의 질문을 던질 수 있다.

앞의 사항 중 몇 가지만 물어봐도 그 손님의 구매 의사를 어느 정도 파악할 수 있을 것이다. 노련한 공인중개사는 몇 번의 질문을 던져 놓고 그다음 진행을 한다. 투자 손님인지, 구매 손님인지를 가려 그에 맞는 전략으로 브리핑하며, 만약 확실한 구매 의사를 가진 손님은 진돗개처럼 물고 늘어져 1순위, 2순위 물건을 권해 계약을 성사시켜야 한다.

다음은 고객의 심리를 파악하는 방법을 제시하기로 한다.

1. 고객 관리

(1) 뜻이 다른 부부 손님

주거용 아파트, 빌라, 주택을 매수(임차)하려는 손님이라면, 부인의 의사를 존중하는 쪽으로 권유하는 게 좋다. 가사 생활을 책임지는 주부의 판단이 정확한 경우가 많기 때문이다. 특히 전원주택은 아내의 의견에 따라 계약이 이루어진다.

(2) 무조건 큰소리치는 어르신 손님

필자는 무조건 큰소리치는 어르신 손님을 계약으로 성사시키는 경우가 많다. 뭔가 자신만만한 이유는 그만큼 능력과 여력이 있다고 믿기 때문이다. 뒷감당이 어려운 손님은 큰소리로 자신을 좀처럼 드러내놓지 않는다. 물론 상담하면서 그 가능성을 점쳐 보면서 말이다.

(3) 지역 정보를 많이 알고 있는 자기 과시형 손님

부동산 관련 지식이 많음을 은근히 자랑하는 손님의 말은 끝까지 경청해야 한다. 과연 이 손님이 구매 의사를 분명히 하는지를 되물어 볼 필요가 있다. 자기가 다 아는 사항을 열 번 이야기한들 무슨 소용이 있겠는가? 이미 다 파악하고 온 손님일 경우가 많다. 이럴 때는 가장 권유하고 싶은 물건 하나만 권유해야 한다. 이를 위해 공인중개사는 전문적인 공부를 열심히 해야 손님과의 상담에서 이겨낼 수 있다.

(4) 정확한 정보를 가지고 오는 손님

시대가 바뀌어 바쁜 직장인이나 젊은 세대는 정보를 깨알같이 출력해 손에 쥐고 오는 손님이 많아졌다. 그런 손님은 확실한 구매 손님으로 본다고 해도 가히 틀리지 않는다. 그 손님의 생각과 조건을 잘 들어보고 난 후에 정곡을 찌르는 1순위, 2순위 물건을 브리핑하고, 물건을 보여주어 계약으로 성사시켜야 한다. 그런 손님은 즉석 계약이 이루어지기 쉽다. 만약 놓치게 되면 대개 다시 찾아오지 않을 가능성이 크니 최선을 다해야 한다.

(5) 갈피를 못 잡는 손님

이 물건도 좋고, 저 물건도 좋다는 식으로 자꾸 다른 물건을 보기를 원하는 손님이 종종 있다. 단호하게 1순위, 2순위 물건으로 권유를 끝내야 한다. 과거에 우리 직원 한 명이 손님의 요구대로 종일 이 단지, 저 단지를 다니며 10개 가까운 물건을 보여주었으나, 나중에 확인해보니 계약은 엉뚱한 곳에서 체결되어 쓴웃음을 지은 적이 있다.

(6) 수차례 방문하는 손님

하루가 멀다고 계속 방문하며 가격을 낮춰줄 것을 요구하는 손님이 있다. 가만히 이야기를 들어보면, 주변의 여러 부동산 중개사무소를 다니면서 같은 물건을 가지고 흥정을 붙이는 경우가 많다. 어느 부동산 중개사무소에서는 얼마에 해주겠다고 하면서 정작 계약은 안 하고 뒤돌아서 또 찾아온다. 그럴 때는 아예 양 당사자와 한 번 자리를 만드는 방법을 생각해야 한다. 사실대로 공개하고 권유하는 편이 좋다.

(7) 분대급으로 몰려오는 손님

친구, 형제들, 부모와 한꺼번에 분대급으로 몰려오는 손님은 꼭 매수하고자 하는 손님을 대표로, 세 명 이내로 줄여 물건을 방문하도록 유도해야 한다. 정작 매수하고자 하는 손님은 마음에 드나, 옆 친구가 거실이 좁다, 방이 작다 하다 보면 매수 손님의 마음도 흔들리게 된다. 일반 옷 가게에서도 세 명 이상이 와서 이것저것 입어보고 너무 화려하다, 칼라가 마음에 안 든다고 하며 옆 사람의 흠을 지적하면, 정작 사고자 하는 손님의 마음도 혼란을 일으켜 그냥 가버리는 경우가 많다고 한다.

(8) 음식점 등 점포를 얻고자 하는 손님

권리금이 붙어 있는 음식점 등 점포를 얻고자 하는 손님은 진정한 손님인지를 파악하기가 쉽지 않다. 잘못하면 길 안내에 그칠 수 있다. 정작 실제 영업할 사람은 뒤에 숨어 있고, 길잡이를 내세워 정보만 입수하고 돌아간 후 일정한 시간이 지나고 보면 당사자끼리 권리금을 흥정해 인계인수하는 경우가 많기 때문이다. 그 사람들은 영업하고자 하는 음식 메뉴도 영업 비밀이라며 밝히지 않는 경우가 많다. 가장 좋은 방법은 전속계약으로 의뢰받으면 좋겠지만, 아직 우리 부동산 중개업계는 정착되어 있지 않기 때문에 물건주와 유대관계를 잘하는 수밖에 도리가 없다.

(9) 공장, 창고, 물류창고, 토지 등 정보만 알고 가는 손님

대개 얻고자 하는 회사의 담당자가 찾아오기 마련이다. 각종 정보는 물론, 서류 등도 요구해 많은 시간과 비용을 들여 제공했으나 이 핑계, 저 핑계로 시간을 끄는 경우가 많다. 지나고 보면 정작 계약은 실제 운영자인 제삼자가 하는 경우가 종종 있다. 물건주의 전속계약을 받았다면 물건을 잃을 염려가 없으나 그렇지 못하다면 명함을 받고 회사로 확인을 거쳐 정보를 제공하고 기록으로 남기는 것이 좋다. 그래야 향후 대처할 수 있는 방법을 찾을 수 있다.

(10) 단번에 계약하자며 물건을 보길 원하는 손님

아파트나 주거 물건은 대개 부부가 함께 보고 결정하거나 어느 한 사람이 먼저 보고 나서도 다시 방문해 부인이 최종적으로 결정하는 경우가 많다. 만약, 멀쩡한 신사가 그 럴듯한 명함을 내밀며 금방 계약할 것처럼 이야기하고 집을 구석구석 둘러본다면, 한 눈을 팔지 말고 반드시 같이 다녀야 한다. 이리저리 둘러보면서 잠깐 사이에 드레스룸 이나 서랍을 열어 귀중품이나 지갑을 슬쩍하고 사라지는 경우가 가끔 있어 안내하는 공인중개사가 난처한 상황에 처할 수 있기 때문이다.

(11) 터무니없이 가격을 낮추는 손님과 터무니없이 비싸게 팔겠다는 손님

거래란 서로가 거래 금액에 합의점을 찾아야 한다. 그러나 물건은 마음에 들지만 터 무니없이 싸게 급매물 취급하려 드는 손님은 한 번쯤 대비되는 2순위 물건을 협상해보 고 계약 성사를 미루어야 한다. 반대로 터무니없이 비싸게 팔려는 매도인 역시 거래된 사례를 비교해주고 기다려주는 수밖에 없다.

(12) 로얄층만 원하는 손님

중개업을 하다 보면 처음 찾아오는 손님 중 무조건 로얄층만 원하는 손님도 있고, 1층이나 탑층만을 원하는 손님도 있다. 그럴 때는 손님의 생각과 취향에 맞춰주는 것 이 좋다. 우리나라 국민 정서는 아무래도 남향과 로얄층을 선호하기 때문이다. 지금은 건축 공법이 나날이 발전해 1층이나 탑층, 양 사이드의 주택이 옛날에 건축한 건물보 다 춥거나 덥지 않다. 오히려 탑층이나 1층을 특화해 분양가격이 더 높은 경우도 있다. 하지만 대다수 손님은 여전히 로얄층을 선호하니 어쩔 수 없는 일이다.

노련한 공인중개사는 탑층과 1층 거래를 잘 성사시킨다. 상대적으로 가격 절충이 쉬 울 뿐 아니라, 단점도 있지만 장점을 잘 살려 브리핑하기 때문이다. 예를 들어, 나이 드 신 어르신 손님이나 어린이가 많은 세대는 1층이 제격이다. 옛말에 땅의 기운을 받아 야 장수한다고 하지 않았던가? 상담하면서 나이 드신 분께 전원주택을 꿈꾸게 해서 전 원주택풍으로 각인시켜 보는 방법도 시도할 만하다. 오셔서 좋은 정원수와 과일나무 몇 그루를 더 심어 직접 손질하도록 권유해볼 수 있다. 또한 탑층은 글 쓰시는 분, 그림 그리시는 분, 대학교수 등 사권 보호와 조용한 곳을 찾는 손님이 대부분 좋아한다. 필자는 찾아오는 손님 중 교수님이나 정신적으로 많은 스트레스를 받는다는 손님에게는 무조건 탑층을 권유한다. 그래도 로얄층을 선호하는 손님이라면 희망하는 물건을 권유해야 한다.

(13) 경매 물건을 확인하기 위해 방문하는 손님과 전화 문의하는 손님

어느 지역이나 가끔 경매 물건이 나오기 마련이다. 특히 아파트지역이나 일반주거지역(빌라, 연립주택, 단독주택)에는 경매 물건이 감정가격에서 두 차례 이상 유찰되면 경매개시일자가 다가올수록 하루에도 몇 사람씩 찾아와 가격을 탐문하고, 때로는 종일 전화로 일손을 놓기도 한다. 어느 손님(전화 손님 포함)이 진정한 손님인지 분간하기가 힘들다. 낙찰기일이 넘어가길 기다릴 수밖에 뚜렷한 묘책이 사실 없다. 낙찰 결과를 보면 시세보다 또는 급매물 가격보다 낮게 유찰되었다가 일반적으로 막판에 가서 전 단계의 유찰 금액에 근접하는 가격으로 낙찰되거나 더 높은 가격으로 낙찰되는 수도 있다.

(14) 통장에 거금을 입금한 것을 보여주며 큰 물건을 찾는 손님

가끔은 보자고 하지도 않았는데, 거금이 들어 있는 통장을 내밀며 큰 물건을 찾는 손님이 있다. 크게 신경 쓸 필요 없다. 그런 손님과 큰 물건을 거래 성사하기 위해 쫓아다녀 봐야 길 안내만 하고 끝나는 경우가 많기 때문이다. 전속 계약 체결이 가능하지 않다면 이것저것 작업하다가 고유의 내 업무에 소홀할 수 있으니 가능하면 멀리하는 게 좋다. 자신이 좋은 건을 보유하고 있다면 거래를 시도해보지만, 사실 계약 성사율은 제로에 가깝다.

(15) 여러 가지 불평을 많이 하면서 찾아오는 손님

교통, 주거환경 등이 우수해 살기 좋은 지역으로 브리핑해도 정작 찾아온 고객이 일부 인정을 하면서도 뒷말로 잔뜩 단점을 부각시키며 매수를 희망하는 손님이 있다. 실제로는 가격을 낮추기 위해 지역 터줏대감도 모르는 정보를 흘리며 수차례 찾아오는 경우다. 그런 손님에게는 가능하면 가장 선택된 물건 하나만 브리핑하고 자기 스스로 찾도록 해야 한다. 여러 물건을 보여주어도 보는 물건마다 단점을 이야기하다 보면 매도 의뢰인에게 도리어 공인중개사가 미안할 때가 있다. 이럴 때는 그 손님에게 물건 방문 시 사전에 여러 말을 하지 않도록 주의를 주고 방문하는 것이 좋다.

(16) 소개를 받고 오는 손님

기존 관리고객이나 거래한 경험이 있는 고객으로부터 소개받고 오는 손님이라면 분명 진정한 손님이 틀림없다. 친지, 이웃, 직장동료 등의 소개를 받고 방문하는 손님이라면, 가장 정확한 정보를 제공해 계약으로 끌어내야 한다. 미리 소개자의 조언을 받아 머릿속에 담아둔 상태에서 1순위, 2순위 물건을 찾아 확인 방문하고 감동을 주어야 한다. 계약 성사 후에는 소개자에게 좋은 물건을 안내했다고 또는 계약을 체결했음을 알려주어 그분에게도 성원해주어서 고맙다는 답신을 해야 한다.

(17) 전세 손님을 내 집 마련 매수 손님으로 만들기

부동산 중개업의 꽃은 매매계약 성사라고 한다. 전세를 얻고자 하는 손님을 내 집 마련의 기회로 만들어 주는 것 또한 보람된 일이다. 만약 부부가 같이 직장생활을 하고 있다면, 얼마만큼의 융자처리가 가능한지 이자를 계산해보고 권유하다 보면 오히려 그분들도 고마워한다. 금전의 융자 범위가 너무 크면 어쩔 수 없는 일이지만, 그래도 그분들에게 내 집 마련의 꿈을 심어 준다면 어느 정도 여유가 생기거나 전세 기간이 완료되는 시점에 다시 찾아와 상담할 것이다.

(18) 부부 공동 소유권 등기 권유하기

필자는 주로 아파트 매매계약을 성사시키면서 부부 공동 소유권 이전 등기를 분위기에 따라 자주 권장하고 실제로 그렇게 하고 있다. 사실 아직도 남자 명의로 소유권 등기가 많이 이루어지고 있으며, 이러한 권유를 넌지시 하면 남자분의 눈빛이 달라지기도 한다.

얼마 전 부동산 중개업에서 순간적인 기지를 발휘하지 못해 계약서는 남편 이름으로 작성하고 서명, 날인까지 완료했지만, 정작 금전적인 주도권은 아내가 가지고 있어 계약금을 지불하지 않아 계약 이행을 못한 경우가 있었다. 만약 그때 알선하는 공인중개사가 사전에 그런 내용을 알고 있었다면, 부부 공동 명의로 소유권 이전등기를 넌지시 제안했어야 했는데, 설마 계약금을 보내겠지 하며 방심한 결과 결국 허사가 되었다. 옆에서 지켜보니 여러 복잡한 사연과 금전의 주도권이 아내에게 있는 것이 분명해 보였다. 사전에 분위기를 파악해 공동 소유권 이전을 권유하는 방향을 염두에 두는 것도 계약이 순조롭게 진행될 수 있는 최선의 방법이다.

(19) 젊은 세대(학생 등)의 감수성을 살피기

대학가나 오피스텔 지역에서 영업한다면, 20대의 감수성을 잘 살펴서 그들에게 부모나 형, 누나처럼 친근하게 다가가는 것이 중요하다. 이렇게 하면 새로운 손님도 데리고 오는 효과를 얻을 수 있다.

(20) 중년 손님에게 확실한 정보 제공하기

중년의 나이가 든 손님은 부동산 투자나 정보를 어느 정도 알고 있는 경우가 많다. 이들에게는 확실한 정보를 제공해야 계약이 이루어진다.

(21) 사회적으로 성공한 기업인 손님 철저히 관리하기

중개업을 하다 보면 어렵게 계약이 이루어진 나이 드신 손님이 사회적으로 성공하신 기업인인 경우가 있다. 이런 고객을 잘 관리해야 한다. 그분들은 비교적 여유로운 삶을 살고, 시간적인 여유도 있다. 만약 그들과 식사 등을 함께하며 지인이나 친구를 소개받을 수 있다면, 성공의 길로 갈 수 있다.

(22) 돈을 요구하는 손님은 응대하지 않기

큰 물건을 살 듯하면서 고급차에 운전기사를 데리고 와서 토지(공장/창고 등) 물건을 몇 곳 보고, 당장 계약할 듯이 가격 절충과 형질 변경 등 몇 가지 전문 분야를 물어보는 손님이 있다. 그런 후에 전화로 "예! 회장님, 지금 바로 가겠습니다"라고 말하고, 운전기사가 휘발유가 떨어졌다며 기름값 10만 원만 꿔 달라고 요청한다. 이럴 때 참으로 난감하다. 멀쩡하게 생긴 신사가 여러 군데 다니면서 소액 사기를 치는 사기꾼인 경우가 많다. 주로 토요일, 일요일에 어느 지역에서 집단으로 일어나는 경우가 많다.

(23) 귀중품은 서랍에 잠금장치 하기

손님 중에는 가끔 사무소에 들러 귀중품 가방이나 양복 주머니를 노리는 경우가 있다. 청소하려고 걸레를 빨기 위해 사무소를 비우고, 좀 떨어진 화장실을 이용하는 경우에 주로 일어난다. 사전에 이러한 기회를 노렸다가 어느 날 실행에 옮기는 경우를 가끔 봐왔다.

(24) 손님에게 감동 주기

몇 번을 방문했고, 가격 절충도 어느 정도 되어가는데 막상 계약 단계가 되면 결정을 못 하는 손님이 있다. 이런 손님에게는 뭔가 감동을 줄 수밖에 없다. 막상 계약서를 작성해놓고도 더 깎아 달라고 하며, 서명과 날인을 미루고 가는 손님도 허다하다. 그럴 때는 기회를 봐서 우연히 만나는 이벤트라도 만들어 손님을 모시고 와서 계약 성사를 시켜야만 진정한 프로 중개업자다.

(25) 현금 앞에 눈 멀게 하기

매수(임차) 손님과 물건에 대한 가격 및 조건이 어느 정도 부합하지 않더라도 조심스럽게 미팅을 시도하면 의외의 결과를 얻을 수 있다. 이때 공인중개사는 매도(임대)인에게 현금으로 계약금을 지참하고(혹은 통장을 슬쩍 내보이며), 해당 물건이 아니라면 2순위 물건으로 계약을 맺을 수밖에 없다는 뉘앙스를 전하면서 매도(임대)인을 사무소 밖으로 살짝 유인해 협의를 시도해야 한다. 이런 전략으로 계약이 성사되어 좋은 결과를 얻은 적이 많았다. 그래서 필자는 '현금 앞에 눈 멀다'라는 표현을 한다.

(26) 말을 잘 안 하는 손님

때로는 말을 잘 안 하는 과묵한 손님도 있기 마련이다. 그래서 말문을 먼저 열 수 있도록 "오늘 날씨도 이렇게 화창한데 나들이도 안 가시고 저희 사무소를 찾아주셨군요", "좋은 정보를 제공해드리겠습니다", "오늘 맵시가 참 좋아 보입니다" 등 손님이 웃음으로 화답할 수 있도록 노력해야 한다.

(27) 허세가 심한 손님

처음 상담부터 과장되게 허세가 심한 손님이 가끔 있다. 자기가 과거에 이러쿵저러쿵 사연을 늘어놓으면서 요청하는 물건을 설명하면, 정작 자기가 원하는 부동산 물건이 아니라는 둥 도저히 종잡을 수가 없는 사람이다. 이럴 때는 2~3건 물건을 대비해 설명하고, 차라리 어떤 물건을 보았는지를 사진을 찍어 오도록 요청하며 상담을 마치는 것이 좋다.

2. 공인중개사의 자기 관리

1시간 정도 서점이나 도서관에 들러 설득의 미학, 내 편으로 만드는 기술 같은 내용을 담은 서적을 속독으로 한 권 읽는다. 외국서적은 우리나라 정서와 좀 동떨어진 내용이라 피하고, 국내의 저명한 작가의 책을 주로 읽는다. 또한 성공한 기업가의 자서전이나 자동차 세일즈맨, 보험판매 설계사의 성공 이야기를 담은 책을 읽는다.

그들의 삶을 가만히 살펴보면 피나는 노력과 도전 정신에서 성공을 얻었다는 사실을 알 수 있다. 공인중개사도 끝없는 도전정신으로 정진해 나아가야 한다. 우리 주변에 성공한 공인중개사가 많고, 그들은 언제나 새로운 분야를 과감하게 도전한다. 그런데 우리 공인중개사는 부동산 중개(컨설팅) 한 종목을 집중해 파고들어야 하는데, 소위 말하는 다른 분야에 투자해서 손해를 보는 경우가 있다.

필자 역시 20여 년 전, 좀 돈을 모았더니 절친한 지인이 "동남아에 호텔사업을 한번 해봅시다"라고 권유했다. 그래서 동남아로 날아갔더니 우리나라 여행객들이 동남아 일대를 누비고 다니는 게 아닌가. '실제 호텔사업을 한다면 어떨까?' 하는 생각에 눈앞의 돈만 보고 지인과 많은 금액을 투자했다. 그런데 동남아는 중국인 상권이라 중국인과 합작을 제안받았다고 한다. 필자는 중국어도 못했고, 그 지인도 많은 투자를 했으니 믿고 따랐는데 중국 모 대학의 교수에게 몽땅 사기를 당하고 말았다. 그 지인은 중국인 교수를 찾으려고 중국으로 백방 수소문하고 찾아다녔으나 소위 말하는 중국에서 왕서방 찾기였다.

게다가 같이 일하는 실장 직원도 투자했는데, 필자가 보증을 서고 보니 이 또한 해결하는 과정이 정말 지쳤다. 그 지인은 투자로 큰 손해를 보고 가정도 깨져 지금은 라오스 밀림 속에서 목재를 가공해 중국으로 수출하는 일을 하고 있다.

필자는 그래서 당시 <한국경제신문>에 "아는 길로 가라!"라는 기고문을 썼고, 많은 호응을 얻었으며, 강의 요청으로 여러 대학교에 강의하게 되었다. 공인중개사에게 꼭 부탁하고 싶은 말은 "절대로 보증 서지 말라!"이다. 보증을 서서 문제가 되면 가정이 깨질 수도 있다. 그래서 필자는 강의 시에 "아는 길로 가라!", 즉 여윳돈이 생기면 "부동산에 투자하라!"라고 말한다. 주식, 비트코인 등에 투자한다면 그 방면의 전문가가 되어야 하니 그 길로 나아가야 한다.

그래서 필자는 "부동산 중개업은 심리학이다"라는 표현을 하고, 《부동산 중개업은 심리학(心理學)이다》라는 책을 펴낸 바 있다.

전화상 위임계약, 함정에 빠질 수 있다

어느 개업공인중개사로부터 상담 요청이 들어왔다. 이분은 시세보다 저렴한 도시형 생활주택의 위임계약을 지인에게서 부탁받았다고 한다. 전화상으로 위임받았으며, 분양건축업자에게는 계약금 일부를 온라인 송금하도록 합의를 한 상태였다. 도시형 생활주택은 집합건물의 등기사항전부증명서에 지분등기와 건물등기가 함께 되어 있거나 토지 호수별 지분등기와 건물등기가 따로 되어 있음에 유의해야 한다. 즉, 토지·건물 등기사항전부증명서에서 근저당이 토지 부분에 있는지 등을 잘 따져봐야 한다. 분양하면서 근저당을 그때그때 정리하지 못한 경우가 있기 때문이다. 따라서 위와 같은 경우 분양가격을 잘 살펴보고 특약사항을 넣고, 잔금일에는 은행에 동행해 근저당 정리를 말끔히 해주어야 한다.

그런데 문제는 위임계약을 하고 매도자 통장으로 일부 계약금을 송금한 후 매수인이 변심했는지 해약을 요구한다는 것이다. 불안정한 부동산 시장 때문에 불안감을 느꼈기 때문에 해약을 요구했을 것으로 추측된다. 애초 당사자들이 직접 만나 계약했다면 이러한 요구는 없었을 것이며, 계약상 마음에 들지 않는 점이 있어도 이는 본인이 잘못 판단한 것이기 때문에 송금한 계약금 일부는 포기했을 것이다. 반대로 부동산 가격이 오르기 시작하면 계약금이 아니라 중도금과 잔금까지도 먼저 지불하고, 소유권 이전을 해달라고 아우성일 것이다. 인간의 심리는 간사하다. 조금이라도 손해를 보는 것 같으면, 공인중개사에게 어떠한 구실을 만들어서라도 본인 뜻대로 진행시키고자 한다.

전화상으로 위임계약한 경우, 당사자들과 공인중개사가 한자리에 모여 그간의 진행사항을 오픈하고, 서로 합의점을 찾아야 한다. 말이란 '아' 다르고 '어' 달라서 전화상으로만 계속 소통하다 보면, 대화의 방향이 흐트러질 수 있기 때문이다. 무엇보다도 전화로 위임계약서를 작성하는 것은 가급적 피해야 한다. 계약서 작성은 당사자들이 함께 자리해서 직접 소통하며 작성하는 것이 제일 좋다. 그렇지 못한 경우에는 실제로 계약서 작성 시에 확정특약을 하고, 핸드폰으로 전송해 매수(임차)인으로부터는 청약 확인과 매도(임대)인으로부터는 승낙 확인을 받고, 소유권자 이름으로 계좌 이체를 해야 후일에 본 계약으로 원만하게 진행된다.

1. 고객 관리

(1) 시세만 파악하는 전화 손님

손님이 전화로 특정 아파트를 지칭하며, "102동 로얄층은 얼마 정도면 살 수 있습니까? 전세는 얼마나 합니까?" 하고 문의해온다면, 이는 분명 매수 의사를 가진 손님일 가능성이 높다.

이런 손님에게는 "전화번호를 주시면 좋은 물건을 찾아 연락드리겠습니다"라고 말하고 대화를 마무리하는 것이 좋다. 이럴 때도 착신번호가 뜬다면 그 번호를 기록으로 남겨 참고할 필요가 있다. 이렇게 하면 추후에 해당 손님과의 연락이 원활해지고, 고객 관리에도 도움이 된다.

(2) 꼭 처분해야 하는 손님

전화로 상담했더라도 꼭 처분해야 하는 매도자는 결국 사무소를 방문하기 마련이다. 무턱대고 매도를 권유하기보다는 최근의 거래된 사례를 예로 들어 그분의 사정을 잘 들어보고 매도를 권유해야 거부감을 줄일 수 있다. 너무 가격을 낮춰서 브리핑하다 보면 오히려 다른 사무소로 가는 경우가 생길 수 있다.

(3) 매도자의 물건에 대해 정확한 분석을 해주기

주택가격이 많이 하락하는 경우에도 다주택자가 양도소득세 관련 정보나 융자금 사용 등으로 어려움을 겪고 있다면, 정확히 분석해 절세가 가능한지 검토하고, 융자금 전환으로 이자 부분을 줄일 수 있는지도 알아봐서 매도 여부를 결정하도록 도와주어야 한다.

필자는 다주택 보유 고객의 물건을 잘 분석해서 세금이 적게 나오는 물건부터 차례로 매도 처리해 여러 어려움을 해결해준 경험이 있다. 그 고객은 지금도 찾아와 그때를 생각하며 고마움을 표하고 있다.

(4) 현지에 없는 물건주에게 정보를 제공하기

물건지에 거주하지 않는 주인에게는 이메일 등으로 매월 한 번씩 정보를 제공하면 그분들도 좋아한다. 특히 지방이나 외국에 거주하는 경우라면 더욱더 정보를 제공함으로써 영원한 고객 관리가 된다. 급히 처분할 일이 생기면 반드시 찾게 마련이다. 또한, 전세 등으로 재임대를 할 경우에도 전속으로 계약 처리가 가능할 것이다.

(5) 상가, 점포 운영인과 유대관계 만들기

대표적으로 음식점, 학원 등은 임대차의 변경을 많이 경험하게 된다. 건물주와는 달리 현 임차인과 새로운 임차인과의 거래를 많이 하게 되며, 권리금이라는 문제가 항상 따라붙는다. 공인중개사가 권리금을 중간에서 잘 조정하느냐에 따라 계약 성사 여부가 결정될 수 있다. 결과적으로 공인중개사가 얼마나 현 임차인과 유대관계를 잘 맺었느냐에 따라 더 쉽게 계약이 이루어진다. 또한, 건물주와도 평소에 건물에 얼마나 관심을 두고 있었는지, 유대관계를 돈독히 했다면 보증금과 임대료 등 협상하기가 더 쉬울 수 있다.

(6) 중개보수를 피하려고 직거래를 하고 싶어 하는 매도자

부동산 중개사무소에서 물건을 매도하려는 의도로 내놓았지만, 매수자를 모시고 방문해 계약이 성사될 찰나에 자꾸 계약을 미루는 경우가 가끔 있다. 특히 같은 단지의 아파트 주민으로서 안면이 있는 경우에도 이런 일이 일어날 수 있다. 시간이 지나면서 소유권 이전이 된 경우가 많은데, 이는 중개보수를 피하기 위해 직거래를 한 셈이다.

공인중개사가 매수자의 마음을 사로잡지 못해 물건만 보여주고 계약을 놓친 경우다. 매도자는 이미 떠나버렸으니 누구에게 하소연할 수도 없다. 그러나 매수자에게 정확한 정보를 제공하고 미리 1순위, 2순위 물건을 권유하다가 앞서 언급한 상황처럼 분위기가 이상하다 싶으면 2순위 물건으로 계약을 성사시켜야 한다.

(7) 지역 유지인을 잘 대접하기

부동산 중개업의 영업은 특정 지역 내에서 집중적으로 이루어지기 때문에, 해당 지역의 유관기관과 유대관계가 매우 중요하다. 관리소, 부녀회, 동대표회, 이장단 등 지역의 주요 단체들과의 관계를 잘 유지하는 것이 필수적이다. 이들 단체의 대표들을 사무소로 초대해 인사를 나누고 관계를 맺는 것이 좋다. 또한, 그들 단체가 주최하는 행사, 예를 들어 정월대보름날 척사대회나 가을 야유회 등에 소액이라도 찬조를 해주는 것도 좋은 방법이다. 이러한 활동을 통해 지역 사회와의 긍정적인 관계를 유지하고, 신뢰를 쌓는 것이 중요하다.

물건의 특성을 잘 설명할 수 있어야 유능한 공인중개사다. 만약 1층을 권유하려면, 정원이 잘 가꾸어진 1층 집을 견본으로 먼저 보여주어 동기를 유발시키는 것이 좋다. 예를 들어, "만약에 매수를 하신다면 이렇게 정원을 가꾸어 보시는 게 어떻겠습니까? 봄에 묘목 시장에 가면 저렴한 가격으로 각종 과실나무나 묘목을 살 수 있으니 도와드리겠습니다"라고 제안한다면, 훨씬 계약 성사율이 높아진다. 실제로 정원이 잘 가꾸어진 집을 미리 보여주면, 손님의 마음을 바꾸고 계약을 유도하는 데 큰 도움이 된다.

쌩쌩 중개현장 14

중개보수를 아끼려고 하다가
제 발에 밟힌 사연

　모 아파트를 매도하겠다는 의뢰를 받고 보니 소유주는 의뢰한 모친의 딸이었다. 같은 아파트단지에 살고 있는 매수자를 모시고 집을 방문하니 이미 짐을 꾸려놓았고 언제든지 비워 줄 수 있다고 했다. 가격을 절충하고 계약하자니 소유주가 자꾸 오늘내일 미루기만 해서 직감적으로 2순위 물건 작업을 하고 있었다. 아니나 다를까 매수를 원하는 여자분이 찾아와 자초지종 이야기를 듣고 보니 소유주가 같은 아파트에 사는 자기와 눈인사 정도는 하고 지내는 사이로, 서로 중개보수를 주지 말고 자기들끼리 계약하자고 하니 어떻게 하면 좋으냐고 찾아왔다.

　두말할 필요가 있겠는가? 다른 물건인 2순위 물건을 알선해 계약을 체결했다. 일주일이 지난 후 소유주의 모친이 찾아와 일전에 방문했던 여자분과 그냥 계약하자고 했다. 사실대로 다른 물건을 계약했다고 말씀드리니 모친의 이야기가 걸작이다. 소유주인 자기 딸이 공인중개사 시험공부를 하고 있으며, 아는 것이 많은 것도 탈이라나. 아무튼 중개보수를 아끼려 했다고 투덜거렸다. 한번 기회를 놓친 계약은 경제 사정의 악화로 겨울을 넘기고 봄이 와서야 겨우 계약하고 이사 가게 되었으며, 가격 또한 몇천만 원 손해를 보았고, 금융비용 등을 포함해 커다란 손해를 보고 떠났다. 모친의 말이 또 한 번 생각난다. 중개보수 100만 원을 아끼려다가 몇 배 손해를 보았다며 한숨지었으나 이미 지나간 일이 아닌가? 직거래로 중개보수를 아끼자는 생각은 한 번쯤 다시 생각해볼 문제다.

자리를 굳건히 지키는 터줏대감은 뭔가 달라도 다르다. 물건 관리에서부터 고객 관리는 남다른 수완을 보인다. 귀찮은 손님도 내 손님, 아무리 얄미운 손님도 내 손님이다. 그들도 잘 다루기만 한다면 영원한 충성 고객이 될 수 있음을 필자는 경험했다.

지금은 작고하셨지만, 당시 나이 드신 어르신 고객이 중개보수를 터무니없이 주는 바람에 얼굴을 붉혔으나 후일 내가 한 수 지고 들어간다는 심정으로 정성을 들였더니, 고개를 숙이고 훗날 영원한 충성 고객으로 만들었던 경험도 있었다.

1. 고객 관리

(1) 적도 내 편으로 만들기

손님 중에는 진상 손님이 있는가 하면, 진성 손님도 있다. 때로는 사사건건 물고 늘어지는 진상 손님이 있기 마련이다. 그들과 적으로 대치하면 곤란하다. 진상 손님일수록 부동산 전문가로서 공인중개사의 위력을 발휘한다면 그들도 결국 내 편이 될 수 있다. 어느 직종이나 까다로운 손님이 있기에, 그 까다로운 손님을 내 편으로 만들어 우군으로 만드는 기술이 필요하다. 때로는 그들과 식사도 같이하고, 간단한 선물 공세를 펼쳐 보이는 것도 하나의 방법이다.

(2) 나만의 콘셉트로 무장하기

나만의 콘셉트로 손님이 먼저 말문을 열게 할 수 있다면, 한결 부드러운 상담으로 이어질 수 있다. 앞서 말했듯 필자는 책상 앞에 우스꽝스러운 커다란 복돼지 인형을 두고 있다. 처음 오는 손님도 책상에 앉으면서 먼저 웃는다. 상담을 마치고 필자는 마지막으로 이렇게 말한다.

"이 복돼지에 손을 올리고 복비를 넣고 가시는 분은 물건이 빨리 거래되더라고요!"

그러면 진짜로 1,000원을 넣고 가시고, 다음 날에는 만 원도 넣고 가시는 분이 있다. 그래서 진짜로 급처분과 가격 조정도 좀 쉬운 편이다. 그런데 피식 웃기만 하고 가는 손님은 급매물이 아니라고 잠시 판단해보기도 한다. 반대로 급매물을 찾는 손님과 상담 후 귀가 시에 "이 복돼지에 손을 올리고 복비를 넣고 가시는 분이 좋은 물건을 만나게 되더라고요!" 한마디 하면, 100원짜리 동전만 딸랑 넣고 가시는 손님은 그저 가격만 알아보고 가더라는 놀라운 사실을 발견했다.

　1년 동안 영업 후 12월 말일에 복돼지를 개봉했더니 놀랍게도 100여만 원에 육박하는 돈이 나왔다. 그중에는 중요 상담을 하고 식사를 같이하자는 고객이 시간이 없다고 하면, 10만 원 정도를 식사비로 넣은 경우도 여러 건 포함되기도 했다.

2. 공인중개사의 자기 관리

(1) 부동산을 사랑하고, 내 사무소를 사랑하기

　부동산 중개업을 전문으로 하는 프로 공인중개사는 부동산을 사랑해야 한다. 어떠한 토지라도, 어떠한 정착물이라도 소중히 여기고, 그 부동산의 이용가치를 높일 줄 알아야 하고 사랑해야 한다. 또한, 본인 사무소를 자랑스럽게 가꾸고 사랑해야 손님에게 만족을 줄 수 있다. 한번 상담한 손님이 재방문하고 계약으로 이어지며, 새로운 손님을 소개받아 미팅이 이루어질 수 있도록 사랑해야 성공의 길로 갈 수 있다.

　필자는 과거 보조원이나 소속공인중개사가 필자보다 먼저 출근하면 기분 나쁘다는 생각을 갖고, 언제나 먼저 출근해 일과를 준비했다. 물론 중간에 행정관청이나 임장활동이 예정되어 있다면 먼저 늦음을 알린다.

　다음 날 계약이 예정되어 있다면, 미리 계약서와 확인설명서 초안을 작성해놓고 뒷마무리 청소까지 하고 퇴근한다. 다음 날 출근하면 바로 업무를 할 수 있고, 간단한 티타임 준비도 한다.

(2) 심신 다스리기

　필자가 전국에 중개실무 강의를 하다 보니 지금껏 2,000여 곳 사무소를 탐방했다. 방문해보면 우선 느낌이 꽉 온다. 공인중개사의 복장과 머리 스타일에서 풍기는 첫인상이 있다. 공인중개사이자 전문가로서 복장과 머리 손질도 하고, 손님을 맞을 준비를 한다. 거울 앞에서 '오늘 이 계약은 성사시킬 거야' 하고 나만의 마법의 다짐을 한다. 그리고 그 물건에 대해 컨설팅 양식으로 브리핑 보고서를 작성하고 미리 준비한다. 비록 그 계약이 성사되지 않더라도 속상해하지 말고 새로운 시도를 해야 하고, 귀찮고 마음 상하는 일이 생기더라도 자기 심신을 스스로 다스려야 한다. 속상하다고 술에 빠지거나 사행성 오락에 빠지는 것도 금물이다. 취미생활이나 여행으로 자기 자신을 달래야 영업에 매진할 수 있다.

필자의 취미생활 힐링

현금 앞에
도장 찍는다

매물로 나온 조그만 토지가 있었다. 그 토지에는 무허가 집이 한 채 있고, 노인 한 분이 월 10만 원씩 내며 오랫동안 살고 있었다. 계약서도 없이 '그냥 이 조건에 사세요'라며 세를 주었기에 서로 믿는 정도의 친분이 있었다고 한다. 그런데 토지를 매매하려고 주인이 퇴거 통보를 하자, 임차인은 갈 곳 없는 처지라며 원룸을 얻을 수 있는 보증금 3,000만 원을 요구했다고 한다. 토지주는 당연히 어느 정도는 보상해줄 생각이었는데, 예상을 훨씬 뛰어넘는 금액이라 고민에 빠졌다.

임차물 계약이 만료된 상황에서는 임차인에게 재계약이 불가하다는 통보를 하고, 따르지 않는다면 임차물 반환청구 소송을 하면 된다. 하지만 임차인이 버티는 등 시간이 오래 걸릴 수 있기 때문에, 가능하다면 이사비용을 후하게 주는 방법이 가장 빠르다. 특히 토지주가 적정 금액을 현금으로 준비해 협상 테이블에서 직접 제시하면 좋다. 현금 앞에서는 마음이 흔들리게 되어 있기 때문이다.

필자도 비슷한 경험을 한 적이 있다. IMF 이전, 용인에서 전원주택지 개발 분양을 맡았을 때였다. 주택지 진입도로로 쓸 토지를 확보해야 했는데, 인접한 6필지 모두 소유자가 달라 각각 협상을 벌이자니 몇 개월이나 걸렸던 것이다. 소유주는 평당 30만 원을 요구했지만, 이쪽에서는 평당 15만 원을 제시할 수밖에 없는 상황이었다. 그것도 시세보다 높은 가격이었는데, 그럼에도 불구하고 협상이 제대로 진행되지 않아 애를 먹었다.

그때 지인 공인중개사가 귀띔해주었다. 현금을 마다하는 사람은 없기 때문에, 007가방에 현금 뭉치를 넣어 가서 보여주면, 분명히 마음을 움직일 수 있을 거라고 했다. 조언대로 현금이 든 가방을 탁자 밑에 놓고 소유주에게 슬쩍 보여준 후, 이번에도 계약을 못 하겠다고 하시면 포기하겠다고 조심스럽게 이야기하자 결국 계약서에 도장을 찍어

주었다. 금전 협상을 할 때는 역시 현금만 한 것이 없다.

한번은 토지 계약을 하는데 계약서를 작성해놓은 상태에서 매도인이 가격을 올리지 않으면 계약을 못 하겠다고 했다. 그래서 매도인을 살짝 사무소 밖으로 모시고 나와서 이 계약이 성사되지 않으면, 매수인은 다른 물건을 보고 있었기에 현금을 찾아왔다고 넌지시 이야기하면서 이번 기회를 놓치면 매도자가 자금압박을 받을 수가 있기에 그대로 계약을 성사시켰다. 그날도 현금 뭉치가 위력을 발휘한 셈이다.

1. 고객 관리

(1) 매수자 고객 관리에 달린 사무소의 성패

계약이 성사된 고객과 주기적으로 만남의 시간을 갖는 것은 매우 중요하다. 비가 오는 날이나 한가한 날에는 맛집으로 고객과 친구분을 초대해 대접하면, 새로운 손님을 만날 기회가 생긴다.

고객의 경조사가 있다면 꼭 참석하며 명함도 배부해야 한다. 또한, 고객이 사업을 확장하거나 그 고객의 지인이 창업하거나 확장하는 등 행사가 있을 때도 동행해 축하해드리고 명함을 배부하는 것이 좋다.

(2) 임차인 고객 관리 - 영업이 잘되게 돕기

음식점 등 사업을 하는 임차인의 고객 관리를 위해 개업식 때 축하카드와 기념 메시지를 담은 액자를 선물하는 것이 좋다. 개업식 날에는 명함을 배부하고, 그 사업장이 잘되도록 이벤트를 마련해준다. 사업장 개업식에 와준 사업자의 지인들에게 명함을 배부하며, 새로운 고객을 소개받는 것이 효과적이다.

(3) 고객과 같은 취미생활 즐기기

한번 계약으로 이루어진 고객은 대부분 같은 지역에 거주하는 경우가 많다. 따라서 고객이 속한 등산, 운동, 여행 등의 동호회 활동에 같이 참여하면, 물건 확보나 손님 소개 등 영업에 도움이 된다. 고객과 유대관계를 맺으면서 그들의 경조사에도 참여하고, 봉사활동의 기회가 있다면 적극적으로 참여하는 것이 나를 알릴 수 있는 좋은 기회가 된다.

쌩쌩 중개현장 16

선관주의 의무
(善管注意義務)

실무교육을 받은 지 얼마 안 되는 공인중개사가 상가를 잘 모르는 상태에서 미용실 계약을 체결해주었는데, 해당 건물에 이미 다른 미용실이 3층에서 영업 중이었다고 한다. 공인중개사는 "자기가 다 책임지겠다"라는 임대인의 말만 믿고, 1층에 미용실 계약을 성사시켰다고 한다. 계약 후 임차인은 인테리어 비용 1,800만 원을 들여 공사를 시작했는데, 3층 미용실 운영자가 집합건물 관리 규약을 근거로 영업정지 가처분신청을 냈다. 1층 임대인도 변호사를 선임해 미용실 영업권 보장을 위한 소송을 제기하면서 문제가 커졌다고 한다. 이 경우, 공인중개사는 선관주의 의무를 소홀히 한 것이다.

첫째, 공인중개사는 임대인의 말만 믿어서는 안 된다. 임차인의 입장도 고려해 집합 건물의 관리 규약이나 관리 규정, 번영회의 운영 내용을 검토해야 한다. 보통 상가발전을 위해 같은 업종을 제한하기 때문에 관리사무소에 찾아가 알아보는 것이 좋다. 일부 상가는 같은 업종을 유치해 특화된 상가로 만들기도 하지만, 대부분은 같은 상가에 같은 업종의 가게를 내는 것을 제한한다.

둘째, 이미 영업 중인 동종 업종이 있다면 그 업소의 동의를 얻는 방법이 있다. 하지만 이 경우 3층에 이미 영업 중인 미용실이 1층의 새 미용실에 동의할 가능성은 낮아 보인다.

셋째, 점포 임대차계약을 체결할 때, '임차인을 위해 계약금 또는 중도금 지급 후에 시설 인테리어를 승낙한다'라는 특약은 위험천만한 일이다. 잔금을 모두 치르기 전에 시설 인테리어를 하게 되면, 잔금 지급 시 문제가 생길 수 있다. 중도에 변수가 생기면 해결하기 힘들고, 중개보수도 받기 어려워진다. 해약으로 인한 손해배상 문제가 불거질 수 있다.

필자도 과거 비슷한 경험이 있다. 4층 근린생활시설을 병원으로 용도변경해 치과병원 임대차계약을 체결했다. 중도금 지급 후 병원 인테리어 기간 2개월을 주는 특약을 넣었으나, 인테리어가 반쯤 되어가고 잔금 날짜를 12일 앞둔 상황에서 임차인 치과의사가 큰 교통사고를 당했다. 개원이 불가능해지자 인테리어 공사는 중단되고, 인테리어 공사 업자는 유치권 행사를 했다. 보증금 중 계약금 500만 원과 중도금 2,000만 원 총 2,500만 원 때문에 실랑이가 벌어졌다. 결국 임대인이 1,500만 원을 인테리어 업자에게 주고, 공사 중인 자재를 철거하는 조건으로 임차인과 합의했다. 이 일로 인해 임대인으로부터 많은 원망을 들었고, 중개보수도 받지 못했다.

하지만 여기서 끝이 아니었다. 한 달 후, 피부관리샵을 하겠다며 중년 남녀 손님이 찾아와 계약을 성사시켰다. 이번에는 '피부관리샵 용도'로 특약하고, 인테리어 공사도 허용했다. 그러나 개업 하루 전 설치된 간판을 보니 '남성 휴게텔'이라고 쓰여 있었다. 아파트 바로 앞 상가에 말이다. 주민들이 들고일어났고, 임대인들로부터 또 원성을 들었다. 하지만 합법적으로 등록되었기 때문에 영업이 시작되었고, 두 달 후 건물 전체 하수구가 넘치는 문제가 발생했다. 남성 휴게텔의 위생단속반이 나오자 직원들이 성인용품을 하수구에 버리면서 발생한 일이었다. 이 일로 임대인에게서 또 한바탕 수모를 당해야 했다.

공인중개사는 상가 임대차계약 시 반드시 허가, 인가, 등록, 신고 업종을 명확히 표기해야 한다. 이를 통해 차후 문제 발생 시 책임을 면할 수 있다.

1. 고객 관리

(1) 떠나는 매도자(임대인) 고객 관리에 신경 쓰기

① 타 지역으로 떠나는 매도인이나 임대인 고객에게도 주기적으로 인사 메시지를 보낸다.
② 그 고객으로부터 경조사 등 연락이 온다면 참석한다.
③ 타 지역으로 간 매도인이나 임대인이 사업장 개업 확장 등 행사가 있다면, 참석해서 축하하고 명함도 배부한다.

(2) 상대방 사무소 공인중개사와 유대관계 맺기

① 계약 전후에 상대방 공인중개사를 치켜세워 준다.
② 상대방 공인중개사가 모시고 온 손님에게 자기 명함을 건네거나 연락처를 물어보지 않는다.

③ 상대편 물건주에게 명함을 주거나 연락처를 주지 않는다.

④ 상대편 물건을 임장활동 후에 소위 물건을 빼가는 뒤통수를 치지 않는다.

⑤ 상대편 공인중개사와의 약속은 반드시 지킨다.

⑥ 공동중개가 이루어지지 않더라도 상대편 공인중개사를 탓하지 않는다.

⑦ 공동중개 시 상대방 공인중개사와 충분히 협의하고, 계약 후에도 공동책임에 노력한다.

⑧ 공동사무소의 물건에 대해 충분히 그 물건에 대한 정보를 문서로 제시해 서로 믿음과 신뢰를 높인다.

(3) 상대방 사무소 공인중개사 중개보수 배분 시 주의사항

① 상대편 공인중개사 동의 없이 교통 중개로 '발 담그기' 하지 않는다.

② 공동중개로 중개보수 및 컨설팅 용역비 배분 시 통장 계좌에 입금한다.

③ 공동중개로 중개보수와 컨설팅 용역비 배분 시 부가세 등 문제를 잘 협의한다.

④ 상대방 사무소 공인중개사와의 중개보수(컨설팅 용역비) 배분문제는 충분히 이해와 협조를 구한다.

⑤ 회원 상호 간에는 적을 만들지 않아야 한다.

2. 공동중개사무소와 유대관계 잘하기

① 공동중개 시에는 상대방 공인중개사를 기분 좋게 치켜세워 줄 수 있다면 한층 분위기가 좋아진다. 예를 들어, "우리 손님도 대기하고 있으나 공인중개사께서 하도 부탁을 하시기에 계약하게 됩니다"라고 칭찬해주는 것이 좋다.

② 공인중개사 회원끼리는 적을 만들지 말아야 한다. 부동산 중개업 현장은 경쟁이 치열해 때로는 회원 사무소와 불편한 관계가 될 수 있다. 소위 말하는 뒤통수를 맞거나 모함에 빠지기도 하고, 소속공인중개사나 보조원을 상대 부동산 중개사무소 대표의 동의 없이 스카웃 해가기도 한다. 이는 모두 과도한 욕심 때문이다. 가능하다면 회원 간 친목을 다지고 서로 배려하는 마음이 필요하다. 물건을 공동중개하기 위해 손님을 보여주었는데 계약이 되지 못하고, 시일이 지나서 그 물건이

다시 본인 사무소로 나오는 경우도 있다. 이럴 때는 상대 사무소에 알리고 양해를 구하는 편이 좋고, 가능하다면 그 사무소와 공동중개로 서로 믿음과 신뢰를 쌓는 다면 후일에 더 좋은 공동중개도 이루어질 수 있다. 적을 만들면 나만 손해다. 필자는 35년 동안 중개업을 하면서 회원들은 물론, 고객과도 적을 만들지 않았다.

공치사(功致辭)를
많이 하라

    분당에서 오피스 분야로 손에 꼽히는 공인중개사사무소에 벤치마킹 차 방문한 적이 있다. 부부가 함께 운영하는 곳으로, 영업지역에서 활약이 대단했다. 필자는 과거 그 지역의 자문위원으로 활동했던 적이 있어서 익히 알고 지내던 사이라, 부부 공인중개사는 필자에게 좋은 말과 조언을 아끼지 않았다. 가장 강조한 것은 계약 전후로 고객에게 공치사를 아끼지 말라는 것이었다. 공치사도 마케팅의 일환이기 때문이다.

1. 계약 후 고객에게 공치사

"고객님께 가장 적합한 물건을 찾느라 혼이 났습니다."
"고객님, 기다리신 만큼 좋은 물건을 찾았습니다. 축하드립니다."
"제일 좋은 물건을 선택하신 겁니다."
"아마 이 물건이 고객님을 위해 점지된 것 같습니다."
여성 고객이라면,
"어머! 그 목걸이 참 예쁘네요. 어디서 사셨나요? 저도 사고 싶네요."
"머리 어디서 하셨어요? 저도 그 미용실 알려주세요."

2. 공동중개 성사 후 상대편 공인중개사에게 공치사

"고객님 측의 공인중개사께서 좋은 물건을 거듭 부탁하기에 고심 끝에 어렵게 찾았습니다. 가장 좋은 물건이니 중개보수를 넉넉히 주셔야 할 것 같습니다."

고객에게 일단 상대편 공인중개사를 띄워주는 것이 공동중개에서의 예의다. 이를 통해 공동중개사무소와 더욱 돈독한 유대관계를 맺을 수 있다.

지겨운 고객도 내 고객이다. 밉고 얄미운 고객도 내 고객이다. 그 고객도 자기 재산을 이루기 위해 얼마나 노력했을까? 그만큼 애착이 가는 것을 어찌 말리겠는가? 누군가는 고객이 왕이라고 하지 않았는가? 그 왕의 마음을 움직여 계약 성사로 이루어내야 진정한 프로 공인중개사일 것이다. 그로 인해 스트레스가 쌓였다면 운동이나 취미생활, 여행으로 그때그때 새로운 마음으로 기분 전환하고 일과에 임하는 것이 좋다.

PART
8

중재의
기술

중개계약은 계약금, 중도금, 잔금 지급 순으로 진행되는 것이 일반적이다. 문제는 계약 후 경우에 따라 양 당사자의 이해관계가 달라질 수 있다는 점이다. 이럴 때 중개사는 중재력을 발휘해 잔금 지급과 동시에 상황을 해결해야 한다. 중도금, 잔금 지급이 이루어지지 않으면 손해배상 문제가 제기되어 갈수록 해결이 어려워지고, 중개보수를 받기도 쉽지 않다.

분쟁을 피하는 방법은 무엇일까? 처음부터 권리 분석을 완벽하게 하고, 물건 상태를 철저히 파악해 계약을 빈틈없이 체결하는 것이 가장 이상적이다. 하지만 부동산 매매계약, 주택임대차계약, 상가 임대차계약에서는 아무리 조심하고 꼼꼼히 챙겨도 문제가 발생하곤 한다. 물건 하자도 문제지만, '사람 심리'와 '입장 차이' 때문에 갈등이 생기는 경우가 대부분이다.

작은 문제라면 서로 합의하거나 한쪽이 포기하고 지나가곤 하지만, 손해나 이익이 크다면 중개사가 아무리 노력해도 합의점을 찾기 힘들 수 있다. 협상 테이블에서 해결되지 않는 문제는 '주택임대차 분쟁조정위원회'나 '상가임대차 분쟁조정위원회'의 도움을 받기도 한다.

일반적인 계약이나 이행 각서, 합의서를 작성할 때 '상대방과의 약속을 지킨다'라는 취지에서 '민·형사상 모든 책임을 진다'라고 기재하거나, 합의금을 지급하면 '민·형사상 책임을 묻지 않는다'라는 문구를 삽입하는 경우를 흔히 볼 수 있다.

합의서나 이행각서에 이러한 내용을 기재한 경우, 합의 내용을 지키지 않을 때 큰 불이익을 받을까 두려워하는 사람들이 많다. 문언상으로는 엄청난 약속이고 그 효과가 대단할 것 같지만, 실제로는 별다른 법적 제재를 가할 수 없는 것이 일반적이며, 내용증명서나 배상청구 소송의 판결에 따라 좌우되는 경우가 많다. 결국 양 당사자의 원만한 합의가 최선의 방법이다.

1

법률구조공단
주택임대차 분쟁조정위원회

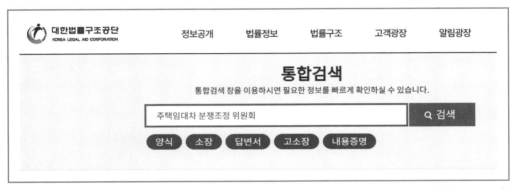

(출처 : 대한법률구조공단)

　개업공인중개사가 주택임대차 알선 중개를 한 후, 임대인과 임차인 간의 견해 차이로 다툼이 일어나는 경우가 가끔 있다. 이를 중개한 공인중개사가 양 당사자와 중재해서 해결되면 좋으나, 뜻하지 않은 감정 싸움으로 도저히 해결이 불가능할 시에는 법률구조공단의 주택임대차 분쟁조정위원회에 상담하고 조언하는 방법도 있다.

　웬만한 사건은 중재에 의해 해결되나, 양 당사자의 첨예한 대립으로 해결이 불가능할 때는 법원에 소를 제기해서 판결에 의한 해결까지 진행될 수 있다. 이 과정에서 서로의 피로감과 실익이 없다는 사실을 양 당사자에게 주지시키는 것도 좋다.

주택임대차보호법

제14조(주택임대차 분쟁조정위원회)

① 이 법의 적용을 받는 주택임대차와 관련된 분쟁을 심의·조정하기 위하여 대통령령으로 정하는 바에 따라 '법률구조법' 제8조에 따른 대한법률구조공단(이하 '공단'이라 한다)의 지부, '한국토지주택공사법'에 따른 한국토지주택공사(이하 '공사'라 한다)의 지사 또는 사무소 및 '한국감정원법'에 따른 한국감정원(이하 '감정원'이라 한다)의 지사 또는 사무소에 주택임대차 분쟁조정위원회(이하 '조정위원회'라 한다)를 둔다. 특별시·광역시·특별자치시·도 및 특별자치도(이하 '시·도'라 한다)는 그 지방자치단체의 실정을 고려하여 조정위원회를 둘 수 있다. 〈개정 2020. 7. 31〉

② 조정위원회는 다음 각 호의 사항을 심의·조정한다.

1. 차임 또는 보증금의 증감에 관한 분쟁

2. 임대차 기간에 관한 분쟁

3. 보증금 또는 임차주택의 반환에 관한 분쟁

4. 임차주택의 유지·수선 의무에 관한 분쟁

5. 그 밖에 대통령령으로 정하는 주택임대차에 관한 분쟁

③ 조정위원회의 사무를 처리하기 위하여 조정위원회에 사무국을 두고, 사무국의 조직 및 인력 등에 필요한 사항은 대통령령으로 정한다.

④ 사무국의 조정위원회 업무담당자는 '상가건물 임대차보호법' 제20조에 따른 상가건물임대차 분쟁조정위원회 사무국의 업무를 제외하고 다른 직위의 업무를 겸직하여서는 아니 된다. 〈개정 2018. 10. 16〉

주택임대차 분쟁조정위원회 조정 내용

1. 주택임대차 분쟁 발생 시 위원회는 기본적으로 다음 9가지 종류의 분쟁 사항에 대해 심의/조정하게 된다.	① 차임 또는 보증금의 증/감에 관한 사항 ② 임대차 기간에 관한 사항 ③ 보증금 또는 임차주택의 반환에 관한 사항 ④ 임차주택의 유지, 수선의무에 관한 사항 ⑤ 임대차계약의 이행 및 계약 내용의 해석에 관한 사항 ⑥ 임대차계약갱신 및 종료에 관한 사항 ⑦ 계약불이행 등에 따른 손해배상청구에 관한 사항 ⑧ 공인중개사 보수 등 비용부담에 관한 사항 ⑨ 주택임대차 표준계약서 사용에 관한 사항
2. 조정신청	조정신청은 서면 또는 구두로도 할 수 있으며, 서면으로 신청하는 경우 신청인은 조정신청서를 작성해 관할위원회에 제출한다. 구두로 신청하는 경우 관할위원회 직원에게 해당 분쟁에 관련된 내용을 진술하면 되고, 이에 직원은 조정신청조서를 작성한다. 만약 증거 서류 또는 증거물이 있는 경우에는 이를 첨부하거나 제출한다.
3. 조정신청 수수료	· 1억 원 미만 or 값을 산정할 수 없는 경우 : 10,000원 · 1억 원~3억 원 미만 : 20,000원 · 3억 원~5억 원 미만 : 30,000원 · 5억 원~ 10억 원 미만 : 50,000원 · 10억 원 이상 : 100,000원

4. 조정개시	위원회는 조정신청서를 받은 피신청인이 동의하면 조정을 시작하는데, 동의하지 않으면 조정절차는 개시되지 않게 된다. 개시가 되면 신속하고 효율적인 조정을 위해 조정위원회 3인의 조정위원으로 구성된 조정부를 두어 사건을 처리할 수 있도록 한다.
5. 사실조사 및 법률검토	분쟁조정위원회는 필요한 경우 사건의 당사자나 분쟁 관련 이해관계인 등을 출석하도록 해서 진술을 들을 수 있으며, 또한 현장조사나 자료 수집을 통해 정확한 사실관계를 파악한다. 그리고 법률전문가인 심사관의 법적 쟁점 검토를 통해 위원회 또는 조정부의 심의를 효율적으로 지원한다.
6. 조정안 도출	분쟁조정위원회의 심의를 거쳐 조정안이 도출되면, 위원회는 이를 지체 없이 당사자들에게 통지하며, 통지를 받은 각 당사자들은 통지를 받은 날로부터 7일 이내 수락 의사를 서면으로 표시하면 조정이 성립된다. 조정이 성립된 경우에는 조정안과 동일한 내용의 합의가 당사자 간에 이루어진 것으로 보게 되며, 위원회는 조정안 내용을 조정서로 작성한다. 각 당사자 간에 강제집행을 승낙하는 취지의 협의가 있는 경우 그 내용을 조정서에 기재하며, 이럴 경우에 조정서는 집행력 있는 집행권원과 같은 효력이 있으므로, 이를 가지고 강제 집행도 할 수가 있다.만약에 당사자들이 7일 이내 수락 의사를 서면하지 않는다면 조정은 성립하지 않게 된다.

② 법률구조공단 상가임대차 분쟁조정위원회

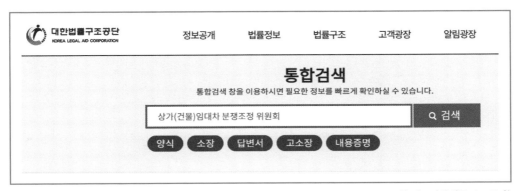

(출처 : 대한법률구조공단)

개업공인중개사가 상가(건물) 임대차 알선 중개를 한 후, 임대인과 임차인 간의 견해 차이로 다툼이 일어나는 경우가 가끔 있다. 이를 중개한 공인중개사가 양 당사자와 중재해 해결되면 좋으나, 뜻하지 않은 감정 싸움으로 도저히 해결이 불가능할 시에는 법률구조공단의 상가(건물) 임대차 분쟁조정위원회에 상담하고 조언하는 방법도 있다.

웬만한 사건은 중재에 의해 해결되지만, 양 당사자의 첨예한 대립으로 해결이 불가능할 때는 법원에 소를 제기해 판결에 의한 해결까지 진행될 수 있다. 이 과정에서 서로의 피로감과 실익이 없다는 사실을 양 당사자에게 주지시키는 것이 좋다.

상가건물 임대차보호법

제20조(상가건물임대차 분쟁조정위원회)

① 이 법의 적용을 받는 상가건물 임대차와 관련된 분쟁을 심의·조정하기 위하여 대통령령으로 정하는 바에 따라 '법률구조법' 제8조에 따른 대한법률구조공단의 지부, '한국토지주택공사법'에 따른 한국토지주택공사의 지사 또는 사무소 및 '한국감정원법'에 따른 한국감정원의 지사 또는 사무소에 상가건물임대차 분쟁조정위원회(이하 '조정위원회'라 한다)를 둔다. 특별시·광역시·특별자치시·도 및 특별자치도는 그 지방자치단체의 실정을 고려하여 조정위원회를 둘 수 있다. 〈개정 2020. 7. 31〉

② 조정위원회는 다음 각 호의 사항을 심의·조정한다.

1. 차임 또는 보증금의 증감에 관한 분쟁

2. 임대차 기간에 관한 분쟁

3. 보증금 또는 임차상가건물의 반환에 관한 분쟁

4. 임차상가건물의 유지·수선 의무에 관한 분쟁

5. 권리금에 관한 분쟁

6. 그 밖에 대통령령으로 정하는 상가건물 임대차에 관한 분쟁

③ 조정위원회의 사무를 처리하기 위하여 조정위원회에 사무국을 두고, 사무국의 조직 및 인력 등에 필요한 사항은 대통령령으로 정한다.

나가는 임차인에게
손해배상을 청구할 수 있나요?

급매물로 나온 아파트를 손님에게 권유한 적이 있다. 해당 물건은 경매 진행 중 두 차례 유찰된 46평 아파트로, 손님은 필자의 도움을 받아 좋은 가격에 물건을 낙찰받고 사례비를 챙겨 주었다. 권리 분석상 경매 비용과 선순위 담보권(은행)은 정리할 수 있었지만, 해당 물건에서 전세를 살던 임차인이 전세 보증금 중 약 5,000만 원을 손해 보게 되었다. 낙찰받은 권리자는 임차인 배려 차원에서 이사비용 등을 주기로 하고 조율에 들어갔는데, 임차인이 통상적인 배려 금액보다 터무니없이 많은 돈을 요구했다. 몇 번이고 설득해봐도 요지부동이라 권리자는 결국 집행관을 통해 물건 인수 절차를 밟기로 했다.

문제는 인수를 마친 후였다. 나가는 임차인이 집을 난장판으로 만들어 놓은 것이었다. 안방과 작은방 창문이 모두 심하게 깨져 있었고, 화장실마다 물도 내려가지 않는 상태라 악취가 진동했다. 인테리어 기술자를 불러 수리 견적을 뽑아보니, 문이 함몰되고 창문이 깨지고 변기에 비누를 잔뜩 박아 넣었기 때문에 아예 모두 뜯어낸 후 새로 설치해야 한다고 했다.

전 임차인에게 책임을 물을 방법이 없을까 해서 변호사에게 자문해보았지만, 쉽지 않다는 답이 돌아왔다. 전 임차인이 원래 이런 하자가 있었다고 항변하면 입증이 어려울뿐더러, 시간이 많이 걸린다는 것이다. 결국 권리자는 변호사의 조언대로 임차인에게 이사비용을 많이 준 셈치고 자기 비용을 들여 집을 수리했다.

이 사례처럼 세입자가 있는 경매 물건을 다룰 때는, 먼저 그 세입자에게 경매 참여를 권유해보고, 세입자가 포기한다면 이사비용은 어느 정도로 할지 미리 조율하는 것도 좋다. 그래야 낙찰받은 자가 안심하고 입주할 수 있으며, 알선한 공인중개사도 얼굴 붉히는 일이 없을 것이다.

쌩쌩 중개현장 19

역전세난으로 보증금 반환이 안 될 때는 어떻게 해야 하나요?

최근 주택·오피스텔 공급 과잉으로 일부 지역에서 역전세난 현상이 일어나면서, 나가는 임차인에게 보증금을 주지 못하는 사례가 발생하고 있다. 특히 4~5년 전 횡행한 '갭 투자'는 현재의 역전세난을 심화시킨 원인 중 하나로 꼽힌다. '갭 투자'란 매수자 본인은 자금을 적게 들이고, 전세금이 많이 설정된 주택을 매입한 후 일정 기간을 기다려서 차액을 남기는 방법인데, 전세금이 내려가는 바람에 손해가 발생한 것이다.

① '갭 투자' 때문에 현 임차인이 보증금을 반환받지 못하는 경우, 임대차 기간이 지나 이사를 가려고 해도 임대인이 보증금을 지불할 능력이 없고, 세입자도 구해지지 않아 어려움을 겪는다. 갈등이 심화되면 전세금 반환 청구소송으로 이어지기도 한다.
② 임차인이 새로운 주택을 분양받았으나 보증금 반환이 안 되어 입주가 불가능한 경우, 임차인이 주민등록 가족 중 1인을 남겨놓고 새로운 주택으로 이사 가는 방법, 기간 만료 시 주택 임차권등기를 하고 이사 가는 방법이 있다.

10여 년 전에도 이 같은 역전세난이 있었다. 기간이 만료되었을 때 임대인이 전세금 일부를 되돌려주고 하락한 금액으로 재계약하기도 했고, 금융기관 담보권이 많아 돌려줄 수 없을 때는 하락한 금액만큼 월세로 계산해 임대인이 임차인에게 역으로 지불하기도 했다.

이러한 문제로 임대인·임차인이 중개사에게 중재를 부탁할 경우, 합의가 불가능하다면 각 행정기관에 설치된 주택임대차 보증금 지원센터에 문의하도록 한다. 상가 역시 계약 만료 후 조정이 힘들다면, 상가임대차 분쟁조정위원회를 통한 전문가의 중재가 가능하다는 사실을 알려주면 된다.

PART

9

해결의
기술

부동산 중개 시에 문제가 발생하면 중개사무소 영업에 지장이 생길 수 있다. 이 때문에 계약서를 작성할 때는 추후 문제가 생기지 않도록 양 당사자와 완벽하게 합의해 특약을 기록해야 한다. 주의를 기울였는데도 문제가 발생한다면 첫째로, 법령을 찾아보는 방법이 있다. 하지만 법은 원칙에 준하며, 판례 또한 하나의 사례나 기준으로만 작용할 수밖에 없다. 따라서 공인중개사는 현장에서 문제가 생겼을 경우 설득과 협상을 통해 풀어 가야만 한다.

우리나라 법은 증거주의를 채택하고 있다. 계약 체결부터 잔금 지급까지의 과정에 문제가 발생한다면, 구두 합의보다는 내용증명 또는 확인서로 증거를 남겨두어야 해결이 가능하다. 녹음도 하나의 방법이지만, 녹취록은 증거로 채택되지 않는 경우가 많기 때문에 반드시 서면으로 증거를 남기는 것이 좋다. 문제가 생겼을 때는 중개한 공인중개사가 직접 양 당사자를 방문해 양해를 구하고, 당사자들과 중개사가 함께 자리해 합의한 후 그 합의 내용을 기록으로 남기는 것이 최선이다. 전화보다는 찾아가는 것이 훨씬 좋다.

계약을 위한 협상의 기술, 문제 해결을 위한 중재의 기술을 사용해 상황을 잘 이끌어왔다면, 마지막으로 '해결의 기술'을 발휘해 유종의 미를 거두어야 한다. 중개계약을 하다 보면, 서면 계약이 아닌 구두 약속으로 합의를 보고자 하는 사람들도 많다. 하지만 우리나라 법은 증거주의이기 때문에, 추후 문제가 발생했을 경우 원만하게 해결하기 위해서는 특약 등 확실한 증거를 계약 시에 반드시 남겨두어야 한다.

미국의 도널드 트럼프(Donald Trump) 대통령이 저술한 《거래의 기술》에는 "남들은 환상으로 보지만, 나는 꿈을 현실로 이루어낸다"라는 말이 있다. 물건을 언제나 최고의 가치로 만들어 팔고, 그 사용수익으로 부를 이루어 '부동산 재벌'에 이르렀다는 것이다. 그는 사업 목적을 위해 발로 뛰어 시장을 조사하며 선택의 폭을 넓히되, 항상 최악의 경우를 예상하고 투자·계약을 진행하라고 조언한다. 우리나라 중개업 또한 마찬가지다.

찾아 나서라! 35년간 현장에서 영업해오며 가장 강조하고 싶은 항목이다. 발로 뛴 현장 경험은 그 무엇과도 비교할 수 없다. 물건을 찾기 위해서 명함을 한 뭉치씩 들고 영업지역에 무작정 뿌린 적도 있었고, 내 물건을 홍보하는 광고지를 만들어 새벽에 지역 공인중개사사무소마다 투입하기도 했다. 오늘날에는 인터넷이 상용화되어 사이트와 카페, 블로그로 물건을 접수하기도 하고 광고도 낸다. 하지만 접수된 물건의 상태를 확인하고, 권리 분석을 하기 위해서는 역시 찾아 나서는 방법밖에 없다. 손님 관리도 마찬가지다. 사무소를 열고 가만히 앉아 있으면, 물건도 손님도 굴러 들어오지 않는다.

또한 내 지역에서 잘하기로 소문난 사무소에도 찾아가 교류해야 하고, 다른 사무소에 공동중개를 의뢰하거나 물건을 소개받는 등 중개사 간의 교류에도 힘써야 한다. 부동산 중개업에서는 결국 현장이 중요하다. 어떤 물건이냐, 어떤 손님이냐를 판단하고 그를 찾아 나서는 일을 두려워해서는 안 된다. 특히 매도·매수 가능성이 높은 손님이라면 더욱 그렇다. 물건에 대한 철저한 자료를 갖고 손님을 찾아간다면, 손님 또한 중개사를 더욱 신뢰하고 마음의 문을 열 것이다. 내가 찾아가고 내가 발견해내야 하며, 혹여 문제가 생길 경우에는 직접 손님을 찾아가 협상을 잘 끌어내어 해결해야 한다.

원두막이
없어졌어요

원두막이 사라졌어요?

필자가 과거 전원주택을 매매했는데, 잔금 일주일을 남기고 매수자가 집을 보기 위해 방문했더니 원두막이 없어졌다. 필자와 함께 방문한 매수자가 매도자에게 원두막이 왜 없는지를 물으니, 매도자는 원두막이 매매가격에 포함되지 않았기 때문에 본인이 다른 곳으로 옮겼다고 답했다. 아뿔사! 원두막은 당연히 그 자리에 고정되어 있었기에 설마 가져갈 줄은 꿈에도 몰랐다.

매수자는 원두막을 원위치하지 않으면, 잔금을 치르지 않겠다고 아우성이다. 매도자는 희망 가격이 7억 5,000만 원이었는데, 5,000만 원을 깎아 7억 원에 계약했으니 원위치하지 않겠다고 고집을 부렸다. 이럴 경우 공인중개사는 잔금을 무슨 일이 있더라도 끝내야 한다. 공인중개사가 적정 가격에 원두막을 매수자와 협의해 사주는 방법을 택해야 한다.

　필자는 원두막이 1,000만 원 정도였으나, 매수자와 감가상각을 계산해 중개보수 중 250만 원을 덜 받기로 하고 잔금을 정리했다. 만약 이런 문제로 잔금이 미루어진다면 어느 일방으로부터 손해배상 문제가 일어나고, 시간이 지나고 잔금을 정리하더라도 중개보수를 받기가 쉽지 않다. 또한 고가의 정원수나 미술품 등 특수 품목이 있다면, 계약 시에 매매대금에 포함할 것인지, 아닌지를 특약으로 명시해야 한다.

쌩쌩 중개현장 21

내용증명서

　공인중개사는 때로는 고객으로부터 내용증명을 받을 수도 있고, 보내야 하는 경우도 있다. 필자의 경험에 의하면 육하원칙에 따라 간결하게 A4용지 한 장 분량이 최적이다. 이러한 내용증명서를 바탕으로 법원에 소를 제기해 출두해보면, 판사들은 여러 문구가 들어간 긴 내용증명서를 불편해하는 경우가 많다. 따라서 내용은 일목요연하게 간단히 작성하는 것이 좋다.

내용증명서

_____ 귀하

수신인 : 시 구 로 길　(구 동 - 번지)
성　명 :　　　　　　주민번호 :　　-
연락처 : 010 - ○○○○ - ○○○○

귀하의 건승을 기원합니다.

1. 귀하께서는 20　년　월　일 본 공인중개사사무소를 방문해 아래 부동산 물건을 매도 의
　뢰해 본 공인중개사가 어렵게 매수자를 선정해 계약을 성사시켰습니다.
2. 매도 의뢰 부동산 :　　시　　구　　동　　번지

---

3. 대지 214㎡ / 지하 1층 / 지상 3층 건물 312㎡ 부속시설 일체.

4. 매도의뢰 희망가격 : 총 30억 원정.

5. 귀하께서 위 금액으로 매매 완성 시에 법정중개보수 0.9%와 수고비로 2,000만 원을 추가로 주시겠다고 했습니다.

6. 3개월 동안 몇 번이나 매수 희망자를 맞추지 못하다 보니 직접 방문하셔서 28억 원에라도 매매하시겠다고 매도가격을 수정했습니다.

7. 그래서 매수 손님을 맞추고 보니 귀하는 애초의 가격인 30억 원이 아니면 계약을 보류했으며, 본인이 수차례 매수 손님을 설득해 결국 귀하의 희망가격 30억 원에 계약 성사되었습니다.

8. 그런데 귀하께서는 계약서와 확인설명서의 중개보수 0.9%의 기록을 귀하께 읽어주고 들었다는 확인 계약 서명, 날인까지 해놓고 잔금이 정리된 지금에 와서는 0.5%만 중개보수를 주시겠다고 하니 부득이 본인은 귀하께서 수고비 2,000만 원을 사례비로 주겠다는 것은 사양하고, 확인설명서의 중개보수 0.9%인 2,700만 원을 청구합니다.

9. 위 중개보수를 20   년   월   일까지 (   )은행   -   -   , 김○○에 계좌 입금하시기를 바라며, 중개보수 현금영수증을 수령 바랍니다.

10. 매도인 귀하께서 위 날짜에 미입금 시에는 부득이 본 공인중개사는 관할 법원에 중개보수청구권의소를 제기할 것이며, 이에 소요되는 비용도 귀하께서 부담하셔야 함을 첨언합니다.

20   년   월   일

발신인 :   시   구   동   번지
공인중개사사무소 대표   (인)

[첨부]
1. 매매 계약서 사본 및 확인설명서
2. 등기사항전부증명서

쌩쌩 중개현장 22

중개보수 청구의
소 제기

소장(중개보수 청구)
공인중개사법 제32조, 공인중개사법 시행령 제27조의2

원 고 :

      시　구　동　번지

      (　　) 공인중개사사무소

피 고 :　　　　　(주민번호 :　　　　-　　　　)

      시　구　동　번지　아파트　동　호

      연락처 :　　　-　　　-

◆ 중개보수 청구의 소

소　　가 : 금 27,000,000원정

인 지 대 : 금　　120,700원정

송 달 료 : 금　　　91,800원정

1. 청구 취지

  (1) 피고인은 위 원고에게 위 금 27,212,500원정에 대한 이 사건 소장부본 송달 다음 날

      부터는 연 20%의 비율로 계산한 금액을 지급하라.

  (2) 소송비용은 피고인 부담으로 한다.

2. 청구원인
　(1) 당사자의 관계 : 부동산 매도 의뢰인

거래내용 기재

시　　구　　동　-　번지 상가 매매계약 건에 대한 중개보수 청구

　(2) 공인중개사 업무 및 부동산 거래신고에 관한법률

공인중개사법 제32조, 공인중개사법 시행령 제27조의2

3. 입증방법
　(1) 중개사 등록증 사본　(2) 계약서 사본　(3) 확인설명서 사본

4. 첨부서류
　(1) 위 입증서류 각 1통　(2) 소장부본　(3) 송달료 납부서
　(4) 관련 물건 등기사항전부증명서

　　　　　　　　　　　　　　　　　(　　　　　　　　) 지방법원 귀중

　개업공인중개사가 때로는 중개보수 문제로 고객과 얼굴을 붉히는 경우가 있다. 가능하다면 공인중개사가 양보하는 편이 좋으나, 여의치 않을 경우에는 중개보수 청구의 소를 제기할 수 있다. 그러나 서로 합의점을 찾는 것이 바람직하다.

쌩쌩 중개현장 23

제소 전
화해조서 작성

　제소 전 화해조서는 주로 건축자재 야적장, 함바집, 옥외 주차장 등 임대차 시에 계약 기간 종료 후 원상복구를 위해 임대인이 요구하는 경우가 많다.

제소 전 화해 신청

신 청 인 :　　　　(인)
주　　소 :　시　구　동　-　번지
피신청인 :　　　　(인)
주　　소 :　시　구　동　-　번지　아파트　동　호

내　　용 : 상가(점포) 명도 청구의 화해

신청취지 :
위 신청인과 피신청인은 아래와 같이 화해조항 기록 취지의 제소 전 화해를 신청합니다.

신청 원인 :
① 피신청인은 20　년　월　일 신청인 소유　시　구　동　-　번지
　　위 지상 건물 1층 3호 60㎡를 임차해 수익사용하기로 하고, 임대보증금 1,000만 원 월차임
　　70만 원(부가세 별도)에 임차기간은 20　년　월　일부터 20　년　월　일까지 임대차합니다.

---

② 임대차 기간 종료 시에 양 당사자의 분쟁을 방지하기 위해 아래와 같이 화해가 성립되어 청구를 합니다.

화해조항 :
① 피신청인은 신청인에게 계약서 기재 부동산의 1층 3호 60㎡를 사용수익 임대차 기간 만료 시 원상 복구해 명도한다.
② 피신청인은 신청인에게 20   년   월   일까지 월차임 70만 원(부가세 별도)을 신청인에게 지급한다.
③ 피신청인은 임차권 및 임차보증금을 타인에게 양도, 절대 담보를 할 수 없으며, 차임을 3회 이상 연체할 경우 위 ①항 기재 상가(점포)를 즉시 명도한다.
④ 피신청인은 임차한 상가(점포)에 대해 권리금, 유익비, 유치권 등은 일절 인정하지 않기로 한다.
⑤ 임대차 기간 만료 후 명도 지연으로 인한 강제집행비용 등은 피신청인이 부담하기로 한다.
⑥ 본 화해조서 비용은 각각 1/2씩 부담하기로 한다.

[첨부서류]
① 본 물건 등기사항전부증명서 1통
② 본 물건 임대차계약서 사본 1통

20   년   월   일
신청인 : 김길동

(   ) 지방법원 귀중

PART

10

고객 관리의
기술

임대차 시에 계약 기간 종료 후 원상복구를 임대인이 요구하는 경우가 많다. 부동산 경기 흐름은 유동적이다. 갈 사람은 가고, 올 사람은 오고, 점유권과 소유권도 바뀐다. 다만 호황기와 불황기에 따라 그 빈도가 달라질 뿐이다. 기회는 어느 공인중개사에게 나 균등하게 찾아온다. 다만 준비된 자의 몫이 클 뿐이다. 경력을 쌓은 공인중개사들은 이미 이러한 경기의 흐름을 읽고 미리 대비한다. 불황기에는 전문가 교육으로 지식을 쌓거나, 틈새시장의 중개 영업으로 수익을 창출하기도 한다. 여력이 있다면 불황기에 재테크를 통해 부를 만들기도 한다.

한번 계약으로 이루어진 손님을 영원한 고객으로 만드는 방법은 없을까? 필자는 35년 중개업에 종사하면서 많은 고객을 확보하고 관리해보았다. 세월이 흘러 나이 드신 중요한 고객님들은 이미 영면하셨다. 그러나 아직도 찾아주시고 의뢰하시는 고마운 고객님들도 있고, 또 새로운 손님도 소개해주신다. 연륜이 쌓이다 보니 단위가 큰 물건이나 전속중개를 의뢰받기도 한다. 또한 지주 작업을 하는 컨설팅 회사에서도 단위가 큰 물류창고 부지, 데이터베이스 부지 등의 물건을 주기도 한다. 물론 계약을 성사시키는 것은 쉽지 않지만 그래도 시도해본다.

증축 컨설팅
틈새시장을 노려라!

1. 나대지를 찾아보자!
2. 구축주택을 찾아보자!
3. 구축 상가 건물을 찾아보자!
4. 전속중개로 시도하자!
5. 전속관리(상가/점포)를 시도해보자!

내 영업지역에서 임장활동을 하면서 증축이 가능한 구축 건축물을 찾아보자. 그런 건물들을 컨설팅해 증축을 통해서 임대 수익을 올릴 수 있는 물건을 발굴하자. 다음 건물은 필자가 과거에 3층 학원의 위층을 외국인 강사 주거용으로 증축해 임대차 관리한 물건이다.

외국어학원 원어민 교사 숙소   원어민 교사 숙소

2
재건축 컨설팅
틈새시장을 노려라!

수익성 물건인 구 건물(1985년)로, 신축을 권유하는 컨설팅 전속 임대차 관리를 맡은 사례다.

영업지역에 나대지나 오래된 건축물이 존재한다면, 소유권자와 유대관계를 맺으면서 재건축이나 신축 건축물로 알선해 전속 관리하는 것이 부동산 중개업의 꽃이다. 공인중개사는 공인중개사법 제22조의 일반중개계약보다는 제23조의 전속중개계약으로 유도해야 한다.

구 시가지 지역이나 취락 지역에 낙후된 몇 집이 모여 있는 지역이라면 개발해 수익을 올릴 방법을 제시해봐야 한다. 그래서 전속 관리까지 맡을 수 있다면 한층 여유로운 영업이 가능하다.

집단 낙후된 구 주택 권장 컨설팅

① 낙후된 구 주택

50년 된 슬레이트 지붕 구 주택

④ 상가신축 제시

⑤ 예시:상가

② 반경 50m

③ 8 가구

위 토지에 새로운 건축물 제시(예)

PART

11

성공담과
실패담

1

성공한 사람의 인생을 벤치마킹하라!

《성공한 사람의 인생을 벤치마킹하라》라는 책이 있다. 이 책은 남문기 회장의 자서전으로, 필자가 지하철에서 늘 읽는 애독서다. 남문기 회장은 혈혈단신으로 미국에 건너가 뉴스타 부동산 그룹의 성공 신화를 일구었다. 그는 1982년에 단돈 300불만 가진 채 미국에 도착했고, 청소부로 일하다가 부동산 중개업에 진출해 오늘날의 자리에 올랐다. 뉴스타 그룹은 미국 주요 도시와 캐나다 등에 50여 개의 지사를 설립하고, 부동산 학교를 세워 관련 인재를 양성하는 세계 굴지의 회사로 성장했다.

남문기 회장님의 성공 신화는 "잘하겠습니다"에서 출발했다고 한다

남문기 회장의 신념은 이렇다. 어떤 일을 할 때 '안 된다'라고 생각하면 늘 안 될 수밖에 없고, '하면 된다'라고 믿으면 안 될 일도 풀리게 된다는 것이다. 그의 사훈은 '잘하겠습니다'이다. 지극히 평범하고 겸손해 보이지만, 사실 이만큼 어려운 일도 없다. 잘하기 위해서는 어느 분야를 막론하고 꾸준히 공부해야 하는데, 책으로만 공부하는 것이 아니라 현장에서 직접 뛰며 나에게 무엇이 부족한가를 생각하고, 주위에 눈과 귀를 열어 두어야 하기 때문이다.

우리나라 공인중개업도 마찬가지다. 자격증을 취득해도 창업을 엄두도 못 내는 경우가 대부분이다. 현장 영업은 자격증 공부와는 180도 다를뿐더러, 입지를 탄탄히 다진 사무소가 워낙 많아 무작정 사무소를 연다고 해도 '계란으로 바위 치기'가 되기 때문이

미국 뉴스타 그룹 남문기 회장님과 함께

다. 대부분은 다른 사무소에서 오랜 기간 일하기도 하고, 창업을 한다고 해도 숱한 시행착오를 겪으면서 자기만의 결실을 이루기 마련이다.

그렇다면 그 결실을 최대한 빨리 보는 방법은 무엇일까? 바로 성공한 사람을 벤치마킹하는 것이다. 내가 창업하고자 하는 지역을 잘 살피고 그 지역의 터줏대감과 교류해보자. 처음에는 경쟁자라며 견제할 수도 있지만, 내가 먼저 믿음과 신뢰를 보여준다면 마음의 문을 열게 되어 있다. 이를 위해 먼저 내 옷차림을 깔끔하게 해서 좋은 인상을 주고, 커피를 사들고 종종 찾아가거나 식사를 대접하는 등 친밀한 관계를 만들기 위해 노력해야 한다. 그러한 노력을 하면서 내 일을 열심히 해야 함은 물론이다.

두드리면 문은 열린다. 부동산 중개업은 혼자 힘으로 해나가기 어렵고, 전국에서 영업 중인 공인중개사사무소는 법인과 공인중개사를 포함해 약 10만 개가 넘는다. 세계경제포럼(WEF)은 '일자리 미래 보고서'에서 향후 20년 이내에 4차 산업혁명이 일어나 많은 직업이 사라질 것으로 예측했다. 지금도 자격증을 따기 위해, 혹은 현장에서 성공을 거두기 위해 달려가는 많은 사람에게는 실망스러운 현실일 수도 있다.

하지만 실망하기는 이르다. 남북 교류가 원활하지는 않지만, 북한 부동산 시장에 대한 기대가 커지고 있기 때문이다. 이미 북한에도 자본주의가 유입되어 부동산 시장이 주택 물건을 중심으로 꿈틀대고 있으며, 암암리에 그 입사증(사용권)을 프리미엄 붙여서 사고파는 시장이 열렸다고 한다.

남북 경제 수준이 비슷해지고, 남북 부동산 시장이 동일한 조건을 갖출 수 있을 때까지 공인중개사가 할 수 있는 일은 무한대로 많아질 것이다. 희망을 갖자. 그리고 내가 할 수 있는 일을 찾자. 트렌드를 파악하고, 공부를 게을리하지 말자. 행운의 여신은 꿈꾸는 자에게 미소를 보내며, 기회는 준비된 자의 몫이다.

2

부동산 중개업은
감자 캐기다

부동산 중개업은 고객에게 기쁨과 감동을 주어야 계약이 이루어진다. 공인중개사는 상담 시부터 계약 후에도 여운을 남기는 이벤트를 해야 그 고객으로부터 새로운 손님을 소개받을 수 있다. 필자는 이러한 고객에게 믿음과 신뢰, 그리고 기쁨과 감동을 주는 방법을 연구하고 실행에 옮긴다.

물건을 전화로 접수받으며 기록하고 직접 방문할 수 있는 방법을 제시한다. 고객과는 미팅이 이루어져야 한다. 그래야 확실하게 매도, 임대의 주요사항을 파악할 수 있기 때문이다. 방문 시에는 간단한 선물(1,000원 이내)을 지참하면, 좋은 분위기가 된다.

물건을 접수하고 방문을 허락받을 시에는 작은 선물을 준비해 손님과 인간관계를 맺어 자연스럽게 가까이 다가갈 수 있다. 필자는 이러한 경험을 많이 했다. 초코파이는 만인이 좋아한다. 그래서 방문 시에 2~3개들이 초코파이를 선물로 드린다. 또한, 소도시의 어느 지역 공인중개사님은 옆집이 떡집이라 집을 보러 가면서 떡을 준비해 가기도 한다.

계약 후에도 양 당사자에게 기쁨과 감동을 줄 방법을 고민한다. 필자는 계약 전에 미리 축하 카드를 손수 자필로 작성해두었다가 직접 읽어 드린다. 이 방법으로 계약 후에도 새로운 손님을 소개받을 수 있었다. 필자로부터 창업중개실무를 교육받은 어느 공인중개사는 카드를 100매씩 준비해 고객에게 좋은 글을 정성껏 드리니 계약 건수가 훨씬 많아지고 수익도 많이 올랐다.

우리나라 사람은 이심전심으로 선물 받기를 좋아한다. 정성이 가득 담긴다면 더더욱 좋아할 것이다. 필자는 축하카드와 케이크 선물을 항상 준비한다. 특히 음식점 등의 권리금 용역계약으로 개업식 때는 축하 메시지를 액자에 담아 폭죽을 준비해 축하해준다. 개업식에는 그 주인장의 친지, 친구, 식자재 공급을 하는 사장들도 많이 온다. 명함도 한 움큼 준비해 가지고 가서 축하 메시지를 읽어주고, 폭죽으로 축하해주며, 명함도 건네다 보면 그 축하객이 필자의 사무소로 찾아와 고객이 되기도 한다.

그리고 그 음식점이 잘될 수 있도록 그 지역에서 유명인(배우, 탤런트, 아나운서, 저명인)들을 초대해 맛집으로 기념 사인도 하고, 사진도 찍어서 부착해주기도 한다. 또한, 중요한 고객 어르신들께는 수시로 고객님의 친구들과 함께 콩나물 국밥집에서 미팅하며 손님을 소개받기도 한다. 콩나물 국밥에, 녹두전 한 접시에, 막걸리 잔을 올리고 보면 동행한 친구 서너 명도 좋아하신다. 시간이 난다면 노래방까지 안내해드린다.

부동산 중개사무소의 내재 가치는 계약을 많이 해야 하며, 그 친구분들이 내 고객이 된다면 금상첨화가 아닐까? 현장 영업에서 진상 손님도 있지만, 진정한 진성 손님을 만나는 것이 얼마나 어려운가를 영업해본 공인중개사라면 잘 알 것이다. 한번 거래한 충성고객으로부터 소개를 받는다는 것은 계약도 쉬울 뿐만 아니라 더 많은 손님을 소개받을 수 있다.

그래서 필자는 부동산 중개업 영업은 감자 캐기라는 말을 강의할 때 사례를 들어가며 이야기한다. 즉, 감자는 캐면 캘수록 주렁주렁 달려 나온다. 계약도 한번 터지면 계속해서 의뢰받고 진행된다.

큰소리치는 어르신은
이유가 있다

필자는 처음 대하는 손님이 큰소리를 치면 여유가 있는 분이라고 판단하곤 한다. 이번에 소개할 사례는 잔금 지급 기간을 길게 잡아 어려움을 겪었던 일이다.

1991년 4월 초순, 한창 부동산 가격이 상승하던 시절, 위풍당당한 70대 어르신 한 분이 운전기사를 대동하고 방문했다. 그는 필자를 보자마자 다짜고짜 명령조로 "자네가 사장인가? 저기 M아파트 하나를 사줄 수 있나?"라고 매수를 의뢰했다. 달아놓은 조건도 까다로웠다. M아파트 6개 동 중 전망이 가장 좋은 103동, 그것도 소위 말하는 로열층을 구매하겠다는 것이었다. 15층 중 10~12층이 로열층이니, 이 중에서 가장자리에 있는 물건은 피하고, 3개 층 12세대 중 1세대를 고르려고 했으나 아예 물건이 나와 있지 않았다.

"원하시는 물건이 아예 없는데, 값도 자고 나면 오르는 상황이라 가격 절충도 쉽지 않을 것 같습니다."
"찾아줘! 복비(중개보수)는 달라는 대로 줄게. 자네가 얼마 줄지 말해봐!"

어르신의 말씀에 필자가 웃으면서 "한 500만 원 주시면 좋겠습니다" 하니, 어르신은 대뜸 "그건 너무 많잖아! 300만 원 줄게" 하고 기록까지 남기고 가셨다. 당시에는 아파트값이 100~200만 원씩 오르는 게 아니라 10~20만 원씩 올랐고, 중개보수도 0.5%를 받던 시절이었다. 한 건 매매로 300만 원이면 몇 건을 성사시킨 거나 다름없는 셈이라 얼른 물건을 찾아 나섰다.

가가호호 매물을 찾는다는 전단지를 다섯 번이나 돌렸으나 감감무소식이었다. 그 당시는 인터넷, 전화, 휴대폰도 없이 삐삐를 허리에 차고 영업하던 시절이었다. 물건을 찾거나 물건을 알리는 전단지를 돌렸고, 삐삐가 울리면 버스에서 내려 공중전화로 달려가던 때였다.

보름이 지난 4월 하순 어느 날, 1202호의 전화를 받았다. 방문해보니 중년 여자분으로, 딸 세 명의 유학비를 마련하기 위해 매도하겠다고 한다. 하지만 이쪽 역시 조건이 까다로웠다.

시세보다 2,000만 원이 비싼 2억 5,000만 원(시세 2억 1,000만 원)에 매도하고, 중도금은 15일 이내에 지급해달라는 것, 또한 프랑스에 갔다 와야 하니 잔금 지급 기간을 3~4개월로 하고, 약 80㎡ 전세를 얻어주되 전세의 중개보수는 받지 말라는 조건이었다.

> Tip. 이럴 때는 어쩔 수 없이 매도자의 조건에 따라 잔금일을 늦게 잡되, 중도금 지급일을 앞당기는 것이 좋다(해약에 대비하기 위해서다). 또한 전세의 중개보수를 받지 않겠다는 승낙은 하지 말고, "법정 중개보수는 주셔야죠."라고 해두어야 상황에 따라 전세 중개보수도 받을 수 있다.

우여곡절 끝에 2억 2,500만 원으로 중도금 15일, 잔금일 4개월로 매매계약을 성사시켰다. 약 80㎡ 전세 계약도 무사히 마쳤다. 문제는 여기서부터 시작되었다. 중도금 날짜가 다가오기 전에 가격이 슬슬 오르자 매도자로부터 전화가 빗발쳤다. 해약하자느니, 중개보수를 안 주겠다느니 하는 말들이었다. 이미 계약금은 딸의 유학비로 보냈으면서 말이다. 그러던 차, 중도금 3일을 남겨놓은 1991년 5월 첫 주에, 부동산 과열 방지와 주택 공급을 위한 분당·일산 신도시 발표가 나왔다. 가격은 하락하기 시작했고, 이번에는 매수자 어르신께 난처한 입장이 되고 말았다.

8월 초, 잔금 일주일을 남기고, 매수자 어르신께 전화를 올렸다.

"어르신, 일주일 후에 잔금입니다. 정부의 신도시 발표가 있었지만, 계약할 때 가격 정도는 됩니다."

내려가고 있다는 것을 매수자라고 왜 모르겠는가? 그러나 기분 나쁘게 할 필요는 없다. 어르신은 큰 소리로 "괜찮아! 수리를 해서 내가 살 집이니 걱정하지 마!"라고 말하며 시종일관 당당하셨다.

"그리고 말이야! 자네 이번 토요일에 바쁜가?"

"예, 무슨 일이라도 있습니까?"

"자식들이 신촌 웨딩홀에서 칠순 잔치를 열어준다니 자네 시간이 있으면 점심이나 먹고 가게나."

고마운 제안을 받고 필자 또한 보답해야겠다는 생각이 들어, 그날 신촌 로터리에 도착하자마자 칠순을 축하하는 70송이 장미꽃다발을 샀다. 붓으로 정성스레 쓴 카드를 넣었음은 물론이다. 웨딩홀에 도착한 후 잔치를 준비하는 사회자를 만나 꽃다발 증정 코너를 부탁해 선물을 드리면서 큰절을 올렸다.

"어르신, 고희 축하드립니다. 만수무강 하십시오."

어르신이 꽃다발을 받으시고 눈물을 글썽이며 감격하시는 모습이 지금도 눈에 선하다. 5형제로 다복한 자식들과 수많은 축하객을 보니 어르신의 위풍당당한 모습이 어디서부터 왔는지 충분히 짐작할 만했다. 잘 얻어먹고 돌아오는 발걸음은 무척 가벼웠다. 절로 휘파람이 나왔다. 약속한 중개보수 300만 원을 다 줄지는 모르겠지만, 가격이 하락해 매매가격보다 비싸게 살 수밖에 없었던 것은 이해해주실 거라는 생각이 들었다. 역시 예상이 맞았다. 어르신은 잔금을 모두 치른 후, 약속은 약속이라며 중개보수 300만 원을 주셨다. 매도자도 매도 중개보수와 전세보수를 주고 갔으니 필자 입장에서는 해피엔딩인 셈이다. 진심을 담아 감사 인사를 했더니, 보름 후에 입주하고 나면 한번 놀러 오라셨다.

시간이 흘러 무더운 8월 중순 저녁 무렵, 전화를 받은 직원이 나를 찾았다.

"실장님! 할아버지께서 전화를 주셨는데요!"

순간 마음이 쿵 내려앉았다. 잘 끝났다고는 하지만, 아무래도 너무 내려간 매매가격 때문에 스스로도 민망하기 짝이 없었고, 그 마음의 짐을 아직 덜어내지 못한 상태였기 때문이다. 어르신이 매매가격을 알아보시고 한 소리 하시려고 전화하셨구나, 싶어 각오를 단단히 하고 전화를 받았다. 수화기를 건네받으니 예의 그 당당한 목소리가 들렸다.

"자네, 몇 시에 퇴근하는가? 아파트에 들렀다 가게나!"

그러고는 일방적으로 전화를 끊어버렸다. 이걸 어쩐담. 갈지 말지 한참 고민했지만, 일단은 호랑이 굴에 들어간다는 심정으로 커다란 하이타이와 백화수복 정종을 한 병 준비해 방문했다. 현관을 들어서니 과연 돈을 많이 들인 고급 인테리어라는 것을 한눈에 알아볼 수 있었다. 야경이 펼쳐진 전망을 보니 '끝내준다'라는 말이 절로 나왔다. 당시에는 흔하지 않던 최신형 에어컨까지 설치되어 있어서 가을인 양 시원했다. 정종 한 잔을 올리며 신도시 이야기로 말문을 열었다.

"그래! 아파트 가격이 많이 내렸다면서?"

필자는 올 것이 왔구나 싶어 엉거주춤 대답했다.
"예, 좀 내렸습니다."

"저기 보이는 아파트가 입주를 시작한다는데, 32평은 얼마면 살 수 있나?"
"예, 저 아파트는 조합 아파트로 1억 5,000만 원에서 1억 6,000만 원이면 로열층을 살 수 있습니다."

"그래? 얘들아! 이리 와 봐!"
어르신의 부름에 딸 넷이 모두 들어온다.

"큰딸 너는 집이 있고 둘째는 없지. 셋째도 전세 살지 말고 한 채씩 사야지? 모자라는 돈은 내가 보태주마."
딸들에게 한마디씩 하신 어르신은 필자를 돌아보고 호방하게 토닥인다.

"자네는 내가 보니 신뢰가 가. 우리 딸들 살 집 세 채만 물색해주게."
결국 어르신의 부탁으로 딸들이 살 아파트 세 채를 한 달 간격으로 계약해주었다. 뿐만 아니라 그 어른을 통해 자산가도 많이 소개받았으니, 필자로서는 귀인을 만난 셈이었다.

사소한 손님도 눈여겨보면 귀인이 된다

초보공인중개사 시절의 일이다. 막 사무소를 인수하고 남자 실장과 영업하던 때였다. 여성 화가에게서 포천 왕방산 쪽에 농가주택을 구매해달라는 의뢰를 받았는데, 이 화가는 당시 수락산 밑 배나무밭에 개인 화실을 운영하고 있었으나 화실이 아파트 부지로 수용되면서 농가주택을 구입해 개인 화실을 만들 계획이었다. 당시 농가주택은 한 채에 2,000만 원 정도, 중개보수는 0.5%인 10만 원이었다. 기름값도 안 나오게 생긴 의뢰여서 뒷전으로 밀어두고 그만 까맣게 잊어버렸는데, 어느 날 그 지역 배나무밭을 지나가다가 문득 생각이 났다. 얼른 전화번호를 찾아서 전화를 걸어 보니, 화실이 바로 근처에 있길래 당장 방문하기로 했다.

화실에 도착하니 의뢰해온 여성 화가가 문을 열어준다. 꽤 큰 2층짜리 화실에서 화가 다섯 명이 부지런히 작업 중이었다. 의뢰인과 이야기를 나누어 보니, 부동산 중개사무소 열다섯 곳에 농가주택 구입을 의뢰했으나 어디에서도 연락이 없었단다. 아마 필자와 마찬가지로 중개보수 때문이었을 것이다. 그런데 의뢰인 화가가 한 채를 구입하고 나면 제자 다섯 명도 주택을 구입할 예정이란다. 연이어 의뢰받을 '건수'를 잡은 셈이었다.

화가는 뒤쪽은 산, 옆에는 물이 있고, 밭이 딸려 있으며 예스러운 느낌이 드는 곳이 좋다고 했다. 그리고 되도록 동네에서 떨어진 조용한 곳이 좋겠다고 했다. 필자는 곧바로 포천 왕방산 인근에 있는 농가주택 물색에 들어갔다. 사진을 찍고 등기사항전부증명서를 발급받아 자료를 만들어 현장을 보여주었으나 가격 조건도, 의뢰인의 취향도 맞추지 못해 몇 차례 허탕을 치고 말았다. 그림을 그리거나 글을 쓰는 사람들은 사권보호를 중시하는 경향이 있으므로, 마을과 붙어 있고 사람과 어울리기 좋은 곳은 고객의 성향에 맞지 않았던 것이다. 필자는 그것을 아직 간파하지 못한 상태였기 때문에 계속

쓴잔을 마실 수밖에 없었다.

하지만 여기서 포기할 수는 없는 일. 또다시 주택을 물색해 자료를 준비해 화실을 찾았다. 그런데 고객은 설명은 뒷전이고 "뭐 좋은 것 찾았어요? 저기 책상 위에 놓고 가슈"이 한마디뿐이었다. 브리핑도 못 하고, 정성 들여 준비한 자료를 그저 놓고 나오려니 섭섭하기 그지없지만, 화가들이 모두 작업에 열중해 있어 방해할 수도 없었다.

자료를 두기 위해 책상으로 다가갔다. 그런데 책상 위에 펼쳐진 시집 한 권이 심상치 않다. 시 한 편에 빨간 색연필로 밑줄이 그어져 있고, 상단 제목에는 별표 3개까지 그려져 있다. 여간 마음에 든 것이 아닌 모양이다. 필자는 얼른 그 시의 제목을 외워 두었다.

시를 좋아하는 사람이라면 시를 읊어서 감동을 주자! 필자는 사무실 근처 책방을 뒤지다가 결국 사무실과 떨어져 있는 광화문의 대형서점에까지 달려가고 나서야 문제의 시집을 구할 수 있었다. 그다음 날부터 시 외우기, 시 읊기 연습이 시작되었다. 눈을 지그시 감고 그럴듯하게 '폼'을 잡으면서 시를 읊자 실장이 웬 시냐며 핀잔을 주었다. 하지만 시 한 수에 농가주택 다섯 채가 걸려 있는데 핀잔이 무슨 대수겠는가.

비가 추적추적 내리는 토요일, 3일 만에 화실을 찾았다. 제자 다섯 명은 여전히 그림에 열중하면서 눈길조차 주지 않는다. 고객에게 "비도 오는데 커피 한 잔 주세요" 하니, 저기 있으니까 타 드시라는 말뿐이다. 결국 내가 커피 여섯 잔을 타서 한 명씩 돌렸다. 그러다 보니 어느덧 분위기가 누그러지고, 다들 커피를 마시며 휴식을 취하는 모양새다. 지금이 기회였다.

"화가님, 시를 좋아하시는가 보죠? 저도 시를 한 수 아는데…."
"내가 시를 좋아하는지 어떻게 알았어요? 중개사님 아는 시라도 있수?"
"예, 한 수 있습니다. 읊어 볼까요?"
"그래, 한 번 읊어 보시구려."

3일 동안 달달 외우고 연습한 시를 드디어 암송할 기회였다. 창가에 비스듬히 기대 분위기를 잡고 천천히 시를 읊었다. 도종환 시인의 <이 세상에는>이라는 시였다. 이 세상에는 아무도 기억해주지 않는 외로움, 아무와도 나누어 가질 수 없는 아픔, 마음 하나 버리지 못해 지워지지 않는 그리움이 있으며, 당신은 그 외로움, 아픔, 그리움을 알고 있다는 내용이었다. 그런 당신을 생각하며 아무에게도 말할 수 없는 기다림으로 살아가는 세월이 있다는 것으로 끝맺는 시였다.

화가는 시를 가만히 듣더니 얼른 책장으로 가서 문제의 시집을 꺼내들었다. 모르긴

몰라도 무척 감명받았는지, 한 번 더 읊어달라고 청한다. 그래, 나도 그렇게 애써서 외운 것을 한 번만 읊기에 아쉽던 차였다. 재차 읊고 나니 제자 다섯 명이 박수를 쳤다. 중년의 그분들도 마음에 드셨나 보다.

"중개사님, 우리 화실에 자주 놀러 오세요."

결국 시 한 편 덕분에 일주일 후 계약을 성사시킬 수 있었고, 그분에게 소개받아 두 채를 더 중개할 수 있었다. 더 놀라운 일은, 이렇게 인연을 맺은 그 화가가 알고 보니 국전화가 심사위원장이었다는 사실이다. 그분은 필자가 사무소를 이전한 후에도 귀한 손님을 많이 소개해주는 귀인이 되어주셨고, 그분에게서 선물받은 100호짜리 산수화는 필자 거실에 걸렸다.

공인중개사는 이렇듯 영업할 때, 사소해 보이는 손님이나 의뢰도 눈여겨봐야 한다. 그분이 국전화가 심사위원장인지 누가 알았겠는가? 또한 특수한 성향의 손님이라면 그에게 다가갈 방법을 궁리해보는 것이 좋다. 마지막으로, 고객의 취향과 조건에 맞는 물건을 찾아야 한다. 막연하게 '통상적으로 좋은 조건은 이 물건이지'라고 생각하지 말고, 상담 시에 개인적인 취향을 넌지시 물어보고 파악하도록 하자.

별 미친 사람을
다 보았네!

"사장님, 뭐 저런 사람이 다 있어요?"

임차인이 크게 흥분한 것으로 봐서는 기분이 단단히 상한 것 같았다. 자세한 이야기를 듣고 보니 어느 중개사무소 실장이 잘못을 저지른 것으로 보였다.

필자는 6년 전부터 서울의 한 아파트 물건 임대차 관리를 맡고 있었는데, 2년 6개월 전에 지금의 임차인이 들어가게 되었다. 6개월 전 재계약 2년을 체결해드렸으며, 아직 계약기간 중에 있었다. 그런 와중에 3개월 전 주인이 사정이 생겼다며 매도 의뢰를 해왔고, 임차인에게도 통보를 한 상태였다.

"임대인이 매도하겠다니, 이참에 급매물로 사시는 것이 어떻습니까?"

"저는 여력이 없으니 남은 기간인 1년 6개월을 살겠습니다."

"그렇다면 전세를 끼고 팔겠지만, 실수요자가 나타났을 때 중개보수나 이사비용 등에 협조해주시면 제가 최선을 다해 같은 단지에 전세를 얻어 드리겠습니다."

"저는 이사 다니는 것도 불편하고, 기간 동안 살겠습니다."

주인이 전세를 끼고서는 매수자를 못 맞추던 차에 필자에게 혹시 다른 부동산 중개사무소에 매도 의뢰를 해도 되느냐고 물어왔기에 그렇게 하셔도 된다고 말했다. 그런데 어느 중개사무소 실장이 매수자를 맞추었고, 실입주가 가능하다고 브리핑을 한 모양이다. 아마도 그 실장은 현 세입자가 2년을 살았고, 다시 재계약했지만 다른 아파트로 옮겨줄 수 있으리라 생각하고, 현 세입자와 협의도 없이 판단한 것 같았다.

일주일 전 그 중개사무소에서 매수하고자 하는 사람이 집을 보았고, 매도자와 계약

미팅을 한 상태에서 마지막으로 한 번 더 물건을 확인하기 위해 아파트를 방문했다. 그 자리에서 실장이 세입자를 향해 언제까지 집을 비워 줄 수 있느냐고 물었다고 한다. 세입자는 그럴 수 없다며 기간까지 살겠다고 말했는데, 실장이 계약 한 건에 눈이 어두웠는지 "2년을 잘 살았으니 주인의 편의를 봐주어야 하지 않겠냐?"라면서 오히려 목소리를 높였단다. 이에 성격 급한 세입자는 그 자리에서 폭발하고 말았다.

"아니, 뭐 이런 사람이 다 있어? 콱 죽여버릴까 보다!"

실장과 손님은 혼비백산하고 달아나버렸다니 참 어처구니없는 이야기가 아닌가. 사전에 조율도 하지 않은 뜬금없는 요구에 살고 있던 임차인은 속이 뒤집어지고 말았다.

필자는 그 실장을 예전부터 알고 있었다. 3년 전 필자의 사무소 가까운 곳에서 일용품 장사를 하고 있었는데, 자기 지인을 한 분 모시고 와서 아파트 한 채를 알선시켰더니 사례비를 요구했다. 그래서 모시고 온 손님 매수자의 중개보수 중 50만 원을 봉투에 넣어서 붓글씨로 고맙다는 인사를 함께 써서 건넸다. 그런데 자기가 알선한 손님의 중개보수를 다 주어야 하지 않느냐는 것이다. 하도 어이가 없어 부가세 10%, 소득세 15% 등 필자의 부담도 있다고 설명하고 끝냈다.

그 사람은 2년 후 일용품점을 그만두고, 초보공인중개사를 고용해 부동산 중개업 사무소를 차렸으니 도둑을 기른 꼴이었다. 그사이에만 해당 사무소에서는 벌써 개업공인중개사가 두 번이나 바뀌었다. 그런데도 자기가 넓혀놓은 인맥이 있다며 자신만만한 모양이었다.

사무소를 연 지 한 달쯤 지난 어느 날 오후, 원룸 월세를 찾기에 하나 보여주었으나 계약은 되지 않았다. 그런데 그날 저녁 필자의 손님에게 보여주기 위해 갔더니 그 실장의 명함이 문에 붙어 있었다. 물건을 가로채겠다는 심보다. '아무리 상도의가 땅에 떨어졌다지만' 하고 화가 났으나 그냥 흘려버렸다. 이후로 그 사무소에서 전화로 물건을 찾으면 "예! 연락드리겠습니다"라는 말만 하고 끝낸다. 그런데도 그 실장은 공인중개사 자격증도 없이 온 동네를 헤집고 다녔고, 그러던 참에 이번에 사는 임차인에게 제대로 걸린 것이다.

이쯤 되니 오죽했으면 계약 한 건 하려고 저렇게 무리수를 둘까 연민의 정을 느낀다. 이 글은 성공사례로 볼 수는 없지만, 공인중개사로서 현장에서는 꼭 필요한 내용이기 때문에 적었다. 성공하기 위해 애쓰는 것도 좋지만, 공인중개사로서 상도의를 지켜야 성공한다.

매수자를
찾아 나서다

계약을 미루기만 하는 고객을 만난다면, 과감히 찾아 나서는 용기가 필요하다. 고객을 직접 만나 계약을 성사시킬 가능성이 있는지 신중히 판단해야 한다.

25년 전, 노원에서 영업하던 시절의 이야기다. 여름 주말, 직원을 퇴근시키고 혼자서 책을 읽고 있자니 60대 중반 부부가 방문했다. 미국에 있던 아들 내외가 귀국하는데, 지금 사는 곳보다 더 넓은 아파트를 구입하고 싶다고 하셨다.

당시 상계동 주공 아파트는 총 14단지 중 제일 넓은 평수가 25평이었고, 민영 D아파트가 유일하게 44평을 보유하고 있어 4층을 보여드렸다. 물건을 마음에 들어 하시며 시간을 내어 다시 오겠다고 하시기에, 명함을 한 장 받아 매수자 기록장에 붙여 놓았다. 댁이 어디인지 물으니 여의도 G아파트에 사신다며, 전철을 타고 대방역에 내려 택시를 타면 기본요금이 나온다고 하셨다. 필자는 노원역 2층까지 배웅하고, 대방역까지 가는 표 2장을 발매해드렸고, 고객은 고맙다는 인사를 하면서 훈훈하게 헤어졌다.

그런데 일주일이 지나도 전화 한 통이 오지 않았다. 명함을 살펴보니, 인천 부평역 인근에서 수출용 포장박스를 제조하는 업체를 운영한다고 쓰여 있었다. 영업을 마치고 찾아가보니, 사장님은 6시가 되면 바로 전철을 타고 퇴근하신다고 한다. 다음 날 6시경 부평 공장을 찾아가니, 이번에는 납품처인 구로공단에서 일을 마치고 바로 퇴근하셨단다.

또다시 다음 날, 다른 시도를 해보려고 5시 반쯤 공장 앞에 도착했다. 회사 문 앞을 서성이니 고객이 커다란 가방을 들고 퇴근길에 오른다. 10m 정도 거리를 두고 007 영화처럼 뒤따라가다가, 고객보다 3칸 정도 뒤에 탔다. 역 몇 개를 지나친 후, 고객이 있는 칸으로 뚜벅뚜벅 걸어가 우연히 마주친 것처럼 아주 반갑게 인사를 건넸다.

"○○○ 사장님 아니십니까? 저 노원역에서 뵈었던 공인중개사 김종언입니다."

고객은 한참 생각하더니, 상계동에 갔던 일을 기억해내고는 웬일이냐고 묻는다. 이미 길을 나섰을 때부터 머릿속에 시나리오를 짜두었던 터라, 여의도 KBS 방송국에 친구를 만나러 간다고 대답하고 한참 대화를 이어갔다.

역에 도착해 지하철에서 내린 후, 고객은 같은 방향이라며 함께 택시를 타고 가길 권했다. 약속 시간까지는 조금 남았으니, 자기 집에 가서 차 한잔하자는 것이다. 마다할 이유가 없었다. 휴지를 사들고 집에 방문하니, 부인분이 반갑게 맞아 주신다.

"전에 전철 표 사준 그 젊은이구만! 어서 들어와요."

고객은 세수하고 나오더니, 아들이 보내준 와인이라며 필자에게 권했다. 그런데 맛을 보니 포도주 같다. 필자가 어리둥절해서 "사장님, 이건 포도주 맛인데요?" 하니 부부 모두 박장대소를 터뜨렸다.

"아니, 와인이 포도주지 뭐야?"

필자의 '촌놈 티' 덕분에 분위기가 풀어져 한참을 웃었다. 결국 구수한 된장찌개로 저녁까지 얻어먹었고, 다음에 오시면 꼭 좋은 곳으로 모시겠다며 아파트 계약도 잘해 드리겠다고 감사 인사를 드린 후 사무소로 돌아왔다.

결국 일주일 넘게 연락이 없었던 그 고객은 필자의 사무소를 다시 찾았고, 그다음 주에 성공적으로 계약을 체결할 수 있었다. 이사를 오시고 나서 필자의 사무소로 자주 방문하시고, 손님도 소개받아 계약도 여러 건 성사했다. 그분들은 필자를 도와주시는 우군이 되었다.

이렇듯 때로는 진성 손님이라고 판단되면 찾아 나서야 하고, 그 손님의 마음을 사로잡아야 계약이 이루어진다.

농촌 어르신과의 관계를
소중히 여겨라

가마솥 속 밥도 불을 지펴야 익는다. 특히 도농복합지역에서 영업하기 위해서는 지역 유지나 마을 이장님들과 끈끈한 유대관계를 맺어야 하고, 토지 거래의 경우라면 더욱 그렇다.

필자가 경기도 광주에서 영업하면서 토지 매매를 진행했을 때의 일이다. 1년간 공을 들였으나 매도자가 팔 듯 말 듯 줄다리기하면서 매번 가격을 올리는 바람에 번번이 허탕을 쳤다. 매도자는 예순을 넘긴 지역 농민이었는데, 이 깐깐한 노인의 마음을 움직이기가 여간 어려운 것이 아니었다.

성남에는 모란장(4일장, 9일장)이 선다. 필자는 이리저리 알아보던 중, 매도자가 같이 농사짓는 농부끼리 모종이나 묘목을 사기 위해 모란장에 간다는 정보를 입수했다. 친구 여럿이 모란장 장터식당에 모여 막걸리를 마신다는 것이다. 점심때쯤 모인다고 하기에, 현금 10만 원을 챙겨서 그분들을 찾아 나섰다. 넓은 시장 바닥을 헤맨 지 1시간여, 막걸리 좌판을 벌인 노천식당이 눈에 들어왔다. 얼른 둘러보니 저쪽에 친구들과 막걸리 잔을 앞에 두고 앉은 매도자 어른이 보인다. 시치미를 뚝 떼고 다가가 큰 소리로 말을 건넸다.

"어르신! 여기는 웬일이십니까?"

모인 농부 어르신들이 "복덕방 사장님이 웬일이냐?"라며 한바탕 인사를 건넸다. 필자도 막걸리를 좋아한다며 너스레를 떠니, 농부 한 분이 같이 한잔하자며 자리를 권하기에 얼른 앉았다. 그 김에 손을 번쩍 들어 올리며 점원에게 기세 좋게 말했다.

"여기 막걸리 한 주전자 더 주세요! 어르신들, 제가 쏘겠습니다. 안주도 고기 2접시 더 주세요!"

필자는 두 사발만 마시면 홍당무가 되는 체질이지만, 그래도 주거니 받거니 즐겁게 술잔을 기울이며 이야기를 나누었다.

"다음 장날 또 오시나요?"
"그럼요, 우리는 장날마다 온다오."
"그럼 저도 와서 같이 한잔해도 되겠네요?"
"아무렴! 술값만 갖고 오시우!"

농부 어르신이 너스레를 떨자 모두가 왁자하게 웃음을 터뜨린다. 오늘은 필자가 쏘기로 하고, 어르신들에게 추가 주문을 해드린 후 그것까지 모두 값을 치른 뒤에 먼저 일어섰다. 거기서 그치지 않고, 한 분만 살짝 불러 노래방에도 다녀오시라며 5만 원을 드렸더니 연신 고맙다며 어깨를 두드리셨다.

그렇게 어르신들 모임에 동행하기를 3차례, 결국 그중 한 분의 토지로 양타 계약을 체결하는 데 성공하였다. 이분은 아직도 필자를 자주 찾아 주시면서 끈끈한 인연을 이어가고 있다. 지금도 우연히 마주치면 "모레 모란장인데 막걸리 마시러 갑시다"라며 인사를 주고받는다.

중개업은 고객과의 유대관계가 중요하지만, 특히 농촌 지역 어르신들과 계약을 진행할 때는 고객에게 인간적인 감동을 주는 일이 중요하다. 서로 반갑게 마주쳤다가 웃으며 헤어질 수 있는 사이가 되었다면, 일도 한결 쉽게 진행될 것이다.

필자는 도농복합지역의 마을 이장님들이나 동네 어르신들 모임에 자주 참석한다. 평택에서도 마을 이장님들과 모임은 물론이고, 농한기에 힐링 여행도 동참한다.

무조건
원상 복구하시오!

넉넉한 재산을 보유한 중년 여성 손님으로부터 3층 상가 건물 매도를 의뢰받았다. 검토해보니, 이미 여러 사무소에 의뢰했던 물건으로 가격이 높아 몇 번이나 계약이 무산된 물건이었다. 재산이 있다고 자존심을 세우는 손님인 것 같았다.

매도자는 필자가 거래했던 옆 건물 이야기를 듣고 찾아왔다며, 희망가격과 임대차 관계 등을 기록하고, 권리 분석과 각종 서류를 준비했다. 이후 몇몇 손님과 상담해보았으나 역시나 가격 차이를 좁히기 어려워 고심하던 중, 필자가 거래를 성사시킨 후 전속 관리하고 있는 옆 건물 주차장 포장 문제로 갈등이 생겼다.

"사장님! 사장님이 거래한 옆 건물 주차장에서 시멘트 포장공사를 했슈. 그런데 우리 땅을 침범했지 뭐야. 원상복구 시켜 주세유!"

당장 현장에 가서 확인 작업에 들어갔다. 원래는 경계 부분 약 1m 정도가 포장되지 않은 고랑으로 남아 있었는데, 이 부분을 보기 좋게 포장해 빗물도 뒤로 빠지도록 한 것이었다. 해당 건물주에게나, 내 손님에게나 서로 좋은 상황이었다. 하지만 손님은 이유 불문하고, 무조건 원상복구시키라며 화만 냈다.

손님이 고집하는데 중개사가 뭐라고 할 수는 없는 노릇이다. 공사를 한 인부를 찾아 원상복구 작업을 의뢰하려고 했더니, 설상가상 그 인부는 사고로 병원에 입원 중이었다. 이러한 사정으로 좀 늦춰지게 되었음을 알리자 손님은 또 화를 냈다. 이럴 때는 평정심을 유지하기가 참 힘들다.

어찌어찌 다른 인부를 찾아 복구공사를 하고 연락했더니, 다음 날 손님이 찾아왔다. 이번에는 복구된 현장이 마음에 들지 않는 모양이었다.

"원상복구를 좀 똑바로 하지 그게 뭐예유?"

당시 사무소에는 토지 중개를 배우겠다고 찾아온 필자와 비슷한 연배의 직원이 있었다. 그 직원은 가만히 지켜보다가 상황을 파악하고, 손님의 사투리를 유심히 듣더니 한마디 했다.

"사모님! 고향이 어디래유?"

손님이 고향을 밝히니, 자기도 그곳에서 나고 자랐다며 반갑게 인사했다. 이야기를 더 나누어 보니 고향이 같을 뿐만 아니라 같은 초등학교를 나온 동문이었다. '~유'로 시작해서 '~유'로 끝나는 대화를 옆에서 듣다 보니 절로 웃음이 나왔다.

"저기 사장님과는 대판 싸웠어도 어쩌겠어유. 물건 잘 팔아 주시기예유."
"염려 마세유. 제가 책임지고 팔아 줄게유."

그렇게 많이 싸우고 비협조적으로 나왔던 손님이었지만, 직원과 기분 좋게 헤어진 덕인지 보름 후에 의외로 쉽게 매매계약이 성사되었다. 손님의 마음의 문을 열고 친근한 관계를 맺어야 한다는 말을 다시 한번 되새긴 사례였다.

길을 가다가 돌멩이를 만나면, 같은 돌멩이라도 누군가는 걸림돌이라고 생각하고, 누군가는 디딤돌이라고 부른다. 중개업 또한 마찬가지다. 어려움에 봉착하더라도 손님의 마음을 상하게 하지 않는 지혜를 발휘하면서 협상에 최선을 다해야 한다. 필자 또한 30년 동안 영업해오면서 마음이 상한 적도 많았고, 그만큼 걸림돌도 숱하게 만났다. 하지만 걸림돌을 만날 때마다 중개사가 먼저 다가가 배려한다면, 걸림돌을 디딤돌로 만들어 한 단계 더 뛰어오를 수 있을 것이다.

중년 여성 A씨의 카페 성공 이야기

중년 여성 A씨는 원래 생필품 소매업을 했는데, 단골손님이 집 걱정을 하면 이웃한 필자의 공인중개사사무소로 모시고 와서 실제 집을 매수하도록 도와주었다. 그러다 보니 자연스럽게 부동산에 관심을 가지게 되었다. 생필품 소매업이 순조롭지 않아 점포를 처분하고, 10여 년 전 어느 부동산 중개사무소에 보조원으로 일하면서 부동산 투자 공부를 했다. 그러다가 당시 근무하던 도농복합지역의 취락지역에서 매물로 나온 2차선 도로변 107평을 매수했다. 시간이 지나면서 가격도 배로 올랐고, 2년 전 연건평 100평의 1층 근린생활시설과 2층에 본인이 거주할 주택을 건축했다. 현재 1층은 카페 임대로 주고 있다.

토지(취락지역 - 건폐율 60%, 용적율 100%)를 매입해서 카페로 변신

필자가 10여 년 전에 서울 손님에게 주말농장 968㎡를 소개해 구입하게 했는데, 그 손님은 해마다 상추, 무, 배추, 가지, 오이, 호박, 감자 등을 한 소쿠리씩 보내주었다. 그런데 2020년 코로나19 바이러스 창궐로 인해 캐나다에 있는 자녀의 집에서 귀국하지 못하면서, 파종 시기인 4월을 지나 각종 채소 씨뿌리기와 모종 시기가 지나 필자에게 농사를 부탁했다. 농사를 짓지 않으면 과태료를 물기 때문이었다.

필자는 300여 평을 혼자 농사짓기 힘들어 트랙터를 오전에 50만 원을 주고 빌려 밭을 고르고, 고랑을 만드는 작업을 하다가 비가 내리는 바람에 귀갓길에 A씨가 임대로 준 카페에 들렀다. 마침 카페에는 A씨와 손님 몇 사람이 갓 구운 쿠키와 커피를 즐기고 있었다. 5월 5일 어린이날이고 휴일이라, 직장인과 전세 계약을 마치고 그 손님을 모시고 와서 쿠키와 커피를 대접하고 있었다.

A씨는 손님과 상담을 마치거나 계약을 마치고 나서 근거리 10분 이내의 자기 건물 카페로 손님을 모시고 가서 갓 구운 쿠키와 내린 커피를 대접하며 기쁨과 감동을 주고 있다. 임차인에게도 장사가 잘되도록 도와주면서 서로 윈윈한다고 한다.

이러한 영업 방식으로 고객에게 기쁨과 감동을 준다는 A씨의 이야기를 듣고 보니, 필자가 30여 년 부동산 중개업을 하면서 강조하는 중개기법 중 하나인 창조적인 고객 관리의 단면을 본 것 같아 참으로 기분이 좋았다.

주변에는 많은 사람이 찾는 정몽주 선생의 묘역이 있고, 호박마을 등잔 박물관도 있다. 평일이나 주말에도 가족과 나들이를 즐기는 주말 체험 학습 농장도 있고, 각종 야생화와 행운을 안겨준다는 네 잎 클로버도 눈에 들어온다.

카페 임차인 한 씨는 10년 제빵사 기술 자격증을 보유한 베테랑으로, 빵 굽는 기술과 커피 마니아로서 손님뿐만 아니라 동네 전원마을 주민들로부터도 찬사를 받고 있다. 갓 구운 빵이 나오는 12시에는 단골손님이나 전원주택 단지 주민, 이웃한 아파트 주민에게 이메일로 알려 그 시간에 김이 모락모락 나는 빵 맛을 즐길 수 있도록 장사 수완을 발휘한다.

정갈하게 쿠키와 커피를 내릴 준비하는 점주

단골손님이 전화만 하면 김이 모락모락 나는 각종 빵과 커피를 드라이브 스루 방식으로 전달하기도 한다. 점주 한 씨는 항상 웃음과 즐거움으로 영업하며, 손님에게 정성스럽게 최선을 다하고 다시 찾아오도록 기쁨과 감동을 주고 있다. 향후 2~3년 이내에 자가 건물의 소유권자로 발돋움하겠다는 야심 찬 포부도 가지고 있다.

"꿈은 꿈꾸는 자에게 행운의 여신이 미소를 보내오고, 기회는 준비된 자의 몫이다!"

그분의 꿈이 이루어지길 바란다. 중년들은 누구나 아담한 자신의 카페를 마련해 수익도 올리고, 취미생활로 여가를 보내기를 꿈꾼다. 필자는 과거 여러 손님에게 이러한 자리를 마련해준 경험이 있다. 결론적으로 뒤돌아보면, A씨는 자신의 꿈을 현실로 만들어 중년 생활을 보내고 있다. 카페 자매들도 중년이 되면 이러한 꿈이 현실로 다가올 것이다.

인생 상담,
절대로 보증 서지 마라!

"찹쌀떡. 메밀묵!"

10여 년 전 겨울, 경기도 광주시 오포읍에서 살 때였다. 자정이 넘어 잠을 청하는데, 어렴풋이 "찹쌀떡, 메밀묵" 하는 남녀 목소리에 잠을 깼다. 무슨 사연이 있기에 이 추운 영하의 날씨에 새벽까지 찹쌀떡과 메밀묵을 외치는 것인지 궁금해서 밖으로 나갔으나 그들을 찾지 못했다.

일주일 후, 사무소에서 늦게까지 《내 집 마련 전략과 재테크 여행》 원고를 정리하고 있는데, 다시 그 "찹쌀떡" 소리가 들렸다. 이번에는 남자의 목소리만 들렸다. 밖으로 나가 "아저씨! 저 찹쌀떡 좀 주세요" 하고 사무소로 불렀다. 남자는 모자를 푹 눌러쓰고 양어깨에 커다란 통을 메고 있었다. 눈이 많이 내리는 터라 처음에는 사무소에 들어오는 것을 주저했지만, "아저씨! 들어오세요. 날씨도 추운데 제가 따뜻한 커피 타서 드릴 테니 몸을 좀 녹이고 가세요"라고 말했다.

아저씨는 신발에 눈을 털며 들어왔고, 커피를 한잔 드리니 연신 "고맙습니다!"를 외쳤다. 모자를 푹 눌러썼으나 자세히 보니 나이는 50대 중반 정도로 말끔하고 깔끔한 중년의 모습이었다. 찹쌀떡 한 줄이 5,000원이란다. 두 줄을 사고 질문을 던졌다.

필　자 : "아저씨! 사실 며칠 전에도 새벽에 '찹쌀떡, 메밀묵' 하는 소리를 들었는데, 오늘은 메밀묵 소리가 안 들리네요?"

아저씨는 순간 울컥하는 기침 소리를 냈고, 필자는 질문한 것이 미안했다.

필　자 : "아저씨, 저는 이곳에서 공인중개사사무소를 운영하며 글을 쓰고 있는 사람입니다. 저도 과거에 참으로 어려운 삶을 살아왔기에 이렇게 추운 날씨에 새벽까지 장사하시는 아저씨를 보니 무슨 사연이 있을 것 같아 보입니다. 세상살이 이야기도 좀 듣고 싶네요."

아저씨 : "커피 잘 마시고 몸 녹이고 갑니다. 안녕히 계세요."

아저씨는 눈시울이 붉어졌지만, 인사만 건네고 나가셨다.

필　자 : "예, 길이 미끄러우니 조심해서 가세요."

뒤돌아가는 아저씨를 물끄러미 바라보니 궁금증이 더 커졌다. 다음에 또 기회가 있겠지, 하고 생각했다.

3일 후, 자정 무렵에 다시 그 아저씨의 목소리가 들려왔다. 사무소를 나가 지나가는 아저씨를 불러서 찹쌀떡 두 줄을 사면서 커피를 대접했다. 필자는 이번에는 아저씨가 먼저 말을 걸어오기를 기다렸다. 커피를 두어 모금 마시고, 사무소 내부를 살펴보면서 아저씨가 먼저 말문을 열었다.

아저씨 : "공인중개사님, 고맙습니다. 이렇게 늦은 밤까지 문을 열어두면 손님이 옵니까?"
필　자 : "아닙니다. 저는 늦은 밤이지만, 저의 부동산 경험을 토대로 책을 펴내기 위해 원고를 정리하고 있습니다."
아저씨 : "아, 그렇군요. 대단하십니다. 이 지역에는 방 2개짜리 빌라는 전세가 얼마 정도 합니까?"
필　자 : "아, 전세를 얻으려고 하시나요? 시세는 5,000만 원에서 6,000만 원 정도 합니다."
아저씨 : "그렇군요."
필　자 : "아저씨는 어디서 사시나요?"
아저씨 : "좀 먼 곳, 수원에서 삽니다."
필　자 : "아니! 수원에 사시면서 이 밤중에 여기까지 오셔서 장사하신다는 말씀인

가요?"

아저씨 : "예, 목구멍이 포도청이라고 늦은 밤부터 새벽까지 찹쌀떡 두 통을 팔고, 첫
차 버스를 타고 수원 집으로 갑니다."

필　자 : "예, 고생이 많으시네요. 이곳으로 이사 오세요. 제가 도와드리겠습니다. 그
리고 저와 같은 연배일 것 같은데 저는 쉰다섯 살입니다."

아저씨 : "예, 제가 한 살 위네요. 커피 잘 마시고 갑니다."

필자는 찹쌀떡 파는 아저씨가 더욱 궁금해졌고, 매일 기다림의 시간이 나의 마음을
흥분케 했다. 도대체 어떤 사연을 안고 살아가는 사람일까? 모습이나 말씀도 차분하시
고, 어려움을 겪으며 살아온 사람 같지 않았다.

찹쌀떡 아저씨의 목소리는 정확히 3~4일 간격으로 들린다는 사실을 알게 되었다.
3일이 지나면 다시 궁금해졌다. 기다리고 있노라니 "찹쌀떡" 소리가 들렸다. 이번에도
메밀묵 소리는 안 들렸다. 오늘은 사연을 좀 알아봐야지 하면서 문을 열고 "저 찹쌀떡
좀 주세요"라고 불렀다.

아저씨 : "오늘도 사시게요?"

필　자 : "예, 배도 출출하고 맛있잖아요. 두 줄 주세요."

한 줄을 펴서 하나 집어 입에 넣고, "아저씨도 하나 드세요" 하며 찹쌀떡을 건넸다.

아저씨 : "저는 매일 팔고 남으면 먹어요. 커피 맛이 좋아요."

필　자 : "하루에 두 통 팔면 이익이 많이 남나요?"

아저씨 : "왜요? 찹쌀떡 장사하시려고요?"

아저씨는 웃음이 터졌고, 필자도 따라 웃었다.

아저씨 : "두 통을 짊어지고 걸으며 외치면 어깨가 아파요. 한 통에 20줄, 두 통
에 40줄, 찹쌀떡이 총 400개입니다. 밤 9시부터 새벽 4시 반까지 다 팔면
20만 원이에요. 하지만 단골이 두 줄 사면서 깎아달라고 하면 깎아주고, 세
줄에 1만 원도 주다 보면 20만 원 미만을 벌고, 원가 빼고 10만 원 정도 남

아요. 다 못 팔 때도 허다하고 그때는 수입이 더 적습니다. 남으면 다음 날 팔 수 없으니 노인정 같은 곳에 드리기도 합니다."

필　자 : "그렇군요. 그런데 어떤 사연으로 이런 장사를 하십니까? 궁금해서요. 그리고 메밀묵 하시던 분은 왜 안 오시나요?"

아저씨의 표정은 어두워졌고, 긴 한숨을 내쉬며 나갈 준비를 했다.

아저씨 : "이만 가봐야겠습니다."
필　자 : "예, 조심하시고 다음에 또 오세요."

정확히 3일 후 자정이 임박할 즈음 다시 만났다.

필　자 : "안녕하세요? 여전하시네요. 목소리가 반가워 커피 타 놓았습니다."

커피를 마주하고 네 번째 만남이라 이제 제법 자연스러워졌다. 푹 눌러쓴 모자를 벗고 보니 정말 깨끗한, 필자보다 훨씬 잘생긴 동안의 모습이었다.

그의 사연은 이러했다. 3년 전까지만 해도 직원 20여 명을 거느린 가구공장 사장으로 괜찮은 사업가였다. 그러나 잘 아는 친구의 사업에 보증을 서 주었는데, 그 친구의 사업이 실패하면서 보증을 선 죄로 공장과 집을 모두 잃고 단칸방 월세로 나앉았다. 청년기에 접어든 아들도 아버지를 원망하며 집을 나갔고, 지금은 군대에 있다고 했다.

그래서 속상함과 부끄러움은 둘째치고, 생계를 위해 멀리 떨어진 오포읍에서 찹쌀떡과 메밀묵 장사를 시작했다. 부인도 같이 메밀묵을 외치며 장사를 도왔지만, 몸이 쇠약해져 더는 나오지 못하고, 지금은 혼자서 찹쌀떡을 외친다고 했다.

그는 과거를 빨리 잊고 조그만 빌라라도 하나 마련해 아들이 제대하면 함께 살고 싶은 소망이 있었다.

필자는 과거 젊은 시절 가구공장 공장장으로 일했던 경험을 이야기하며, 찹쌀떡 아저씨와 막걸리도 한잔하는 사이가 되었다. 이듬해 봄에는 방 두 칸짜리 빌라 전세를 얻어 주었다. 1년여를 일주일에 한두 번 만나 세상 이야기를 나누며, 그동안 정리한 원고로 낸 《내 집 마련 전략과 재테크 여행》을 선물하니 아저씨는 좋아했다.

2년이 지났을 때, 찹쌀떡 소리를 더는 들을 수 없었다. 그러던 주말 오후에 아저씨가 찾아왔다.

아저씨 : "그동안 신세를 많이 졌습니다. 저의 지인이 중국에서 큰 가구공장을 운영하는데, 공장장으로 가게 되었습니다. 전셋집을 좀 빼주세요."

필 자 : "참으로 잘되셨군요. 축하합니다."

그렇게 해서 아저씨는 중국으로 떠났다. 귀국할 때마다 필자를 찾아와 선물을 안겨주며, 막걸리를 한잔하고 중국 이야기를 들려주었다. 그는 필자에게 중국으로 여행을 오면 꼭 연락 달라고 당부하며 선물을 주었다. 중국 북경에서 500km 떨어진 석가장에 있는 공장장 아저씨를 만나러 여름휴가 때 방문해야겠다.

경쟁자를 붙여라 1
- 물류창고 임대차계약

물류창고 신축 건물의 1, 2층과 넓은 주차장을 갖춘 물건을 임대 의뢰받았다. 보증금 1억 원, 임차료 500만 원(부가세 별도)으로 접수해 손님을 맞추고 있었는데, 의류 유통업을 하는 임차인이 현장을 세 번 보고 임차료 50만 원을 깎아 달라고 하면서 번번이 실패했다. 임대인은 다른 부동산 중개사무소에도 의뢰했고, 가격은 요지부동이었다(그만한 가격이 될 정도의 물건이었기 때문에 10만 원도 깎아주지 않았다).

임차인은 꼭 마음에 들어 하면서 또다시 현장을 보러 오겠다고 했다. 벌써 4차례 방문한 상태라 이번에는 꼭 계약 성사를 시켜야 했다. 이에 필자는 트릭을 사용해보기로 했다. 즉, 경쟁자를 붙이는 전략을 사용한 것이다.

임차인 손님이 12시에 현장을 다시 보러 오겠다고 해서 필자의 지인을 12시 10분에 현장에 오도록 했다. 지인은 창고를 얻는 척하며 면적과 구조를 파악하는 척 살피고, "사장님, 내일 직원회의를 마치고 계약금을 가지고 올 테니 10만 원만 깎아주세요" 하고 떠났다. 사실 이 모든 것은 사전에 각본을 연출한 것이었다.

이에 임차인은 당황하기 시작했다. 다른 손님이 있다는 사실에 마음이 움직였고, "사장님, 지금 계약할 테니 10만 원만 깎아주세요"라고 말했다. 필자는 "이런 깨끗하고 1, 2층 활용과 진입로가 양호한 넓은 주차장이 있는 창고를 얻기 쉽지 않습니다. 임대인에게 잘 말씀드려 도와드리겠습니다"라고 답했다.

임대인을 만나 창고를 잘 관리하고 사용하겠으니 10만 원만 깎아달라고 절충을 거쳐 결국 계약을 성사시켰다.

이렇듯 현장의 물건이 꼭 필요로 하는 손님이 2~3차례 찾아온다면, 그 물건에 관심이 있다는 판단으로 경쟁자를 붙여서라도 계약을 성사시켜야 한다. 그 의류 유통업체는 나날이 성장해 이후에 토지를 매입해 다른 물류창고를 건축해 번성하고 있다.

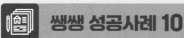

경쟁자를 붙여라 2
- 토지 중개

투자 가능성으로 브리핑한다

토지(임야), 전원택지 임장활동 시에

풍수, 수맥, 방향 등도 아울러 확인한다.

토지 매물 중개 시에는 진입로 좌, 우, 앞, 뒤에 연접한 토지 전체를 분석한다.

경기도 양평군에서 콩농사를 짓고자 하는 부부 어르신의 상담을 받아 적당한 물건을 찾기 시작했다. 건축물대장에 기록도 없는 농가주택이 있는 토지를 발견해 상대 부동산 중개사무소와 가격 절충을 시도했으나, 워낙 가격 차이가 커서 번번이 실패했다. 매도 희망 가격은 4억 원이었으나 매수자 어르신 부부는 3억 원을 제시하고 요지부동이었다.

어르신 부부는 이 토지를 이미 세 번이나 보러 오셨다. 필자는 이 필지를 매수하면 연접한 3필지는 진입도로가 없는 맹지라 저렴한 가격으로 매수할 수 있도록 도와드리겠다고 제안했다. 이에 따라 가격을 상향 조정해 3억 5,000만 원으로 협상을 벌였으나,

매도자는 3억 7,000만 원이 아니면 거래하지 않겠다고 했다.

일주일 후, 어르신 부부가 다시 현장을 보자고 연락해왔다. 필자는 지인을 트릭으로 동원했다. 일요일 오후 2시 현장에서 만나기로 하고, 지인에게 10분 먼저 도착해 토지를 둘러보게 했다. 어르신 부부와 현장에 도착했을 때, 지인은 이미 토지를 둘러보고 있었다. 지인은 핸드폰으로 토지 사진을 찍고 나서 필자에게 "가격을 조금만 깎아주면 다음 주에 와서 계약하겠습니다. 연락 주세요"라고 말하며 떠났다.

어르신 부부는 경쟁자가 있다는 사실에 마음이 동요했다.

"저 사람이 사려고 하는 거요?"
"예, 지난주에도 다녀갔는데 마음에 드는지 오늘 또 둘러보네요."

그날 저녁, 3억 7,000만 원에 매매계약을 성사시켰다. 이듬해에는 연접한 2필지도 저렴한 가격으로 매수를 도와드렸다. 어르신 부부는 여름에도 주택에 머물며 콩과 여러 가지 채소를 심어 갈 때마다 선물로 주셨다. 그리고 토지가격이 많이 상승해 매우 좋아하셨다.

이렇듯 공인중개사는 향후 토지 가격 상승 여력이 있고, 고객이 원한다면 경쟁자를 붙이는 기술을 발휘해야 한다. 단, 고객을 기만하거나 속이는 일은 절대로 해서는 안 된다.

김 사장 마음먹기에 따라
얼마든지 더 받아줄 수 있잖소!

 자기주장이 강한 고객 한 분이 있었다. 10년 넘게 필자와 씨름한, 나이 많고 아주 깐깐한 남자 고객이었다.

 8년 전 어느 가을, 당시 예순에 가까웠던 여성 고객 두 분이 방문해 도로변의 작은 토지를 사서 건물을 올려 임대수익을 내고 싶다고 상담해왔다. 그래서 다른 중개사무소에 전속으로 나와 있는 물건(잡종지 186평)을 소개했지만, 가격 차이를 좁히지 못해 한 달 이상 끌다가 결국 해당 부동산 중개사무소에 일을 맡기게 되었다. 고객은 한참 낮은 가격을 부르며 긴 실랑이를 벌인 끝에 결국 계약했지만, 낮은 가격으로 계약을 성사시켜 주었음에도 법정 중개보수 이하의 보수만 내놓았다. 하지만 후일 거래를 생각하며 그냥 넘어갔다.

 이 건을 계약한 중개사무소에서는 형질변경 등 건축허가를 도와주며 건물 임대차계약을 잡으려고 했는데, 다음 해 봄에 고객 중 한 분의 남편이 난데없이 서류를 한 무더기 들고 필자의 사무실에 찾아왔다.

 "사장님! 지난번에는 죄송했습니다. 건축허가까지 받았는데 사정이 안 되어서 그냥 팔아 주십시오."

 형질변경과 건축허가를 도와준 중개사무소에 의뢰하는 것이 도리라고 설득해보았으나, 막무가내로 물건을 접수하고 돌아가버렸다. 해당 중개사무소 사장의 이야기를 들어보니, 형질변경에 필요한 경비로 다툼이 벌어져 그동안 공들인 서류를 모두 챙겨서 떠났다고 한다. 사장은 그 고객이 까다롭다고 조심하라며 신신당부했다. 그래도 접수된 물건이니 의뢰를 받아들일 수밖에 없었다. 이리저리 수소문해 매수 손님을 맞춰 연락했는데, 건축허가까지 받은 땅이니 매도가격을 올려야겠다고 했다. 부르는 값도 시세에 비해 터무니없이 높았다. 몇 개월 공을 들여 조건에 맞는 투자 손님을 찾아냈지만, 이번에는 언니라는 분이 나타나 가격을 올렸다. 결국 두 번이나 매수자를 놓쳤다.

그렇게 시간이 흘러가던 늦여름이었다. 필자와 종종 거래하는 사무소에서 교회를 지을 부지를 찾는 교회 장로님을 소개해주었다. 해당 현장을 설명하니 가격 조정만 되면 바로 계약하겠다고 했다. 이번에는 성사시키자고 이를 꽉 물고 협상에 들어갔지만, 역시 이번에도 남편 대신 언니가 나타나 가격을 또 올렸다. 매도인의 고집불통 때문에 한 달 이상 시간을 끌던 차에 매수인이 항복하고, 매도인이 제시한 금액에 맞추기로 했다. 계약 당일, 계약금 수표를 지참한 매수인이 약속 시간에 나타났지만, 매도인은 나타나지 않았다. 계약을 계속 미루다가 저녁 10시에 언니 집에서 만나자는 연락이 왔다. 이미 작성한 계약서와 서류를 가지고 찾아갔으나 소유권자는 감감무소식이었다. 휴대폰도 꺼져 있었다. 매수자와 상대 사무소 공인중개사에게 죄송하다는 말만 연발했다. 교회 장로님은 화를 참지 못해 얼굴이 붉어져 있었다. 결국 매수인은 포기하겠다고 했다.

다음 날 아침, 상대 부동산 중개사무소에 전화를 걸어 다시 시도해보겠다고 했지만, 거래는 물 건너갔다고 역정을 낼 뿐이었다. 허탈한 마음으로 매도 의뢰인에게 전화했는데, 남편이 받았다. 사무소에 들러달라고 부탁하자 1시간 후 남편 고객이 나타났다.

"어제는 왜 연락이 안 됐습니까?"
"일이 그렇게 되었습니다."
"어제 매수자와 상대 부동산 중개사무소 사장님께 얼굴을 들 수가 없었습니다."

고객은 묵묵부답이었다.

"그 사장님과 신뢰를 쌓아왔습니다. 제가 전화를 걸 테니 사정이 있었다고 한 말씀만 해주십시오."

커피를 마시며 침묵을 지킨 후 고객은 기가 막힌 말을 내뱉었다.

"내 땅을 내가 안 팔겠다는데 무슨 전화를 하라는 거요?"

흥분을 억누르기 힘들었다. 필자는 자리에서 일어나 잠시 서성이다가 문밖을 내다보며 푸념했다.

"제삼자를 내세워 가격을 올리고 또 올려놓고는 안 판다고 하면 그만일 일에 약속은 왜 했을까. 가세요! 다시는 오지 마세요!"

고객은 말없이 나가버렸다. 차라리 속이 후련했다.

가을이 깊어갈 무렵, 그 땅에 터파기가 시작되었다. 주인들이 직접 건축을 하는 것 같았다. 4층 중 3층이 올라갈 즈음 부인, 언니, 남편이 필자의 중개사무소를 찾았다. 남편 고객이 입을 뗐다.

"지난번에는 죄송했습니다. 김 사장님이 제일 정확하고 믿을 수 있다고 해서 다시 찾아왔습니다. 임대를 부탁드립니다."

필자는 마침 서울에서 성형외과 병원을 차리려는 의사 두 분을 만나 병원 임대를 추천했다. 2, 3, 4층을 병원으로 임대하면 1층에 약국도 데리고 올 수 있었다. 고객은 고민 끝에 기분 좋게 계약에 동의했다. 그러나 또다시 터무니없는 보증금과 임차료를 요구해 계약은 성사되지 않았다.

건축이 준공되었지만, 임대료 욕심이 많아 1년 가까이 공실이었다. 1층에 치킨집이 들어왔고, 2층은 노래방, 3층은 당구장으로 임대되었다. 4층만 남았을 때, 건축 설계사무소를 찾는 손님을 연결해 임대차계약을 성사시켰고, 1년 후에는 피부미용실로도 계약을 성사시켰다.

그런데 2년 후, 이번에는 터무니없는 가격으로 매도하겠단다.

"사장님이 이곳에서 최고의 공인중개사로 이름이 났으니 사장님 마음먹기에 따라서 많이 받아줄 수 있잖아요!"

희망 가격은 60억 원이었다. 결국 1년이 지난 후 46억 원에 매매를 성사시켰다. 매도인은 중개보수 0.5%만 주고 갔다.

이렇듯 까다로운 손님도 내 고객이다. 공인중개사는 요령껏 중개의 기술을 발휘할 수밖에 없다.

쌩쌩 실패사례 2

제삼자가 끼어들 여지가 있다면
당사자만 자리해야 한다

양 당사자의 합의로 계약을 체결할 때는 가능하면 양 당사자하고만 자리를 마련하고, 따라온 제삼자는 떨어져 있게 하는 것이 좋다. 즉, "지금부터 공인중개사인 제가 계약 체결을 진행하겠습니다" 하고 공인중개사가 주도적으로 계약을 성사시켜야 한다.

이번 사례는 매도자의 친구가 사무소에 같이 왔다가 우연히 던진 한마디 때문에 두 친구가 등을 돌리고 만 사례다. 두 친구뿐 아니라 부인들까지도 사이가 틀어지고 말았다.

아파트 가격이 최고점을 지나 내리막길에 접어들 때, 수도권의 한 아파트 35평형이 4억 5,000만 원에서 몇 달 만에 4억 원 이하로 떨어졌다. 매도자는 최고 가격 시점에 4억 3,500만 원의 매수자를 구했으나 욕심을 내는 바람에 기회를 놓치고 말았다.

매도자는 그사이 신규 아파트를 한 채 분양받아 2년 안에 팔릴 것으로 예상했으나, 결국 뜻대로 되지 않았다. 신규 아파트를 분양받으면서 기존 아파트에 융자를 냈고, 신규 아파트의 중도금도 융자로 처리해 이자 부담이 날로 늘어나는 상황이었다. 결국 어느 한쪽을 파는 것도 어려웠다.

계속 가격이 내려가던 상황에서 매수자가 나타나 기존 아파트를 3억 7,000만 원에 계약 성사하려던 차에 매도자가 친구와 같이 나왔다. 계약서를 타이핑하고 있는데 친구가 가볍게 말했다.

"이제 내릴 대로 다 내렸는데 왜 팔려고 하쇼!"

그 한마디에 매도자의 마음이 180도 바뀌어 두 번째 계약도 무산되고 말았다. 중개하는 필자로서는 속이 부글부글 끓었지만, 두 분은 노인정에서 소일하며 필자의 사무

288 **부동산 중개의 기술**

소에도 자주 오시는 분들이었기에 그냥 참을 수밖에 없었다. 다행히 매수자 손님을 다른 2순위 물건으로 계약해 마음은 덜 무거웠다.

하지만 문제는 여기서 끝나지 않았다. 아파트 가격은 계속 하락했고, 신규 분양 아파트를 분양가격 이하로 팔려 해도 불가능했다. 결국 친구 간의 의가 벌어지고 말았다. 매도에 실패한 어르신이 노인정에서 친구에게 "자네가 그날 팔지 말라고 해서 안 팔았더니 1억 원 더 손해를 보게 되었네!"라고 한마디 했고, 결국 서로 얼굴을 피하는 상태가 되었다. 두 사람의 부인도 이 일이 있기 전에는 같이 등산도 하고 텃밭에 채소도 가꾸었으나, 매도자의 부인이 "당신 남편 한마디에 이렇게 손해를 보았다"라고 말해 모두가 소원해졌다.

부동산 물건은 경기에 따라 가격이 급변하는 경우가 잦다. 이럴 때 제삼자가 조언을 잘못하면 이 같은 일이 벌어진다. 물론 매도자가 자기 판단에 따라 매도를 결정하면 좋았겠지만, 한마디에 친구의 의까지 상하게 될 줄은 몰랐을 것이다. 결국 매도자는 2년 후 3억 2,000만 원에 팔고 이사 갔다.

공인중개사는 매도자나 매수자 외 제삼자가 동석할 때 기지를 발휘해 서로 떨어져 앉게 하고, 매도자와 매수자 앞에서 주도적으로 계약을 성사시켜야 한다. 장기나 바둑 훈수는 막걸리 한 사발, 뺨 한 대로 족하지만, 부동산은 고객의 재산을 담보로 하는 큰 거래다. 주의에 또 주의를 기울여도 모자라지 않는다.

쌩쌩 실패사례 3

믿는 도끼에
발등 찍히다

  손해를 입힌 첫 손님을 영원한 고객으로 만든 사례다. 약 25년 전, 분당의 금융 빌딩
에서 상가 점포 중개와 경매 일에 열중하던 때였다. 60대 신사분의 의뢰를 받아, 패션
점포를 차릴 1층 50평 정도의 임차 상가를 찾아 나섰다.

  당시 분당에서는 고속버스 터미널 메트로폴리스 분양이 한창이었다. 하지만 승객의
주 동선을 파악하기가 힘들어, 죽전 로데오거리 쪽으로 방향을 잡았다. 마침 짓고 있는
건물이 있어, 현장 옆에 자리한 컨테이너 사무실 문을 노크하니 젊은 실장이 나왔다. 이
실장은 2년 전부터 용인의 아파트 분양권을 거래한 사람으로, 토지주로부터 현재 건축
중인 건물의 점포 임대를 위임받아 처리한다고 했다.

  실장에게서 브리핑받은 다음 날, 바로 손님을 모시고 갔다. 계약은 길 건너에 있는
중개사무소 사장과 진행한다기에 보증금 4,000만 원, 월 차임 400만 원, 바닥 권리금
2,000만 원 조건으로 점포 2칸을 계약했다. 상대편에서는 현재 공사 중이기 때문에 계
약금을 많이 주었으면 좋겠다고 했고, 손님은 우선 1차로 바닥 권리금 1,000만 원과
계약금 1,000만 원을 지불했다. 영수증에는 임대 일을 위임받았다는 공인중개사사무
소 대표의 직인을 받았고, 추후 토지주(건축주)를 만나 공사 진척 상태를 보고 잔금도 되
도록 빨리 치르기로 했다. 계약 당시 토지주는 외국 여행 중이라며 모습을 드러내지 않
은 상황이었다.

  그런데 한 달이 지나자 난데없이 공사가 중단되었다. 찾아가보니 설계 변경 중이라
며 기다리라는 대답뿐이었다. 그렇게 기다리기를 3개월, 결국 계약을 진행했던 공인중
개사사무소를 찾아가니 젊은 실장은 잠적해버리고, 대표 중개사도 실장을 찾는 중이라
고 했다. 물어물어 토지주에게 찾아가보니, 실장을 몇 번 만나 점포 임대차를 논의한 적
은 있지만 위임한 적은 없다는 것이다. 브리핑을 잘하기에 덜컥 믿고 보았는데, 믿는 도

끼에 발등 찍힌 격이었다.

계약한 날 저녁, 실장이 필자의 사무소로 찾아온 적이 있었다. 계약한 바닥 권리금 1,000만 원 중 600만 원은 사무소 입금분이고, 200만 원은 자기 수당이며, 200만 원은 손님을 소개한 나에게 준다기에 받아 두었다. 그리고 계약서의 바닥 권리금 중 200만 원을 추가로 주겠다고 약속했는데, 지금 와서 확인해보니 사무소에 입금한 돈은 400만 원뿐이었다. 실장이 400만 원을 챙긴 것이다.

즉시 손님에게 이 사항을 알려드리고 1,600만 원을 반환해드렸다. 손님은 지금까지 보증금, 추가로 지불한 바닥 권리금 등 총 2,000만 원을 지불했는데, 실장이 챙겨간 400만 원은 물건을 소개한 필자가 한 달 이내에 책임지고 받아오겠다는 각서를 썼다.

이후 한 달간 실장을 찾는 일에 매달렸으나 도무지 오리무중이었다. 가까스로 작은 단서를 잡아 모 시의 임대주택을 찾아가보니, 그곳에 있는 사람은 젊은 부인과 젖먹이 뿐이었다. 남편은 일주일에 한 번 정도 온다며 지방을 오가면서 일하는데 무슨 일인지는 잘 모른단다. 어리둥절한 얼굴에 오히려 내가 도와주고 싶은 안쓰러운 심정마저 들었다.

집에 돌아와 뜬눈으로 밤을 새우다시피 한 다음 날, 손님에게 연락해서 사무소에서 만났다. 이미 필자는 손실액을 내 돈으로 메우기로 결심한 상태였기 때문에, 손님에게 그간의 사정을 이야기한 후 400만 원을 마저 드리겠다고 말씀드렸다.

손님은 가만히 듣고만 있다가, 필자가 이야기를 마치자 온화한 표정으로 "괜찮습니다"라고 했다. 일 처리에 실수가 있었지만, 해결하려고 노력하는 모습을 보니 다시 일을 맡겨도 될 것 같다며, 더 좋은 점포를 물색해달라는 것 아닌가. 한 번 더 믿어보겠다는 뜻이었다.

실장을 찾지 못해 근본적인 해결책은 드리지 못했지만, 그간의 노력을 알아주었다는 것만으로도 필자는 뛸 듯이 기뻤다. 결국 입지 좋은 상가를 물색해서 좋은 점포를 계약시켜 드리는 데 성공했고, 이후 잠실과 죽전에도 점포를 알선해드릴 수 있었다. 그 고객은 20년이 지난 오늘까지 필자의 중요한 고객 중 한 분으로, 아파트를 비롯해 상가와 토지 투자도 의뢰해주신다. 자녀와 친구, 동료들도 투자 고객으로 소개해주신 바 있어, 소중한 인연을 이어 오고 있다.

차라리 양 당사자를
미팅으로 주선했어야 했다

어느 지인의 소개로 이름 있는 지역의 한옥 주택 매매를 의뢰받았다. 이 주택은 20년된 2층 건물로, 외국인 임대 시 월 1,000만 원을 받을 정도로 관리 상태가 매우 좋았다. 시가가 평당 2,000만 원인 지역에 있는 139평 건물이어서 27억 8,000만 원에 매매를 진행하기로 했다. 소유권자와의 관계를 잘 맺는 것이 중요해서 전속중개계약을 체결하고, 드라마 촬영장으로 섭외해주는 등 좋은 관계를 유지하고 있었다.

고가 주택 매매가 쉽지 않아 3개월의 전속중개계약 만료일이 다가오고 있었다. 부동산 표시·광고법에 의한 표시·광고 및 물건 안내 간지를 만들어 2시간 거리의 해당 지역 중개사무소마다 수십 차례 돌리며 홍보했다. 해당 지역 사무소 손님이 집을 보자고하면, 20여 차례 왕복하며 직접 안내했다. 고가의 한옥이어서 조경 관리와 청소 등의 이유로 언제나 직접 달려가야 했다.

광고 플랜카드를 보고, 모 대학교 교수님이 매수 의사를 밝혔다. 그 부부에게 4차례나 보여주고 가격 절충에 들어갔으나, 주위의 고급 주택이 경매로 몇 건 나와 있어 가격 차이 때문에 번번이 실패했다. 교수님은 시가보다 낮은 18억 원에 매수 의사를 제시했고, 매도자는 가격을 23억 원 선으로 낮추었으나 거래는 성사되지 않았다. 결국, 교수님이 21억 원 선까지 제시했고, 매도자도 승낙하는 쪽으로 기울어 계약을 준비하게되었다.

그런데 계약 하루 전, 매도자 사모님에게서 다급한 전화가 왔다. 그 지역의 다른 중개사무소에서 보름 이내에 23억 원에 팔아주겠다는 제안을 받았다는 것이다. 전속 계약 기간은 이미 끝났지만, 2억 원의 차이로 매도자의 마음이 흔들릴 수밖에 없었다.

매수자에게 사정을 이야기하니, 자금 사정상 포기하겠다고 했다. 매도인에게 매수자의 의사를 전하고, 23억 원에 제시한 사무소와 계약을 하되, 체결이 되지 않으면 다시 맡겨 달라고 부탁했다. 매도인은 그러겠다고 약속해주었다. 그러나 해당 사무소는 보름이 지나도록 계약을 미루기만 했고, 매도인은 후회하게 되었다.

20여 일이 지나, 필자는 다시 교수님께 연락해보았으나, 교수님은 이미 다른 한옥을 계약했다고 했다. 속상하고 서글픈 일이 아닐 수 없었다.

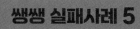
쌩쌩 실패사례 5

전속중개계약
실패하다

외국인 For Rental House 180세대 72평형
방 4개, 화장실 3개, 천장 에어컨 7대
5,375평 부지에 단독(100평 2층 26세대 건축 예정)

단 지 배 치 도

　　필자가 34년의 부동산 중개업 영업과 15년의 현장중개실무 강의를 마치고 잠시
쉬고자 했는데, 과거 경기도 평택시 팽성읍 미군 부대에 접한 토지(과수원 : 배밭) 1만
2,000여 평을 지인인 모 시행사(For Rental House 건축 분양 계획)에서 매수하는 데 조언해주
었고, 미군 부대(Humphreys Hill-K-6) 미군과 미 군무원의 숙소 240세대를 건립하기로 했
다.

그런데 미군 부대가 평택으로 오느니 마느니 시간이 지나다가 7년 전에 확정되어 Rental House 빌리지 1차, 2차 160세대를 건축하면서 분양했는데, 코로나 사태로 사업이 어려워졌다. 144세대는 분양 완료했고, 나머지 16세대는 가족들에게 융자를 내서 소유권 이전이 되었다. 그리고 3차에는 싱글하우스(단독 1.2층 100평) 26세대를 건축 분양하기로 했으나 자금난으로 시간이 흘렀다.

　2022년 6월, 필자가 부동산 연구소장으로 근무하던 랜드프로 학원이 자금난으로 문을 닫고 쉬고 있는데, 시행사 사장님의 호출로 평택 현장으로 내려왔다. 가족이 보유하고 있는(72평형 방 4개, 화장실 3개, 층고 높이 270cm) 17세대를 전속중개계약으로 할인 매각하고 자금을 마련했다. 5,375평의 나머지 부지에 싱글하우스 전속 분양 대행과 Rental House 60여 세대를 전속 임대차로 맡아 단지 내 건물에 사무소와 숙소를 제공받아 필자의 열여섯 번째 사무소를 창업했다.

　직원도 다섯 명 정도 채용 계획을 세우고, 알림장도 만들어 홍보하기 시작했는데, 가는 날이 장날이라고 7월부터 금리는 오르고 부동산 경기는 하락했다. 인건비와 건축비가 오르다 보니 시작과 함께 전속 할인 매각도 지지부진하고, 영어가 안 되는 필자는 미군(미 군무원)을 상대로 하는 임대차계약도 어려워졌다. 그리고 10여 개월이 지나고 전속 매각 물건이 경매 처분에 들어갔고, 필자의 사무소 건물과 숙소도 경매에 들어갔다.

　차선책으로 보유한 토지를 매각하려고 몇 번이나 시도했으나, 작금의 부동산 경기가 불투명하다 보니 그 역시 불발이었다. 그래도 필자는 가만히 있는 성격이 못되어 평택 영재 교육센터에 등록하고 영어를 배우면서 토지, 농가주택 등 물건을 구하는 벽보도 전봇대에 붙이고 간지를 돌렸다. 또 마을 이장님들을 찾아다니며 활동해 다수의 계약을 성사시키며 수익을 올리고 있다.

　전봇대에 벽보를 붙이고, 플래카드를 설치하며, 외부 지방도에 지주 간판을 설치하는 등 불투명한 부동산 경기에도 가만히 놀 수는 없어 부지런히 뛰었다. 마을 이장님들의 농사일도 도와드리고, 향후 자연인(自然人)으로 갈 예행연습으로 매각되지 못한 배밭을 일구었다. 생애 처음으로 텃밭을 가꾸어 상추, 고추, 가지, 오이, 애호박, 당근, 토마토, 참외, 파, 미나리도 심어 새싹이 돋았다.

힐링 쉼터 밭에 상추, 얼갈이 오이, 호박, 미나리, 파, 고추, 토마토, 치커리, 머위, 돌나물, 가지, 들깨, 당근, 감자, 고구마, 땅콩, 옥수수, 파, 부추 등 20여 가지 채소를 심었네요.

험프리힐스 김종언 부동산 텃밭

봄날이 지나고 여름이 시작되는 6월에는 우리 홈즈고 아카데미 RSA 동문님들과 미스터홈즈 파트너십 센터장님들의 토지 임장활동 쉼터를 마련하고, 주말이나 휴일에 현장 임장활동으로 삼겹살도 굽고 쉬어갈 수 있도록 준비했다. 그뿐만 아니라 우리나라 공인중개사라면 누구나 방문을 환영한다.

비록 원대한 꿈은 멀어졌지만, 그래도 영어를 배우고 마을 이장님들과의 친분으로 새로운 인맥으로 오늘을 살아가고 있다. 열심히 뛰면서 본인의 목표를 세우면 운(運)이라는 것도 따라온다.

공인중개사도
재테크를 할 줄 알아야 한다

돈은 벌릴 때 모아야 한다

필자는 1960년대 가난이 일상이었던 보릿고개 시절에 청소년기를 보냈다. 1970년
~1980년대 개발계획 시절에 군생활을 마치고 공장 직공으로 일했으며, 2000년대의 풍
요로운 시대를 살아왔다. 어려운 삶을 살아본 사람으로서 그 어려움을 알고 열심히 일해
잘살아보겠다는 집념으로 오늘날까지 살아오다 보니, 일흔이 넘었다.

그동안의 삶을 도표로 구성해 나타내 보았다. 인간이 태어나 유아기를 거쳐 유년기,
청년기까지 공부하고, 30세에는 자립해 일어서는 이립기(而立期)를 지나며 결혼과 내 집
마련을 꿈꾼다. 근로 소득이 가장 많은 중년기와 장년기에는 본인의 재테크도 해야 하
며, 은퇴기에 접어들면 소득은 줄어들고 소비지출은 일정한 패턴이어서 돈이 필요하
다. 오늘날은 평균수명이 90세 또는 100세 시대를 살아가고 있다.

그래서 노후기 70세 이후를 새로운 용어로 '골골기'라고 부른다. 이는 건강 상태가
좋지 않아 타인에게 의지하거나 병원 신세를 지는 기간을 말한다. 어떤 사람은 70세 이
후 흰머리가 검은색으로 변하는 '회춘기(回春期)'를 맞이하는 사람도 있긴 하지만, 그런
사람은 많지 않다.

'만고풍상(萬古風霜)'이라는 이야기가 있다. 오랜 세월 동안 갖가지 어려움을 겪으며 고
생해왔다는 뜻이다. 그래서 노후자금을 마련해놓아야 노년이 외롭지 않을 것이다. 그
노후자금은 세대별로 목표를 세우고 살아간다면 못 이룰 이유가 없다.

2020년대 초 코로나19 바이러스로 많은 사람이 삶의 고통을 겪고 어려운 시기를 보
냈다. 잘 견뎌내는 것도 우리 인간 삶의 한 과정이니 건강해야 한다. 이러한 시기에 가
진 것이 없다면 힘들어지며, 더구나 공부시키는 자녀들이 있다면 더욱 어려울 것이다.

부자(富者)란 본인의 마음속에 있다

좁은 공간에 살든, 넓은 공간에 살든 자기 일터요, 내 휴식 공간이며, 가족과 행복하다면 바로 당신이 부자다. 그러나 내 집이 없이 남의 집에 세 들어 살아간다면, 언제나 마음 한쪽에는 내가 약자라는 생각을 지울 수 없다.

공인중개사가 되기 위해 끊임없이 공부한 이유 중 하나는 자신의 생활을 윤택하게 하기 위함이다. 그렇다면 영업하는 동안 급매물이 나온다면 다소 부담이 되더라도 그 물건을 내 것으로 소유할 수 있어야 한다. 물론 중개업법에는 개업공인중개사가 손님의 물건을 접수받아 매수하는 직거래는 불가능하다. 그렇다면 방법은 없을까?

가능한 방법을 찾자. 즉 내 가족이 매수하거나, 아니면 내가 자연인으로 다른 부동산 중개사무소에서 매수자로 계약을 부탁(중개보수를 주고)해서 내 물건으로 만들면 된다. 필자도 몇 번의 기회가 주어졌으나 다른 사업 건으로 놓치고, 손님에게만 좋은 결과를 얻어 준 적이 있다.

인간은 태어나 생애주기별 인생을 거치면서 노동하고, 그 수익으로 생활하는데, 정년퇴직하고 나면 할 일이 없어지고 수익도 줄어든다. 일정한 노후생활 대비가 되어 있거나 연금으로 생활이 충족되면 좋겠지만, 그렇지 못한 사람이 많다.

공인중개사는 나이가 들어도 부동산 중개업 영업을 계속할 수 있으며, 경력이 쌓이면 고수익도 올릴 수 있고, 재테크도 가능하다. 그래서 공인중개사가 되겠다고 오늘도 땀 흘리는 후배들이 많다. 창업했다면 스스로 재테크도 할 수 있어야 하고, 반드시 관심을 가져야 한다.

재테크의 4대 원칙

① 자기 전문 분야에 투자해라
② 인정에 이끌리지 마라
③ 손실은 빨리 잊어라
④ 모든 결과는 내 탓이다

이 외에도 정부 정책을 세밀하게 검토하고, 완벽히 숙지할 필요가 있다. 또한, 주변 이야기에 너무 귀를 기울이지 말고, 기획 부동산 회사에 현혹되지 말아야

한다. 필자는 잘 모르는 분야에 투자해 큰 손실을 본 적이 있다. 사회에서 만난 지인과 함께 200%의 수익률을 예상하고, 생활용품 업체에 투자했다가 원금까지 날렸다. 그래서 주변에서 잘 모르는 분야에 투자하려고 하면 적극적으로 말린다.

한번은 1990년대 후반 전원주택 개발에 나섰다 낭패를 당한 적도 있다. 당시 외환위기라는 불가항력에 밀려 주택 시장이 급랭한 탓이다. 그래서 항상 경제 여건을 주시한다.

이후 필자는 시장의 흐름을 견뎌낼 만한 상품들로 포트폴리오를 구성한다. 분당과 광주를 주요 사업 무대로 삼은 것도 이런 이유에서다. 아파트, 전원주택, 창고, 공장, 빌라 등이 산재한 도농복합지역에서는 부동산 경기 흐름에 맞는 상품을 고객에게 제공할 수 있다.

필자는 다음과 같은 내 집 마련 원칙도 세웠다.

① 종잣돈을 마련하라
② 청약저축에 가입하라
③ 신용카드를 줄여라
④ 지출은 기록으로 남겨라

향후 유망 부동산은 무엇일까?

필자가 꼽는 유망 부동산은 역세권에 짓는 원룸, 투룸 같은 도심형 생활주택이다. 1인 가구 등이 늘어나는 추세가 당분간 지속될 것으로 보여 도심형 생활주택은 가장 안정적인 투자처라고 본다. 또한 서울 강남에서 30㎞ 내 토지가 유망하다. 고유가 시대에 토지 투자자들이 멀리 있는 토지 구매를 꺼리기 때문이다. 이천, 여주 등 4대강 개발과 관련된 남한강 유역의 토지도 관심을 가져볼 만하다. 서울 청계천 개발 후 주변 부동산 시장이 들썩였던 것처럼 남한강 유역도 개발 호재가 충분하다.

한편 수도권 농지도 투자 전망이 밝다. 가격 오름세가 꾸준하기 때문이다. 일반인들은 농지자격취득증명을 통해 농지도 구입할 수 있다. 전원주택은 생활 만족도가 높을 수 있지만, 막상 매도할 때 어려움을 겪을 수 있다. 상대적으로 거래가 뜸해 매도하려고 할 때 매수 희망자를 바로 찾기가 어렵다.

적을 만들지 마라!

사람은 태어나서 부모의 영향을 가장 많이 받지만, 유년 시절과 청소년 시기에 어떤 좋은 친구를 만났고, 어떤 좋은 선생님을 만났느냐에 따라 인성이 달라진다. 비록 어려운 환경에서 태어난 사람도 그 만남에서부터 좋은 길을 걷는가 하면, 나쁜 친구를 만나 나쁜 길로 빠지는 경우도 허다하다.

더구나 청년기부터는 사회생활로 접어든다. 이때 좋은 사람을 만나면 좋은 사람이 되고, 사기꾼을 만나면 사기꾼의 길로 가게 되는 경우가 많다. 대학생활과 더불어 직장생활 또는 자영업의 사회생활을 하게 되면서부터는 수많은 사람과 인간관계를 맺는다. 이때 언제나 적을 만들지 말아야 한다. 그래야 내가 어떠한 어려움을 만나더라도 누군가에게든 도움을 받을 수 있다.

이것이
인생이다

필자의 35년
중개업 이야기

필자는 1952년 경상남도 의령군 궁류면 토곡리 지리산 시골 마을에서 태어나 중학교를 졸업했다. 1968년 2월, 추운 날에 트럭 운전사가 되어 돈을 많이 벌겠다고 결심하고 야반도주해서 눈 감으면 코 베인다는 서울로 상경했다.

이런 시절도 있었네요.

1967년 중학교 3학년

중학교 졸업 후 용산역 상경

당시 3등 열차는 많은 사람이 서울로 향하고 있어 좌석도 없어서 입석으로 추위를 이기며 밤새 달렸다. 새벽 4시, 캄캄한 어둠 속 용산역에 내리니 눈이 정강이까지 쌓여 버스도 보이지 않았다. 내린 사람들은 용산역 구내에서 웅크리고 잠을 청하고 있었다. 어린 나이에 무섭기도 하고, 배도 고파 구석에 웅크리고 있으니 순경이 다가와 "너 어디 가냐?"라고 묻기에 "갈 곳이 없습니다" 했더니 따라오라고 했다. 잔뜩 겁을 먹고 용산 파출소에 따라가 보니 순경 네 분이 교대로 순찰하고 있었다. 당시 조개탄(연탄) 화로에 라면이 끓고 있었는데, 라면을 한 그릇 주기에 생전 처음 라면 맛을 보았다. 그 맛이 얼마나 맛있었는지 국물 한 방울도 남기지 않고 다 먹었다. 먹고 나서 커다란 양푼과 플라스틱 그릇, 숟가락, 젓가락을 뒤쪽 수돗가에서 깨끗하게 닦아 나란히 포개 놓았더니 순찰하고 온 순경이 "이 녀석 밥값은 하네! 너 내 친척이 흑석동에서 중국집을 하고 있는데, 거기 가서 배달하면 잠도 재워주고 용돈도 주고 짜장면 기술도 배울 수 있어!"라고 했다. 선택의 여지가 없었던 나는 눈이 많이 내려 버스도 안 다니는 한강 다리를 걸어서 흑석동 중국집에 갔다. 순경 아저씨는 짜장면을 볶고 있는 험상궂은 중국집 사장님과 몇 마디 나누더니 떠났다. 중국집 사장님이 "옥자야! 얘 저기 방으로 데려가서 옷 갈아입히고 장화 신고 와서 양파 까는 일 시켜라!"라고 했다.

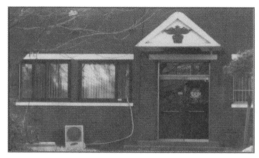
옛날 용산역 파출소

처음 해보는 양파 껍질 까는 일은 눈물, 콧물이 나고 참으로 힘들었다. 점심때부터는 근처의 가내공업 철공장에 짜장면을 배달하기 시작했고, 먹고 나면 그릇을 회수하는 일을 계속했다. 배달 일이 서툴러 한번은 눈길에 미끄러져 짜장면을 쏟았는데, 죄송하다고 말하니 사장님은 짜장면 볶는 뜨거운 국자로 엉덩이를 후려쳤다. 뜨거워서 어쩔 줄 모르는 나를 바라본 옥자 누나(나중에 알고 보니 사장님의 딸)가 "아버지, 왜 어린애를 때려요?"라고 하니 사장님은 오히려 "너는 뭐야? 이년아!"라며 화를 냈다. 오히려 내가 미안했다. 그날 일을 마치고 잠자리에 들 즈음 누나(당시 열아홉 살로 나보다 세 살 위)가 살짝 오더니 간식과 용돈을 손에 쥐여주며 말했다.

"아버지가 성질이 급하니 참고, 짜장면 기술도 배워서 중국집 사장이 되어라."

그 누나는 참으로 좋은 사람이었다. 자주 옷도 사다 주고, 좋은 말도 많이 해주어 친누나처럼 대했다. 5개월이 지나도 계속 양파 까기, 배달, 청소로 휴일 없이 늦은 시간까지 일했다. 그러다 무더운 7월 중순에 지역 수도공사로 이틀간 물이 안 나와 모처럼 쉬는 날이었다. 사장님 가족은 고향을 다녀온다며 갔고, 집을 지키고 있는데 '계속 여기 있어야 하나?'라는 생각이 들었다. 다른 일을 해볼까 싶어 그동안 모은 용돈을 챙겨 무작정 노량진역으로 나왔다. 누나에게 '저는 다른 기술을 배울까 해서 떠납니다. 그동안 누나가 동생처럼 도와주셔서 고맙습니다. 혹시 제가 다른 일을 못 찾아서 되돌아오면 사장님께 잘 말씀드려 받아주세요. 누나의 은혜는 잊지 않겠습니다'라고 쪽지를 남겼다.

무작정 걸어서 노량진역에 왔으나 갈 곳이 없었다. 버스 정류장에서 나보다 더 어려 보이는 고깔모자를 쓴 여차장이 "백마장! 백마장!" 하고 외쳤다. 사람들이 버스를 타기에 어디로 가는지도 모르고 무작정 버스를 탔다. 차장 아가씨가 차비를 받으며 어디로 가느냐고 묻기에 "종점까지요"라고 하니, 사람들이 많으니 뒤쪽에 가서 앉으라고 했다. 차창 밖을 바라보며 1시간을 넘게 가니 사람들이 우르르 내렸다. 백마장 종점에 내려 배가 고파 눈앞의 중국집으로 들어가 짜장면 한 그릇을 먹고, "여기 짜장면 배달원 안 쓰나요?"라고 물으니 배달원이 있으니 다음에 오라고 했다. 그곳이 인천 부평구 산곡동이었다. 종점에서 서성거리고 있는데, 신문팔이 아저씨가 다가와 "너 여기서 뭘 하냐? 나처럼 신문팔이 해볼래?"라며 따라오라고 했다. 따라

조간, 석간 신문팔이

가 보니 지하 방에 신문이 가득 쌓여 있고, 신문 인쇄 냄새가 진동했다. 잠은 여기서 자고 아침 출근길에 조간신문, 저녁 퇴근시간에는 석간신문을 파는데, 30부 갖고 나가서 팔면 15부는 지국에 입금하고, 15부는 자기 몫이라고 했다. 그래서 그날부터 신문을 팔고, 낮에는 아저씨가 시키는 대로 아이스케키 장사를 했다. 돈을 벌기 시작하면서 라면으로 끼니를 때우며 재미있게 열심히 뛰었다.

쇠 가공 선반 기계

하루는 청천동에 주둔하고 있는 미군 부대 철조망 옆을 지나면서 "아이스케키" 하고 외쳤다. 그러자 보초를 서던 미군 병사(흑인, 백인)들이 "come on! come on!"하고 외쳤다. 가까이 가서 철조망 구멍으로 아이스케키 2개씩을 넣어주니 코인을 주었다. 그런데 환전소에 가보니 이게 웬일인가. 받은 코인이 아이스케키 5개 판 돈이었다. 그래서 매일 한낮에는 미군 부대 주변을 다니며 아이스케키를 팔아 돈을 모았고, 이듬해 고향을 다녀왔다. 2년 정도 신문팔이와 아이스케키 장사를 하다가 전봇대에 어느 공장에서 직공을 모집한다는 광고를 보고 달려갔다. 기계공장에서 면접을 보았는데, 당시 열여덟 살이라서 나이가 어리다고 하기에 "시골 출신이라 열심히 일할 수 있습니다" 하니 "그래, 내일부터 나와서 선반 기계를 닦고 기름도 주는 일을 하라"고 했다.

1970년대 당시에는 산업 역군으로 공휴일도 없이 일과 시간을 넘어 자정까지 잔업

(추가 근무)을 하며 저축하던 시절이었다. 정말 열심히 일만 하던 시절이었다. 열심히 일하다 보니 정밀기계 기술자(당시 쉰다섯 살이었던 기계 반장)의 눈에 들어 선반 기계 기술을 배우게 되었고, 인천공고에서 실시한 선반 기계 3급 자격증도 획득했다. 선반 기계를 담당하게 되면 평생 밥벌이로 인정받던 시절이었다. 3년간 열심히 일하며 저축해 방 두 칸을 얻어 시골에 계시는 부모님과 세 동생을 인천으로 올라오게 했다. 그렇게 직장에서 자리를 잡아가던 시기에 우리나라 산업 전반에 불황이 닥쳐 6개월 동안이나 월급이 안 나와 데모하기도 했지만, 결국 직장은 문을 닫았다.

이후 집을 짓는 공사장에서 벽돌을 옮기는 일도 했다. 어려운 시기라 차라리 군대를 먼저 다녀오는 게 좋겠다는 주위의 이야기를 듣고, 스물두 살에 논산 훈련소로 자원입대했다. 키가 작은 나는 당시 M1 무거운 총으로 훈련받는 게 정말 힘들었다. 화생방 하사관으로 차출되어 부산 서면에 있는 육군화학하사관학교에서 화생방 교육을 받았고, 성적이 좋아 1등으로 수료 후 육군화학학교에서 교육생의 구대장(내무반장)으로 근무했다.

또한 기상관측 업무를 하면서 때늦은 공부를 했고, 1977년 2월에 만기 제대를 했다. 바로 결혼했고 이듬해 아들을 낳았으며, 연년생으로 딸(공인중개사)을 낳았다.

제대하고 나서는 앞서 말했듯 지인의 권유로 유망사업이던 등가구 제조 공장에 들어가 열여섯 명을 이끄는 공장장으로 일했다. 그러나 저렴한 가죽 소파의 등장으로, 등가구는 사양사업이 되어 공장은 문을 닫았다.

1973년 5월 군 입대(하사)   1977년 5월 결혼

1977년 제대 후 가구공장 공장장 시절　　1989년 2월, 부동산(복덕방) 입문

　　1989년 2월 초, 이사를 할 생각으로 집 건너편에 있는 황금 복덕방에 방문했다. 그 복덕방 사장님과의 만남은 내가 중개업의 길로 들어서게 된 계기가 되었다. 당시 필자는 이사를 위해 살던 집을 황금 복덕방에 내놓은 상황이었다. 상담을 위해 복덕방에 들렀는데, 복덕방 사장님이 주말 동안 사무소를 지켜줄 수 있느냐고 부탁을 해왔다. 그냥 찾아오는 손님의 전화번호와 삐삐번호를 메모하면 되는 일이었기에, 집도 가깝고 당시 쉬고 있었기에 사무소 열쇠를 받았다.

　　다음 날 사무소 문을 열자 중년 부부 손님이 찾아왔다. 아들의 신혼집을 매수하고 싶다며 집을 보여 달라고 했다. 그래서 전날 필자가 상담하던 중 중개인과 함께 보았던 아파트를 양해를 구한 뒤 보여주니 바로 계약 의사를 밝혔다. 일이 순식간에 진행되자 당황스러웠다. 당시는 핸드폰도 없었던 시절이라 사장에게 아무리 삐삐를 해도 묵묵부답이었다. 그래서 복덕방 사장님이 고향에서 돌아오는 월요일에 계약하는 것이 좋겠다고 제안했고, 매도인과 매수인 모두 승낙했다. 고객은 일단 계약금 100만 원만 지급하고, 매도인은 본인 명함에 100만 원 영수함을 적은 뒤 월요일에 정식 계약을 하기로 약속하고 돌아갔다. 일요일에는 전세를 찾는 손님이 방문했다. 손님의 이야기를 들어보니 필자가 황금 복덕방에 내놓은 집과 조건이 맞는 듯해 소개해주었지만, 아내는 전세보다는 아예 집을 팔고 넓은 집을 사자고 했다. 다행히 우리 아파트 이웃 중 노원역에서 중개업을 하는 분이 있어 그분에게 손님을 안내했는데, 그 사무소에서 바로 계약을 성사시킬 수 있었다. 주인도 없는 차에 전문가도 아닌 내가 2건이나 계약을 이루어내다니 뭔가에 홀린 기분이었다. 그날 저녁 복덕방 사장님으로부터 전화가 왔다.

"손님 많이 왔나요? 사무소 문 잘 잠그고 가세요."

"사장님! 제가 2건을 계약했습니다."

"뭐라고요? 아니, 사무소만 지키라고 했는데! 내일 아침 올라갈 테니 봅시다!"

무척 걱정되었던 모양이다. 하지만 우려와는 달리 다음 날 당사자들을 불러 원만하게 정식 계약을 체결할 수 있었고, 사장님은 이 일이 꽤 인상 깊었는지 필자에게 사무소 실장으로 근무하면서 부동산 중개업을 같이 해보자고 제안했다. 필자는 기꺼이 수락했지만, 그때는 정식으로 중개업을 시작한다기보다는 부동산 흐름을 파악하기 위해 잠시 한 달만 임해보려는 생각이었다. 당시 부동산 시장은 상승 기류를 타고 많은 계약이 이루어지던 상황이었기에, 그저 시키는 대로만 해도 부동산이 무엇인지를 자연스레 익힐 수 있었다.

1988년 올림픽이 끝나고, 부동산 경기가 활황으로 치닫는 시기에 컴퓨터 보급으로 전산망이 가동되기 전에는 주로 물건을 A4용지에 기록해 문방구에서 100매씩 복사해 여러 복덕방 사무소에 뿌리고, 연락이 오면 공동중개를 하곤 했다. 필자는 사장이 시키는 대로 간지를 상계동 아파트 단지에 매일 아침 출근 전에 뿌리며 일을 배웠다.

그러면서 상계동 일대 노원역을 기준으로 1단지부터 14단지까지 물건 현황을 파악하기 시작했고, 누구보다 발 빠른 대처로 황금 복덕방 사장의 신임을 받았다. 그렇게 한 달이 흘렀고, 웬만한 직장인 월급보다 높은, 꽤 많은 수당을 받게 되었다. 이후로도 6개월간 열심히 일하다 보니 필자를 눈여겨본 노원역에 있는 계룡 공인중개사 대표가 사무소 전체를 맡아 운영하는 실장직을 제의했다. 그때부터 계룡 공인중개사 실장으로서 직원 두 명과 함께 2년 동안 삐삐를 허리에 차고 백방으로 뛰다 보니 '동번서번'이라는 별명도 얻었다. 동에 번쩍 서에 번쩍하다 보니 얻어진 이름이었다. 하지만 35년이 지난 지금은 '정확김'이라는 별명으로 불린다. 뭐든지 정확성을 기한다는 뜻이다.

이러한 경험을 토대로 마침내 쌍문동에 신규 창업을 했다. 이후 물건이 많은 분당에 사무소를 인수했으며, 분양권 시장을 따라 분당, 수지, 죽전, 광주 지역에 15개의 사무소를 신규 창업해 운영했다. 또한 두 번의 전원주택지 개발, 분양 영업을 하면서 다방면의 경험을 얻었다. 전원주택지 개발, 분양 시절에는 현장에 원두막을 설치해 밤낮으로 뛰었으나 여러 어려움이 닥쳐왔다.

당시 신문지상에 난개발 등이 사회 이슈가 되면서 계약한 분양자의 중도금 잔금 미수로 인해 직원 봉급도 제대로 주지 못하고, 토목공사비도 주지 못하는 바람에 소송으로 법정에 서는 어려움을 겪기도 했다. 필자의 생각으로는 건축 또는 개발업자는 시대의 운이 따라야 성공할 수 있다고 본다. 필자의 지인은 여러 채의 다가구를 건축해 꽤 성공했다는 소문이 돌았으나, 무리한 투자로 부동산 경기가 내리막을 걷다 보니 3년간 어둠의 공간에서 머물다 나온 경우도 있다.

이 같은 경험을 바탕으로 2009~2010년에 두 권의 책을 펴냈고, 공인중개사들의 사랑을 받았다.

2009~2010년에 펴내 공인중개사의 사랑을 받은 책

전국 대학교 부동산 교육협회의 요청으로, 초보공인중개사의 개설 등록을 위한 현장 중개실무 강의를 건국대, 상지대, 평택대 등에서 하게 되었고, 현장에서 공인중개사님 들을 만나게 되었다. 또한 매경자산관리사협회에서 현장중개실무 계약서 쓰기 강의와 교육 부원장직을 지냈다.

현장중개실무 강의를 하면서 공인중개사 양성기관인 ㈜랜드프로의 강남학원 원장 으로 일했다. 그동안 《생애주기별 부동산 투자로 부자 되기》, 《중개의 기술》, 《부동산 중개업은 심리학이다》, 《부동산 계약서 이렇게 작성하라》, 《김종언 공인중개사의 내 집 마련 전략과 재테크 여행》, 《누구나 꿈꾸는 공인중개사와 부동산 중개업 여행》을 펴냈 고, 랜드프로 부동산연구소 소장으로 9년을 근무했다. 근무하면서 전문적인 공인중개 사 교육 프로그램인 '랜드프로 RSA 창업사관학교'를 열었고, 제7기를 졸업시켰다.

다음 사진은 공인중개사에게 현장실무 강의를 하는 모습이다.

랜드프로 RSA 부동산 중개실무 연구소 소장으로 활동하던 모습

공인중개사 전문가 교육의 요람인 RSA 과정

필자의 현장 강의 장면

2022년부터는 평택에서 새로운 중개 분야인 미군(미 군속 민간인) For Rental House 영업과 부동산 중개 컨설팅 용역 업무를 했다.

외국인 손님 맞이

필자의 열여덟 번째 창업 사무소와 For Rental House 상담 장면

외국인을 대상으로 하는 렌털하우스 임대차 영업은 영어가 능통해야 해서 나이 들어 어렵기는 하지만, 손짓 발짓으로 대화를 시도하면서 영어회화 실습에 열중했다.

또한 필자가 전속으로 매각할 토지에 홈즈고 RSA 과정의 동문들과 우리나라 토종 부동산 가맹점인 미스터홈즈 파트너스 자문역으로 일했으며 토지, 공장, 창고, 현장 임장활동 쉼터를 마련해 현장 실습을 했다.

홈즈고 RSA, 미스터홈즈 파트너십 본사와 토지 임장활동 쉼터

시간이 지나고 세월이 흐르면, 필자는 자연인(自然人)으로 귀촌해 맑은 공기를 마시며, 책도 읽고, 낚시도 하며, 약초도 캐면서 살아가려고 한다. 그러기 위해 아침 일찍부터 해 질 때까지 텃밭에서 상추, 고추, 가지, 토마토, 감자, 고구마 등을 재배하며 실습하고 있다. 생각보다 새싹이 돋고 자라는 모습을 보면서 하루해가 저문다.

"우리네 인생 구만리(九萬里)라 했던가요? 일흔셋 여기까지 왔네요. 화이팅입니다."

우리 인생에는 수많은 직업군이 있습니다. 그중 하나인 공인중개사는 부동산 전문가로서 평생 직업으로 선택하며, 자신의 만족을 느끼면서 생활할 수 있는 직업입니다. 그래서 많은 사람이 공인중개사가 되고자 합니다. 그러나 앞서 살펴본 것처럼 그렇게 만만하지 않은 것이 현실입니다.

우리 인생은 태어나서 3가지 운[運]을 만난다고 합니다

첫째 : 천운(天運) = 한국에서 태어나고 내 부모 성을 가진 아들딸입니다. 내 이름이 정해지고 금수저, 은수저, 흙수저 등으로 태어납니다.

둘째 : 지운(地運) = 내가 살아가는 땅의 기(氣)를 받으며 성장합니다.

셋째 : 인운(人運) = 만남의 세계에서 본인(本人)이 형성되고, 자기의 인생살이에서 부자가 되기도 하고, 출세의 길도 여기에서 이루어집니다.

세상살이란 좋은 사람을 만나면 좋은 일이 생기고, 사기꾼을 만나면 사기를 당합니다. 비록 흙수저로 태어났지만, 좋은 터에서 땅의 기운을 받아 건강하게 자라거나, 좋은 사람을 만나 좋은 인간관계를 통해 성공하는 이도 있습니다. 공인중개사가 되었으니, 공인중개사 전문가로서 자신만의 콘셉트를 꾸준히 개발하고 철저한 자기 관리로 성공해야 합니다.

그래서 필자는 현장중개실무 강의 시에 자기 목표를 세우라고 말합니다.

첫째, 자가 사무소를 가져야 합니다. 언제까지 월세를 내고 영업하겠습니까? 기회가 주어진다면 자가 사무소를 갖기 위해 노력해야 합니다.

둘째, 수익성 물건의 소유권자가 되어야 합니다. 공인중개사가 되었다면 자기 재테크도 할 줄 알아야 생활도 한 단계 업그레이드될 수 있습니다.

셋째, 성공했다면 그동안의 경험을 한 권의 책으로 엮어 자기 저서를 남겨 후배 공인중개사의 길잡이가 되도록 해야 합니다.

필자는 부동산 중개업을 즐거운 여행이라고 표현합니다. 즐거운 마음가짐으로 영업하고, 때로는 어려움이 있다면 자신만의 심신을 달랠 수 있는 운동이나 여행으로 힐링해 성공할 수 있습니다.

이같이 이룰 수 있는 과정과 방법을 이 책에 담았으니 도움이 되었으면 하고, 우리 공인중개사님들이 대성하길 기원합니다.

공인중개사
김종언

이 책을
펴내며

안녕하세요? ㈜미스터홈즈 FC 대표이사 고상철입니다. 이 책이 나오기까지 많은 고민과 여러 가지 일들로 출판이 조금 늦어지게 되었습니다. 김종언 교수님의 원고를 받고서 불의의 사고로 그다음 날 영면을 하시게 된 후 오랜 기간 동안 많이 힘든 상황들이 생겨서 고민하고, 고민한 끝에 책을 출판하게 되었습니다. 기존 원고를 수정하면서 최대한 김종언 교수님의 표현을 그대로 사용하기 위해 노력했습니다. 정리하느라 고생하신 한상옥 대표님께도 감사의 말씀을 드립니다. 공인중개사의 꽃은 계약이며, 계약을 하기 위해 초보공인중개사에게 정말 도움이 될 것이라는 확신하에 책을 출판하게 되었습니다. 10여 년 이상 같이 일하면서 김종언 교수님은 제게 큰 나무 같은 분이셨습니다. 이 책을 보면 아시겠지만, 그분만의 노력과 결실들을 배우면 공인중개사로의 마음가짐을 다시 한번 새기게 되는 기회가 될 것이라고 생각됩니다.

사람으로서 또 선배로서의 지침이 되는 내용이 여러분에게 도움이 되시기를 진심으로 기원합니다.

중개업은 정답이 없습니다. 다만 정답을 찾아가기 위한 방법은 있습니다. 그 정답을 찾아가기 위한 방법들이 여러분들에게 도움이 되시기를 바랍니다.

㈜미스터홈즈 FC 대표이사
고상철

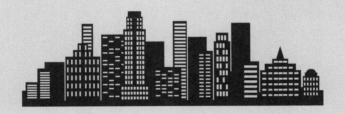

부동산 중개의 기술

제1판 1쇄 2024년 10월 30일

지은이 김종언
엮은이 한상옥
감수 고상철
펴낸이 허연　　　　　　**펴낸곳** 매경출판㈜
기획제작 ㈜두드림미디어
책임편집 배성분　　　　　**디자인** 김진나(nah1052@naver.com)
마케팅 한동우, 구민지

매경출판㈜
등록 2003년 4월 24일(No. 2-3759)
주소 (04557) 서울시 중구 충무로 2(필동 1가) 매일경제 별관 2층 매경출판㈜
홈페이지 www.mkbook.co.kr
전화 02)333-3577
이메일 dodreamedia@naver.com(원고 투고 및 출판 관련 문의)
인쇄·제본 ㈜M-print 031)8071-0961

ISBN 979-11-6484-715-0 (03320)